為什麼我們總是相信自己是對的？

不知不覺掉入的101種慣性思考陷阱

李南錫——著 李正模——審訂 高毓婷——譯

目錄

02 影響信念的偏誤

03 影響人際關係或組織行動的偏誤

04 記憶謬誤

我做起來就是有邏輯，別人做起來就是有偏見！
認知現實過程中的101種慣性思考陷阱。

審訂的話

我們總是掉進慣性思考的陷阱，卻往往不自知

李正模
成均館大學心理系名譽教授．前韓國認知學會會長

二〇〇二年十二月八日，美國普林斯頓大學心理系教授丹尼爾．康納曼（Daniel Kahneman）博士，在瑞典斯德哥爾摩獲得了諾貝爾經濟學獎。居然不是經濟學家，而是心理學家打敗當代所有知名經濟學者，得到了經濟學獎！眞是太令人驚訝了，以韓國式的思維來看，這是不可能發生的事。

康納曼教授在經濟學，啊不對，是社會科學上，爲全體人類成就了偉大的功業。誕生於以色列的他，來到普林斯頓大學，與已故的阿摩司．特沃斯基（Amos Tversky）教授等人進行合作研究，主張人類不是當時社會科學所認爲的「理性的動物」，而是充滿「偏誤與捷思（馬馬虎虎估計）思考」。這不是抽象的主張，他們提出具體的、有實證經驗的、科學的實驗結果，闡明主張。

在各種情況中進行經濟活動的人類，自認爲做出有邏輯的、合理的決定，實際上

卻只是帶有各種偏誤與捷思的判斷，實證研究結果已經清楚呈現。結果，「人類是理性的動物」這句萬古流傳的社會科學命題崩毀，在經濟學領域中則超越傳統經濟學，誕生了行動經濟學。

包含人類在內的動物，會預測周遭環境中發生事件的關聯性，並做出反應，這是動物的基本生存策略。在進化初期，動物有能力對時間上的關係、空間上的關係做出反應（條件反應），但在下個進化階段中，動物掌握「因果關係」才做出反應。人類超越了這個階段動物的水準，為了在進化過程中，更快速掌握、預測和反應狀況，發展出「認知框架」作為心智運轉的基本功能。換句話說，人類超越單純掌握因果關係的水準，發展出能更快掌握、預測、反應、理解和說明狀況的解釋框架和認知框架。

但是，使用框架來理解、預測和說明周遭環境事件的能力，雖然讓人類相較於其他動物，生活提高到更高水準，但隨之而來的副作用也很多。

框架不是讓人類在各種情況中，有邏輯地做出正確的判斷與決定，而是做出各種扭曲的偏誤思考；不是以邏輯方式進行合理思考，反而以充滿各種偏誤、直觀式的捷徑去思考。

因此，即使「人類的理性是合理的」，是過去社會學與一般社會中的常識，康納曼教授等人卻透過實驗證明：「並非如此，人類的理性是脫離合理的。」這個洞見讓康納曼教授獲得諾貝爾經濟學獎。

這些實驗揭露，我們總是掉進慣性思考的陷阱，卻往往不自知，就像婆婆不了解媳婦，而媳婦不懂婆婆的心一樣，或是許多政治人物認爲只有自己是對的，並一直對國民這麼說。

根據康納曼教授的研究，我們總是掉進眾多慣性思考的陷阱（七十五個偏誤、二十一個社會偏誤、四十九個記憶偏誤，總共一百四十五個，本書精選了其中的一百零一個），卻相信：「我是一個有邏輯、合理思考的人，我的判斷與決定總是合理的、理性的，我的主張與想法是正確的。」我們認爲，某個對象或事件，都在自己的判斷、決定和掌握範圍內，對於其他可能性，特別是批評者的主張，則完全不在考慮範疇內，並且堅信不渝，據以行動。

康納曼教授指責，我們（就像捷運上喝醉的乘客，向其他人做出冒犯、放肆的舉動般）沉醉於偏誤中生活，必須從這個狀態中醒來，直視人類本質，也就是現實，並經歷痛苦，承認我們的思考是偏頗且充滿捷思（用黑塞〔H. Hesse〕的用語來說的話，就是「破殼而出」）。那我們應該要怎麼做？

首先，我們要知道自己被何種偏誤束縛，李南錫寫的這本書，正好就是極佳的參考書籍。作者在認知心理學與其應用相關的大學、研究所進行研究，他過去的探索經歷與努力，滲透書中每一處，這是一本很棒的書。

不管是置身於保守、進步陣營的政治人物，或是嚮往成爲政治人物的人；想販賣商品給顧客的企業人；負責決定重要政策並加以運用的各階層公務員、企業人士（包含CEO）；必須做出判斷與決定，對社會影響重大的法律人士（法官、檢察官、律師）、立志投身法界的法學生；必須做正確思考的哲學領域人士；以及希望自己成爲有邏輯、有合理思考，能照亮他人的讀者，我強力推薦各位將本書放在身邊，經常檢視自己思考的正確性和偏誤性。

作者的話

人生在世，我們被怎樣的偏誤束縛住？

李南錫

人們每個瞬間都在思考與做判斷——要穿什麼、要吃什麼、要去哪裡、怎麼去、要做什麼等等。根據當時的想法與判斷，產生不同經歷，這些經歷聚集起來，就成爲個人特有的人生。因此，如果知道每個瞬間是如何思考、以什麼標準下判斷，就能找到自己現在如此活著的原因，也能理解其他人爲什麼會那樣活著。不過想理解我們的想法、形成判斷的根據，並不是那麼簡單的事。

在心理學中有所謂的雙重歷程（Dual Process）理論。這個理論的核心內容很簡單：

人類具有重視理性與分析的思考體系，以及重視感性與直覺的思考體系。在特定情況中，會根據受到哪個思考體系的影響，出現全然不同的結果。

二〇〇二年諾貝爾經濟學獎得主——普林斯頓大學的康納曼教授，綜合了既有的雙重歷程理論研究，將直觀分成第一體系、理性分成第二體系。根據他的研究，如果直觀是自動活化的快速認知處理過程，理性就是緩慢的認知處理過程。也就是說，直觀不需要特別的努力，理性需要特別的努力與邏輯思考。

人們雖然接受強調理性思考的教育，但從進化上來看，很多時候是以直觀思考來解決問題。也就是說，人們經常依靠感性與直觀，進行思考與判斷，使得思考與行動更難理解，因此學者持續研究感性與直觀的思考方式。不只是康納曼教授，克萊恩（**Gary Klein**）、杜根（**William Duggan**）、蓋格瑞澤（**Gerd Gigerenzer**）等學者也認爲，捷思能成爲了解人類的工具，本書接下來會介紹這些捷思。

捷思也被翻譯成快思、推斷法、經驗法則、權宜法、判斷效果、啓示性思考等。但是本書要講的，不是將理性的思考過程簡化的小技巧，或是理性過程中犯下的錯誤，而是介紹捷思原有的概念，目的是強調人類思考的主要過程，所以雖然聽起來比較生疏，但我在書中會使用「捷思」一詞來表現。

捷思（**Heuristic**）一詞源自於希臘文**Heutiskein**，意思是「找出、發現」。在現代心理學中，捷思不是根據普遍的共識，而是根據當時的情況、直觀與感性，經過嘗試錯誤（Trial and Error）過程，得到知識並發展思想的概念，已被廣泛運用。

到八〇、九〇年代爲止，感性與直觀被當成是引發理性思考體系錯誤的主犯。這是因爲近代以來，人類強調理性，認爲所有事物都必須依靠理性來決定，相對輕視其他事物而產生的現象。因此在現有研究中，依靠感性與直觀判斷這點，與其說被視爲人類生活中的一種思考特性，更被當成有問題的思考方式。

這在翻譯上也直接呈現出來：Bias 一般被翻譯成偏向、偏誤、謬誤等。其中偏誤與謬誤兩個詞彙，以理性思考體系爲中心來看，是具有負面語感的單字。在本書中，爲了強調康納曼教授點出的第一體系（直觀）的重要性，並強調中立的意義，有時以「偏向」一詞來表現，意指思考傾向一邊。

理性雖然是古代哲學家與近代教育家所強調的，但人們在有這種明確的教育或訓練更久以前，早從原始時代起，就已經依靠情感與直觀做出判斷，以應對隨時不同的情況而生存。因此，比起理性的思考，人類在進化過程中更熟於使用感性與直觀的思考去解決問題。近來，在過去只想用理性邏輯，掌握經濟情況的經濟學界，也開始關注行動經濟學，因爲在行動經濟學中會考慮人們實際做決定的原因。

本書嚴選了一百零一種雖然微小，但經常出現在日常生活中的慣性思考陷阱。在幫助理解人類思考的特性，或是探索最近的社會變化上，本書齊聚對讀者最有助益的最新資訊。本書包含「黑天鵝效應」（請參考 029 戲局謬誤），以及各種媒體相關的效應。在一百零一個單元中，每個單元都會介紹偏誤引起的各種案例，以便讀者了解到，這些認知偏誤是多麼普遍，且強烈影響我們的生活。

如果閱讀了本書後，想更深入了解這些偏誤的話，建議各位可以閱讀下列的書籍與參考文獻一節。這些書籍將爲各位讀者帶來趣味，同時給予知識上的刺激。

- 《인지과학：학문 간 융합의 원리와 응용》（認知科學：學問間融合的原理與應用），李正模著，成均館大學出版部，2009
- *Judgment under Uncertainty: Heuristics and Biases.* D. Kahneman; P. Slovic; A. Tversky（Eds.），1982.（簡體中文版，《不確定性之下的判斷：啓發和偏見》，中國人民大學出版社，2008）

認知偏向雖然很微小，卻能大幅改變結果，在漸漸開始要求敏銳判斷的知識社會中，這成了必修的知識概念。希望本書中介紹的知識能幫助各位讀者，加深對自己、對他人和社會的理解。

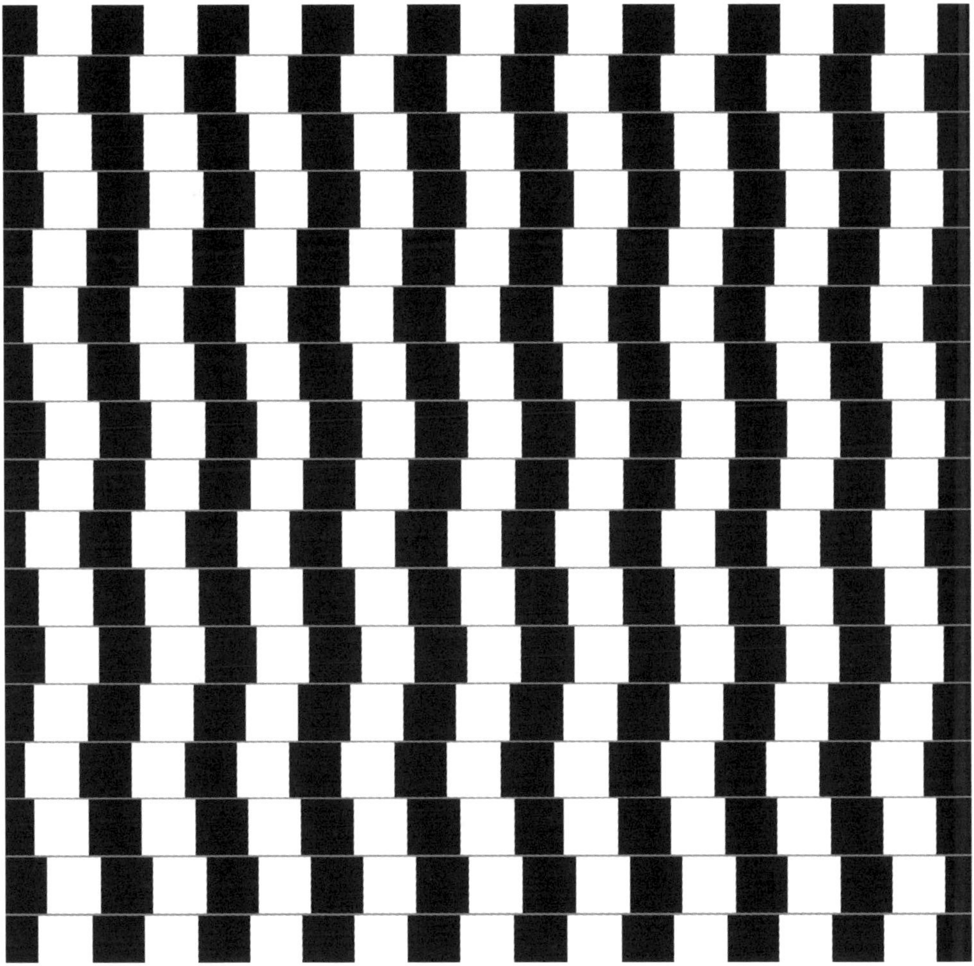

01

影響判斷
和行動的偏誤

001 說到「炸雞」當然要配啤酒啊！

可得性捷思 Availability Heuristic

定義 把最容易想到的記憶資訊，當作思考依據，推測特定事件的發生機率。例如，愈容易出現在心中，愈認為該事件就是如此。又稱為「可利用性捷思」。

美國普林斯頓大學心理學者康納曼（Daniel Kahneman）教授，以及同校的語言學者特沃斯基（Amos Tversky），兩人雖然領域不同，但在人類以語言進行思考，並以語言進行溝通這點上，兩人意見相同。立刻感到意氣相投的兩人，一同投入人類判斷和決定的共同研究，在研究中確認了各種相當有意思的特徵。其中最具代表性的，就是可得性捷思法（於一九七四年的實驗中確認）的概念。

研究團隊募集實驗參加者，請參加者推測在英文中以r開頭的單字多，還是單字中第三個字母爲r的單字多。參加者回答以r開頭的單字較多，但是在英文中，第三個字母爲r的單字，是r開頭單字的三倍之多。那麼，爲什麼參加者會認爲r開頭的單字比較多？因爲，在腦中想出r開頭的單字，相對來說比較簡單。這是人們不是以事件實際的頻率，而是以自己記憶中，能輕易擷取的資訊爲根據，進行判斷所產生的現象。

這種例子在生活中很容易發現。在電視廣告中，比起大略模糊的刺激，更會使用符合情況的生動意象。因爲廣告愈是生動，愈容易印象深刻地儲存在記憶中，之後有需要時，提取這段記憶的可能性就愈高。廣告的技巧雖然多樣，但目的都是在有限的時間內，深入觀眾的記憶中，在往後下購買決定（判斷）時，看什麼最輕易在腦中被想起，所以與可得性捷思法有密切的關聯。

讓我們來看看企業利用可得性捷思法，獲得滿意效果的例子吧。一九九〇年代初期的夏天，大宇汽車打出「空調好的車」的廣告台詞，使銷售量大增。當時大宇汽車全面推廣特定公司的空調品牌，並將該空調技術套用在汽車上，大力宣傳廣告。汽車的本質是移動性能，但這個廣告不強調速度而凸顯空調，這點十分有趣。再加上廣告對象是交通事故頻發的國家，不強調安全性，卻強調附加功能的空調有多好，乍看之下顯得不太合理。尤其是當時的競爭對手公司，都強調自家汽車是通過美國嚴格安全標準的安全車輛，並在廣告中置入車子相撞的畫面。然而，在炎熱的夏天，不管怎樣都是與溫度相關的資訊更容易浮現腦海。盛夏在即，消費者對空調好的車更感興趣，因此帶動銷售。如果沒有做這種新鮮感的廣告，那麼人們記憶中對當時大宇汽車的負面資訊——「故障時修理費很貴的車」，就更容易被想起。對「空調好的車」感興趣的消費者，會認爲「因爲有價值，所以才會最先在腦海中想起它吧」，並做出購買的決定。事實上，只不過是因爲最先在腦海中想起來，所以才會認爲它有價值。如同前面說過的，誘導消費者選擇大宇汽車的空調，其實並非汽車的核心價值。

可得性捷思通常無視明確的統計數據。雖然汽車事故比飛機事故來得頻繁，但人們印象更深的，是每次都大幅報導的飛機事故，因此就算接收到客觀資訊，也不會輕易改變判斷。如果媒體大幅報導強暴事件，女性返家的時間就會提前，這是因爲認爲性侵犯罪比交通事故更頻繁；在綁架事件報導後，開車接送孩子上下學的父母變多，也是因爲可得性捷思。如果媒體大幅報導交通事故的死亡率，那麼盤據人們記憶的可用資訊，也會產生變化。此時比起性侵或綁架事件，交通事故的資訊更鮮明，購車時就會做出其他選擇。

如果人們能以「發生頻率」這個客觀資訊作爲基礎，那麼在做任何判斷時，都可以根據合理的標準做出一貫的選擇。不過，現實中人們在下判斷時，會因爲可得性捷思，只根據當時的可用資訊，也就是事件或概念有多容易被想起來而決定。

那麼，爲什麼會產生這種不合理的判斷呢？如同獲得諾貝爾經濟學獎的卡內基美隆大學西蒙（Herbert A. Simon）教授，提出的有限理性（Bounded Rationality，人類在認知及處理資訊上有局限，因此在下決定時只使用有限的資訊）概念，可得性捷思法是因爲人類處理基本資訊的容量有限制。基本資訊處理容量限制指的是，我們無法探索所有的資訊，所以只以腦中立即想起的幾種情況爲主進行判斷。可以說，只要是人類的話，不論是誰都有掉進可得性捷思陷阱的危險。

但這是危機也是轉機。如果有人以特定資訊爲中心，盛大展開廣告宣傳，進行輿論遊戲的話，在沒有其他可用的情報之下，大衆可能會在不知不覺間受到操縱。過分濫用的話，將對人類社會安定召來巨大的危害。那麼，如果在可用資訊中，放進相反的訊息會怎麼樣呢？像標語一樣，在各處寫下肯定的價值與實踐方法，使其易於從腦海中擷取使用，可以將社會整體引導到正面的方向，因爲人們會以能輕鬆從腦海中提取的事物，進行判斷與行動。

活用可得性捷思的各種嘗試，現在正出現在我們的日常各處。至於是被可得性捷思利用，還是利用可得性捷思，則取決於我們的選擇，效果也會依據對可得性捷思的理解程度而不同。

參考項目

◆某人論證（Know-who Argument）：並非以客觀的資料為基礎，進行綜合的論證，而是不考慮其他事物，只以可用的特定例子，進行錯誤的論證。舉例來說，聽到對方說：「抽菸的主要疾病發生率達到百分之○○，對健康有害。」則以彷彿能推翻全體法則般：「我認識的某某人雖然抽菸，但還是活到○○歲的高齡。」進行反駁。

◆代表性捷思（Representativeness Heuristic）：推測某件事發生的機率，或某個對象屬於特定範疇的機率時，並非計算實際機率，而是根據該事件或對象有多能代表母團體，或與母團體的特性有多近似來推測。

[002]

假確定性效應 Pseudocertainty Effect
別被騙了！百分百中獎活動

定義 我們在做選擇時，比起可能的結果，會更看重確實的結果（確定性效應〈**Certainty Effect**〉），不過事實上即使是不確定的內容，有時候也會認為彷彿是確定的，這就是假確定性效應。是從展望理論（**Prospect Theory**）而來的概念，又稱為「假的確實性效應」、「次確定性效應」等。

一九八六年，康納曼與特沃斯基教授以下列問題進行了實驗。

一、下列選項中，各位會選擇哪一個？

A：獲得三十美元的機率是百分之七十五，一毛錢都沒有的機率是百分之二十五。

B：獲得四十五美元的機率是百分之八十，一毛錢都沒有的機率是百分之二十。

回答問題的受試者中，有百分之五十八選擇B，百分之四十二選擇A。但當研究者把問題換成下列敘述時，情況又變得不同了。

二、各位正在進行的是兩階段遊戲，在第一階段中，一毛錢都拿不到就結束遊戲的機率是百分之七十五，能夠進入下個階段的機率是百分之二十五。假設各位進到第二階段，拿到下面的提案時，會選擇哪一個？在第一階段開始進行前，要先從下面兩個情形中選一個。

C：獲得三十美元的機率是百分之百。

D：獲得四十五美元的機率是百分之八十，一毛錢都沒有的機率是百分之二十。

回答這個問題的受試者中，有百分之七十四選擇C，選擇D的只有百分之二十六。根據機率的公式，連續事件的獲得率是「前一次事件的機率×後一次事件的機率」。若以此公式計算C的機率，「（第一階段）百分之二十五×（第二階段）百分之百＝百分之二十五」，D的機率為「（第一階段）百分之二十五×（第二階段）百分之八十＝百分之二十」。

可以得知，與一號問題的選項：獲得三十美元的機率是百分之二十五，獲得四十五美元的機率是百分之二十相比的話，兩個問題的獲得率是一樣的。然而在二號問題中，百分之百這個確定性的選項C登場後，受試者與拿到一號問題時不同，選擇了相反的情況。也就是說，受試者無視從第一階段進入第二階段的機率，仍專注在第二階段的機率上，即使這並不是一定會有的機會。

D選項的百分之八十是極高的獲得率，但在百分之百的確實提案前，被低估了（事實上因為必須通過第一階段中百分之二十五狹窄的關卡才行，所以並非真正的確定性高，但人們心中認為是確定的）。因此即使A與C的機率一樣，在一號問題與二號問題的情況中，仍出現逆轉的選擇結果。即使是不確定的事物，假確定性效應也會讓我們陷入錯覺，覺得選項彷彿是確實的事物。

我們在決定某件事情時，在認為是確定的情況，急忙做出判斷前，應該先觀察究竟是不是假確定性效應的作用。中獎率百分之百的活動，事實上探究各種追加條件後，有很多都不是真正的百分之百中獎。因為主打發生事故時，會百分之百無條件支付，所以輕易被保險公司廣告勾走心思，但各種情況的數字卻藏在小小的條款後面等，也是因爲假確定性效應。購物賣場公開宣稱是百分之百最低價，如果與事實不符就保證退費，也是躲藏在細小的條件裡——必須是同一個商品、同樣的販賣時間、同樣的出貨時間才行等等。

假確定性效應的誘惑，現在依舊煽動我們進行急躁的判斷。沒有能避免百分之百圈套的方法，除非我們發揮智慧，不要只看最後提出的機率，而是從更寬廣的框架中，考慮不同情況的數字、衡量機率後，再做出決策。

參考項目

◆無視機率：比起思考機率，更喜歡以非黑即白的邏輯、二分法做決定。

003

今天心情這麼好，工作一定會很順！

情意捷思 Affect Heuristic

定義 在判斷某個事件或對象時，根據情感上的喜好，做直觀的判斷和選擇。又稱為「情緒捷思」。

人們有驚嚇、害怕、喜悅、憤怒等各種情感，特徵是受到某種刺激時會突然產生，然後馬上就消失。舉例來說，看到醫院招牌上寫著「整形」這個單字時，浮現特定的情感，在看到隔壁出現「殯儀館」的指路牌時，立刻就改變了。事實上，我們常以維持時間很短的情感爲標準，太過輕易地做了許多決定。

美國密西根大學心理系溫基曼（Piotr Winkielman）教授的共同研究小組，在一九七七年的研究中進行了有趣的實驗，調查情感對判斷造成的影響。研究人員讓受試者在極短的時間內，觀看特定影像，比如說從臉龐帶著微笑的照片、皺眉的照片，以及給予中立刺激的照片中，選擇一張，以受試者無法認知到的極短時間——二百五十分之一秒——出示照片。

看完照片後讓受試者觀看中文字，請他們評價有多喜歡那些中文字。即使受試者沒有意識到自己先前看到了臉形或是一般圖形，在看到帶有微笑臉龐的照片後，再出示中文字時，即使是同一個字，受試者會回答更喜歡那個字。

美國心理學者齊達（Thomas Kida）、史密斯（James Smith）、馬雷塔（Mario Maletta）博士，在一九九八年進行的共同研究中，讓參與實驗的公司幹部，從股票投資潛力的觀點上評價十間公司。在第一次的實驗中，先對十間企業中的五間進行評價。研究團隊提供實驗受試者資料，內容是將五間公司的資產規模、市場占有率等會計價值，以滿分十分進行評價。在實驗過程中，研究團隊刻意介入操作B公司，增加評估者對它的好感。若以客觀的會計價值來衡量B公司的話，它是第三有價值的公司。

然後在一個小時後，再請受試者對其他五間公司進行評價。第二次的評價對象公司中，沒有進行任何刻意操作。再過一個小時後，研究團隊不給受試者任何會計資料，請他們從十間公司中，選出投資價值最高的公司。結果有百分之八十二的幹部，選了事實上只不過是第三名的B公司。

研究團隊分析，壓倒性地選擇以客觀資料來看，並非最佳方案的B公司，原因正是因爲情感的差異。特別有趣的是，參加實驗的幹部對特定公司抱有的過去情感記憶，贏過了過去看到的客觀數值記憶。兩個小時並不足以忘掉先前的好感，受試者雖說都受過專業訓練，能將各種方案並置進行判斷，仍無法根據客觀資料，而是以主觀情感爲基礎做出判斷。這個事例告訴我們，情感的效果有多強大。

英國經濟學者貝爾（David Bell）、魯姆斯（Graham Loomes）與薩格登（Robert Sugden）博士，透過一九八二年的研究，根據後悔理論（Regret Theory），說明人們在做選擇時，會在選擇帶來的預想後悔與快樂上，放上過多比重再進行判斷。舉例來說，以爲不會下雨而沒有帶雨傘，但卻下雨的話，就會對自己的判斷感到後悔；以爲不會下雨但仍帶著雨傘，又剛好下雨的話，就會產生很多快樂感。像這樣，如果不同選擇產生的結果差異很大，在計算從選擇中得到的利益時，會包含從結果得到的情感。特別是人們想避開會讓自己承認犯錯、令自己感到後悔的選項。因爲想讓後悔機會減到最低，所以才會做出不合理的選擇——選擇了效應低的那邊。

在時間的壓迫下，情意捷思的效果也會不同。美國夏威夷健康研究中心芬努凱恩（Melissa Finucane）博士，在二〇〇〇年進行的實驗中，刻意控制時間，想限制受試者分析思考的餘裕。結果人們在做出與利益、危險相關的判斷時，不是依照理性分析，而是傾向依靠情感，特別是有低估危險、高估利益的情況。

情感全面性地影響我們的日常，即使是平常不太買彩券的人，在心情好的日子，覺得不論做什麼都很順利，於是在路過彩券行時，無法抗拒不買。並不是只有彩券行會窺伺消費者的情感，各種行銷都致力於活用情意捷思。想要不帶情感、客觀評價的話，人們會進行有邏輯的分析。舉例來說，提供冰箱的設計、功能、耐久性等詳細內容，那麼消費者會做出適當的判斷，得出A產品比B產品好的結論。然而，若在廣告中使用「讓別人羨慕的B公司產品」，喚起肯定情緒的語句，情況就會變得不同。企業之所以花大錢，也要找到易於喚起消費者情感的模特兒，理由正是訴諸情感，增加銷售。特別是男女老少，全都喜歡可愛的嬰兒（Baby）、動物（Beast）和美女（Beauty），因此活用這一點的「3B廣告」，永遠不會消失。

參考項目

◆錨定捷思：以資訊的一部分或一種特徵為中心，進行判斷的現象。

◆可得性捷思：因為認知處理的容量有限，無法均衡地探索所有資訊，只在可得的情報內進行判斷的現象。

◆代表性捷思：推測某件事發生的機率，或某個對象屬於特定範疇的機率時，並非計算實際機率，而是根據該事件或對象有多能代表母團體，或與母團體的特性有多近似來推測。

004

結果偏誤 Outcome Bias
結果好的話，一切都好？

定義 傾向以最終結果而非過程，來判斷過去下的決定。即使在當時不知道將會帶來怎麼樣的結果，仍會從現在的時間點著眼，以結果為重心，判斷過去的決定是正確還是錯誤的。

美國賓夕凡尼亞大學心理學系巴倫（Jonathan Baron）與赫許（John C. Hershey）教授，在一九八八年的共同研究中，發表了結果偏誤。研究中進行了以醫療問題或賭博爲題材的五個實驗，讓我們來看看其中一個實驗吧。

研究團隊以必須決定是否進行危險手術，該手術攸關患者生死，要求實驗參加者評價外科醫生手術前的決定品質、醫生的能力、自己是否同意醫生的決定等。舉例來說，進行手術前的評估，生存機率是百分之七十，死亡機率是百分之三十，因此醫生決定動手術，但是手術後患者死亡了。這種時候會怎麼評價外科醫生的決策呢？

根據巴倫與赫許教授的實驗結果，得知手術後患者死亡案例的實驗參加者，與得知手術後患者復原案例的參加者相比，對外科醫生評斷的品質、能力等項目，全都評價得更差。不過，觀察做出決策當時的情況，會發現生存機率比死亡機率高，所以不能把外科醫生的判斷看得那麼差。只是人們即使在相同條件下，仍會以結果死亡與否爲標準，做出完全不同的評價。

賭博實驗中也出現了相同的結果。也就是說，過去在無法準確預知會有什麼事發生的情況下做出決定，但最後在評價決定品質時，卻不是站在過去的立場、客觀地評價決定品質，而是以最後的結果爲基礎，做出扭曲的評價。

如同上述的實驗案例，產生結果偏誤的理由，是因爲人們認爲做決定的人似乎掌握所有相關資訊（就像結果出來之後）。事實上，做決定的當時，處於相關資訊不充分且不確定性高的情況中，但評價者會無視這些事實。評價者無法領悟到，當時的決定者與自己不同，他們沒有任何與結果相關的資訊。簡單來說，評價者會以結果爲標準進行評價，掉入結果偏誤。

如同莎士比亞的喜劇標題：「如果結局好，那麼一切都好。」（All's Well That Ends Well），這個說法也是結果偏誤。只有結果是好的，但過程不好的話，並不能說一切都是好的。想到醫生之前累積的功績，因此評價醫生是個決策品質良好、決策能力優秀的人，那麼下次可能會非常失望。

這或許是因爲我們看不到，隱藏在「好結果」中的不好因素。也就是說，並不是醫生讓我們失望，而是因爲我們的誤判，產生被傷害的機會。因此，日常生活中的任何決定，都要像投票、交朋友或選拔員工等事一樣，務必要仔細端詳決策，不要因結果偏誤做出錯誤的判斷。

005 合取謬誤 Conjunction Fallacy

琳達一定會成爲熱中女權運動的銀行員！

定義 比起單一事件發生的機率，推定兩個事件結合的情況發生率更高。即使是必須要各種條件吻合，才會產生的事件，也以主觀的方式錯誤地計算機率，高估實際發生的可能性。又稱為「聯合謬誤」、「連結謬誤」。

一九八三年，康納曼與特沃斯基在實驗中活用琳達問題（Linda Problem），說明了合取謬誤。首先，讓我們一起來了解一下琳達問題。

琳達是一位三十一歲的單身女性，很有主見，在大學時主修哲學，很關心歧視和社會正義等問題，並且積極參加反核運動。您認為琳達現在比較可能過著怎樣的生活？

一、琳達是一位銀行員。

二、琳達是一位積極參加女權運動的銀行員。

在康納曼與特沃斯基的實驗結果中，百分之八十五的實驗參加者，回答琳達過著二號生活。在二號選項中，必須要滿足兩項條件：依舊維持大學時期的活力，並且成爲銀行員。以機率來說，身爲單一事件的一號選項，在現實中發生的可能性更高，但一般人認爲，資訊較具體的那一項，與現實更接近。研究團隊說明，這種機率謬誤是由經驗、常識、揣測形成的代表性，來自於根據刻板印象（stereotyping）進行判斷的代表性捷思（Representativeness Heuristic）。

相反地，德國馬克斯普朗克學會的蓋格瑞澤（Gerd Gigerenzer）博士認爲，除了實驗參加者的認知特性之外，提問的內容不同，實驗結果也會不同。蓋格瑞澤注意到的是：「琳達現在比較可能過著怎樣的生活？」，問句中使用了「可能」這個單字。對於「可能」這個字，他認爲人們不會像大學學者一樣，以「需驗證的數學機率」，精準地解讀這個單字。相對地，會像日常對話中使用的字眼一樣，以「可能的」或「想得到的」等各種意義，來進行解讀。

如果蓋格瑞澤的主張正確的話，就證明康納曼與特沃斯基指出的合取謬誤，有可能是因爲研究者沒有料想到的變數而產生的。蓋格瑞澤指責這些可能性，修正他們的提問內容，將「可能」一詞，改成「有多少」，變成：

讓我們假設與上述內容相同的人物有一百名，

一、那麼，他們之中有多少人是銀行員呢？一百人中有多少人？

二、那麼，他們之中有多少人是積極參加女權運動的銀行員？一百人中有多少人？

在康納曼與特沃斯基的研究中，百分之八十五的實驗參加者做出誤答，認爲二號選項比一號發生的機率更高，在蓋格瑞澤的實驗中，沒有出現二號的發生機率比一號高的情況。也就是說，康納曼與特沃斯基的實驗，使用了能主觀解釋的「可能」一詞提問，相對地，蓋格瑞澤的實驗方式則客觀強調機率，因此受試者做出了符合脈絡的機率思考，所以不會產生合取謬誤。實驗結果顯示，根據問題情境的提出方式，判斷的結果也會不同。蓋格瑞澤以此實驗結果爲根據，主張人類有根據脈絡做判斷的傾向。

參考項目

◆代表性捷思：推測某件事發生的機率，或某個對象屬於特定範疇的機率時，並非計算實際機率，而是根據該事件或對象有多能代表母團體，或與母團體的特性有多近似來推測。

〔006〕

規畫謬誤 Planning Fallacy

精心訂立的計畫，爲什麼變得亂七八糟！

定義 在訂立工作計畫時，低估投入時間的現象。人們在做計畫時，會樂觀認為自己能解決所有問題，但實際上執行時，會發生各式各樣意想不到的狀況。一開始訂立計畫時沒有考慮到這些突發事件，所以稱為規畫謬誤。

根據加拿大心理學者布樂（Roger Buehler）博士等人的研究（一九九年）顯示，人們無法訂立準確的計畫。在實驗中，他們要求學生預估寫畢業論文需要花多少時間，回答的平均數是三十四天左右。對於「如果所有事情都順利進行的話，需要花多少時間？」的問題，回答的平均數是二十七點四天，對於「如果所有事情都進行得不順利，需要花多少時間？」的問題，則回答的平均數是四十八點六天。然而進行調查後發現，實際上完成論文所需的時間，平均是五十五點五天。實驗參加者中，只有約百分之三十的人，在自己預測的期限內完成論文。

如同實驗結果所顯示，人們並非單純只是沒有訂好計畫，而是大部分都低估執行課題所需要的時間。甚至連假設所有事情都進行得不順利的情況下，預估值也比實際花費的時間抓得更少。這個情況幾乎在公司等所有組織中，都能輕易發現。

專案經理會將意外變數都考慮進去後，再決定日程。但是大部分的專案都會在超過期限後才結束，或堆積到最後才慌慌張張地處理，或者修改本來的計畫，將一部分挪到下一階段的計畫去，才能結案。甚至在專案執行中，會把計畫細分為幾個階段、拉長日程，但卻連這樣也無法遵守日程。這全都是因為最初設立計畫時，將往後發生的狀況看得太單純，低估且無視各種事件的發生機率，以致產生規畫謬誤。在訂定計畫的當下，只專注在課題上，以為萬事會以課題為中心順利進行。不過實際上並非只有那個工作而已，至少會有三、四個其他工作，互相糾纏在一起，造成進度延後。

根據康納曼與特沃斯基教授在一九七九年的研究，會掉入規畫謬誤這個陷阱，是因為訂定計畫時，以順利進行的最正面劇本為基礎。人們具有偏愛肯定結論的一廂情願偏誤（Wishful Thinking Bias）傾向，因此會先想到最正面的情況。不過如同布樂等人的研究結果，實際情況容易比最糟情況的預想，拖延得更久。值得注意的是，即使以最糟的情況訂定計畫，也無法阻擋規畫謬誤，但是比起只想著最好的情況，至少會比較接近實際狀況。

若知道規畫謬誤的背景，就很容易找出避免的方法。例如，在訂定計畫時，不只計算課題會花費的時間，也不能只考慮與課題有直接關係的事件，必須思考其他各種變數，例如：各位的日常、出現新的課題、執行中課題遲延、突如其來的變動等。這麼一來，至少必須抓比一開始所想的，多上兩倍的時間。雖然可能連這樣都還算低估，不過在某種程度上可以防止規畫謬誤。

參考項目

◆一廂情願偏誤：沒有具體的根據，只是因為喜歡肯定的結論，所以按照自己相信的肯定結論進行思考。

〔007〕

雙曲貼現 Hyperbolic Discounting

公司聚餐後拿到的計程車費，比退休後拿到的獎金更好

定義 當兩個報酬相近時，會偏好時間上較近者的現象。對於時間上較遠的未來，人們相對會貶低其價值。又稱為「過度貶低未來價值」、「過度打折價值」等，不過由於被評價得低的價值，都屬於未來的事物，因此加上未來這個字眼最為明確。

雙曲貼現的現象，指根據報酬延遲的期間不同，價值程度也有所不同。如同中國成語「朝三暮四」的典故般，人或動物全都偏好較快給予報酬的一方。然而，延遲期間較短時，價值貶低的程度較大，延遲期間長的話，相對來說貶低程度較小。

在日常生活中能輕易發現雙曲貼現的現象。在大型賣場中，如果問說：「您要現在拿到一千五百元的折價券？還是兩週後寄二千元的折價券到您家？」回答要立刻拿到一千五百元折價券的人更多。雖然報酬從一千五百元，躍升到二千元，但因爲「兩週後」這個延遲期間的關係，報酬價值就被貶低。

然而問同一個人：「一年後寄一千五百元的折價券給您？還是一年兩週後寄二千元的折價券給您？」大部分的人會等待二千元的折價券。在買東西的時候，比起較大金額的點數累積，會選擇即使金額小、但卻能在現場立刻使用的現金折價券，這也是因爲雙曲貼現的現象之故。這種反應的方式，也被簡略稱爲現在偏好（Present Preference）。

過度的雙曲貼現現象，在解決社會問題時會造成負面影響。舉例來說，環境問題是所有人都該關心，且必須要積極解決的事情。即使全球暖化導致氣象變異接連不斷，但環境保護問題帶來的效果是緩慢、在未來才看得到，所以人們會因爲這樣，而想維持現在的舒適生活方式。若想要解決這個問題，就要讓人們了解到，與眼前的報酬相比，未來的報酬多到無法比較，或是強調給予報酬的未來，並沒有那麼遙遠（或是使其變得沒那麼遠），讓人們領悟到眼前的報酬沒有那麼珍貴；或者提出其他替代性報酬，藉此顯示能享有更大的幸福。事實上，環境保護主義者與科學家做的事情，都與這些策略有關。

比起不確定性大的未來，眼前的確定性愈大，愈能使人心產生變化。利用這一點，在提供東西給他人時，不管花費的是一樣金額，或是花費較少，都能讓對方得到滿足。對員工來說，比起社長體貼地想在退休時給予更多退休金，依照月薪比例額外存款，在公司聚餐後主動給的幾千元計程車費，會讓員工覺得更感謝。

各位如果處在賣方的立場，那麼就可以跟客人說之後再付也行，並要求昂貴的售價。因爲未來價值打了折扣，人們會覺得自己需要支付的金額也跟著打折。相反地，如果處在買方的立場，不用信用卡或支票，提議用現金購買比較好，這樣的話，商人高興之下算你便宜一點的機率較高。

〔008〕

基本比例忽視 Base Rate Neglect
那位知名的名醫爲什麼會誤診

定義 在推測事件發生的機率時，沒有考慮下判斷或決策所必要的基本事件先後順序、事件的相對頻率，而是以可用資訊為基礎，做出與統計機率相反的錯誤判斷。又稱為「基本比例謬誤」（**Base Rate Fallacy**）。

基本比例（Base Rate）指的是下判斷或做決策時，必要事件的相對機率，但人們常常會無視這一點，掉入自以爲是的錯覺中。有些人在看到抽菸與肺癌關係的統計數字後，反駁說：「我認識的一個爺爺，就算一根接一根地抽，也活到了九十歲高齡。」這是因爲他忽視抽菸者發生肺癌可能性的統計機率，也就是基本比例，高估自己腦海中浮現的特定事例的可能性，並進行判斷，才得出這種邏輯。此時因爲特定事例印象特別深刻，所以看起來彷彿能代表整個團體，這點可以與代表性捷思做連結。

無視整體的基本比例，只根據某個項目的代表性做決定，是人們經常犯的謬誤。在經歷偶然的一致、夢境實現時，經常會嚇一跳，也是因爲無視基本比例的關係。即使日常經歷的衆多事件中，只有極少數與其他事件有連結，也會以毫無根據的自信心認爲：「我果然不論做什麼，都會像這樣順利到不行。」或是無視同樣也買了彩券的數百萬人的夢，只強調中獎者夢到祖先，導致必須有祖先幫助，才會中彩券的傳說永遠流傳。中獎者自己也一樣，無視夢到祖先只是一天晚上無數的夢之一，或者在這之前祖先也經常出現在夢中，但不曾中獎的事實。

康納曼與特沃斯基教授在一九八三年爲了確認無視基本比例，進行了以下列故事構成的實驗。

在某個城市裡有兩間計程車公司，車子的顏色根據公司而不同，分成藍色與綠色。全部的計程車中，有百分之八十五是藍色，百分之十五是綠色。有一天晚上，一輛計程車肇事逃逸，之後目擊者表示，那是輛綠色計程車。法院檢驗了目擊者在大半夜，辨別藍色與綠色的能力，在這個檢驗中，目擊者能正確分辨的機率是百分之八十，另外的百分之二十會與其他顏色混淆。那麼，肇事逃逸的車就是目擊者說的綠色車，可能性有多高？

大部分的實驗參加者，都以顏色辨別準確度百分之八十，回答有百分之八十的可能性是綠色車，也就是說，受試者完全無視先前提示的內容中，整體計程車有百分之八十五是藍色的基本比例。因此，受試者回答「肇事逃逸車輛是綠色車的機率有百分之八十」這個推測，有修正的必要。考慮產生肇事逃逸事件的事前機率（Prior Probabilities）後，再計算事後機率（Posterior Probabilities）時，可以活用貝氏定理（Bayes' Theorem）這個計算工具。貝氏定理的內容爲，不會同時發生的n個事件A_1，A_2…，A_n中，一定有一個會發生時，成立於任意事件B的公式。而在發生事件A的條件下，發生事件B的附加機率以P（B／A）來表示。

$$P(A)=\sum_{i=1}^{n}P(AB_i)$$

$$=\sum_{i=1}^{n}P(A|B_i)P(B_i)$$

$$P(B_j|A)=\frac{P(AB_j)}{P(A)}$$

$$=\frac{P(A|B_j)P(B_j)}{\sum_{i=1}^{n}P(A|B_i)P(B_i)}$$

在公式中放入實驗內容中出現的下列各機率，就能得出各自的事後機率了。

- P（藍）＝0.85（是藍色計程車的機率）
- P（綠）＝0.15（是綠色計程車的機率）
- P（事故／藍）＝0.20（藍色計程車肇事的機率）
- P（事故／綠）＝0.80（綠色計程車肇事的機率）

這裡讓我們來算一下，受試者回答肇事逃逸車輛爲綠色車的機率吧。將上面的數值放進貝氏定理的公式中，會出現下面的結果：

$$P(\text{綠} \mid \text{事故}) = \frac{P(\text{事故} \mid \text{綠})\,P(\text{綠})}{[P(\text{事故} \mid \text{綠})\,P(\text{綠}) + P(\text{事故} \mid \text{藍})\,P(\text{藍})]}$$

$$= \frac{[0.8(0.15)]}{[0.8(0.15) + 0.2(0.85)]} = 0.41$$

也就是說，真正的機率只有受試者回答的「百分之八十」的一半左右而已。受試者無視統計上的適當比例，以主觀的方式判斷機率。之後，研究團隊將原有的提示略做修改，將「全部的計程車中，有百分之八十五是藍色，百分之十五是綠色」這句話，改成「兩間公司的規模大小差不多，但計程車事故有百分之八十五是綠色計程車造成，百分之十五是藍色計程車造成」，讓事故與顏色的因果關係看起來更高。這樣一問之後，受試者更無視基本比例，回答機率是「百分之六十」。但正解在統計學上，機率依舊是百分之四十一。也就是說，基本比例忽視現象沒有完全消失。

在日常生活中也很容易無視基本比例。假設各位與家人在醫院中遇到下面的情況，會怎麼判斷呢？

某個人接受癌症診斷，發現了腫瘤。從統計上來看，腫瘤為惡性腫瘤（癌症）的機率是百分之一，醫生為了確診，告訴患者必須用最新機器拍攝確認。這個最新機器在腫瘤為惡性時，能做出準確度百分之八十的判斷，在腫瘤為良性時，準確度則是百分之九十。患者雖然心疼昂貴的檢查費用，仍然含著眼淚接受檢查。那麼，用最新機器診斷的結果，是惡性腫瘤的機率有多高？

各位如果將重點擺在最新機器的準確度上，可能會因爲前面的惡性腫瘤統計機率低，所以稍微減低數值，推測罹患惡性腫瘤的機率是「百分之七十五」。但是使用貝氏定理的公式，實際上計算後，會出現驚人的結果。實際的計算結果如下：

- P（惡性腫瘤）＝0.01（是惡性腫瘤的機率）
- P（良性腫瘤）＝0.99（是良性腫瘤的機率）
- P（事故／惡性腫瘤）＝0.80（在檢查中出現良性反應，但卻是惡性腫瘤的機率）
- P（事故／良性腫瘤）＝0.10（在檢查中出現良性反應，卻將良性腫瘤誤判為惡性腫瘤的機率）

將上面的數值放入貝氏定理中，會出現下面的結果：

$$P(\text{惡性腫瘤}\mid\text{良性反應})=\frac{P(\text{良性反應}\mid\text{惡性腫瘤})P(\text{惡性腫瘤})}{[P(\text{良性反應}\mid\text{惡性腫瘤})P(\text{惡性腫瘤})+P(\text{良性反應}\mid\text{良性腫瘤})P(\text{良性腫瘤})]}$$

$$= \frac{(0.8\times0.01)}{[(0.80\times0.01)+(0.10\times0.99)]} = \frac{0.008}{0.107} \fallingdotseq 0.075 = 7.5\%$$

簡單來說，無視事前機率，也就是基本比例，而出現百分之七十五的推測，與百分之七點五有十倍的誤差。

古柏曼（Jerome Groopman）是哈佛醫學系教授，也是癌症專家，在他的著作《醫生，你確定是這樣嗎？》（*How Doctors Think*）中可以看到，不會因爲是專家，就會好好計算這種基本比例。根據古柏曼在書中的介紹，分析因誤診對患者造成嚴重危害的案例，有百分之八十都是因爲認知偏誤的關係，無視能讓自己脫離成見的資訊，所以造成誤診。醫生與患者都能洞察基本比例忽視的話，就能減少過度診療與誤診，共同創造令人滿意的醫療系統。

參考項目

◆代表性捷思：推測某件事發生的機率，或某個對象屬於特定範疇的機率時，並非計算實際機率，而是根據該事件或對象有多能代表母團體，或與母團體的特性有多近似來推測。

〔009〕

協商年薪的時候，先提出金額的一方勝

錨定捷思 Anchoring Heuristic

定義 以資訊的一部分，或某種特徵為中心進行判斷的現象。此時左右人們判斷的資訊或特徵，在順序上最初提出者的機率較高。如同船在某個點上下錨後，只會在周邊徘徊，不會前往其他地方一樣，最初設定怎樣的價值為基準點，之後判斷的結果也會不同。又稱為「錨定與調整捷思法」（**Anchoring and Adjustment Heuristic**），或簡稱為「錨定捷思」、「錨定效應」等。

美國普林斯頓大學康納曼與特沃斯基教授，在一九七四年以如下的簡單實驗確認了錨定捷思。

一、下列算式的答案是多少？請在五秒內回答出來。

8×7×6×5×4×3×2×1＝？

二、下列算式的答案是多少？請在五秒內回答出來。

1×2×3×4×5×6×7×8＝？

一號與二號問題的計算初始值雖然不同，但從數學上來看，它們會得出一樣的答案，不過人們會推測第一個問題的答案比較大。實驗參加者對一號問題的平均回答是二千二百五十，對二號問題的平均回答是五百一十二。與一號問題不同的是，二號問題的起始值是一，因此最終判斷的數值，是離基準點較近、相對來說較低的數字。作爲參考，這個問題的正解是四萬零三百二十。兩個問題的受試者都沒有回答出正確答案，都呈現出錨定捷思的特性——以最初的基準點爲基礎，做出最終判斷。

康納曼與特沃斯基教授透過各種實驗與研究證明，錨定捷思在下各種決定與解決問題時會產生作用。舉例來說，一九七四年發表的另一個研究中，康納曼與特沃斯基教授要求實驗參加者猜測隸屬於聯合國的非洲國家數量，觀察人們的錨定捷思現象。

他們詢問一組受試者：「隸屬於聯合國的非洲國家數量，比聯合國全部會員國的百分之十還要多嗎？」參加者平均回答占百分之二十五左右。不過當問題變成：「隸屬於聯合國的非洲國家數量，比聯合國全部會員國的百分之六十五還要多嗎？」平均回答是百分之四十五。事實上，聯合國成員主要是亞洲及歐洲等地的國家，即使知道這個事實，實驗參加者仍然回答百分之四十五是非洲國家，幾乎快達到一半的比例，這就是人們對提問內容的初始基準點，十分敏感的證據。康納曼與特沃斯基教授從兩個實驗中確認，人們一旦設定基準點後，會參考這個基準點，來詮釋往後接觸到的資訊。

買東西時討價還價，是最讓人印象深刻的錨定捷思作用。對於沒有標示定價的商品，商人如果喊價六百元的話，就會說不太出口要用一百元來買；但如果同一個物品，商人喊價一百二十元的話，那麼殺價到一百元的情形就會增加。如果能客觀判斷物品的價值再做出決定，就不會出現這種差異了。但正是因爲會以最初提出的基準點爲基礎，因此才會產生行動上的差異。

去中國旅行的話，我們會聽到有人建議，在傳統市場買東西時要盡可能大幅殺價。不過眞的進到市場後卻無法這麼做，這是受錨定捷思的影響，專注在商人提出的最初價格上之故。如果反過來利用這種錨定捷思的話，就可以像中國商人一樣獲得龐大利益，因此把這當作協商的策略來活用也很不錯。在商人喊出價格之前，先提出自己所想的最低基準看看吧，這樣對方會反過來開始配合各位的基準點進行協商。在職業選手的轉籍費與年薪協商報導中，會出現所謂的「氣勢較量中」，這在公開協商的過程裡也很常見。

參考項目

◆聚焦效應（Focusing Effect）、聚焦錯覺（Focusing Illusion）：過度集中在事件的某一個層面上進行思考，結果無法正確推測未來發生事件的現象。錨定捷思雖然也集中在初始值上，但聚焦效應除了初始值，又集中在某個特性上，因此在犯錯的點上有差異。

〔010〕

因爲經常見面，平凡的臉蛋看起來也變漂亮了

單純曝光效應 Mere Exposure Effect

定義 **反覆曝光、累積熟悉度後，對對方更有好感的現象。又稱為「熟悉定律」（Familiarity Principle）、「多看效應」。**

某首歌一開始聽到時，心想這是什麼歌啊，難以爽快給出好評，但一直聽、一直聽也會中毒。一開始覺得長得醜的藝人，如果一直在電視上出現，也會產生好感，這種現象的心理背景就是單純曝光效應。

一九六八年，美國心理學者札杭茲（Robert Zajonc）博士使用中文字進行實驗，證明了單純曝光效應。他讓美國人受試者看了編號一到二十五號的二十五個中文字，

請他們猜測單字的意義。他對受試者說明，二十五個字都是形容詞，請他們猜測意思是正面的還是負面的。

實驗受試者看到中文字的次數愈多，愈會推測具有正面意義，對於過去曾見過的中文字，也認爲比陌生的中文字，意義更正面。也就是光靠單純曝光效應，就下了正面的判斷。

單純曝光效應有時也會作用在負面的情況上。人們搬到一開始不喜歡的貧民區，日久也會產生感情，甚至搬離貧民區後，還會特意回去看看。邊搖頭邊說當兵生活令人厭煩的軍人，比起休假離營，待在自己軍營宿舍裡感到更舒適。

單純曝光的次數愈多，效果就愈大，這是單純曝光效應的核心。因此企業無不致力於，在人們視線可及處增加自家產品的曝光率，不論是建築物、地鐵、廣告小冊子、電視等都好。這麼做不只期待吸引消費者的注意，也期待曝光能增加好感度。

然而，將注意力分配給新的事物，是認知特性之一，如果曝光過多，比起熟悉感，可能會被直接忽視。美國心理學者米勒（Robert L. Miller）博士，在一九七六年研究了單純曝光與心理反應、態度變化間的關係。米勒博士將實驗受試者分爲三組進行實驗：完全未曝光在特定政治標語（海報）的狀況、適當曝光的狀況，以及過度曝光多達兩百次的狀況。結果，在過度曝光的狀況下，受試者對政治標語做出負評。

適當曝光狀況下的受試者，給出最正面的評價。有趣的是，本來是正面的刺激，如果過度曝光的話，就會變成負面的，而且愈是反覆曝光，負評就會愈來愈嚴重。「過猶不及」原則也算是單純曝光效應之一。

最愛使用單純曝光效應的領域，果然還是廣告。代表作如Intel與韓國SK電信等公司的廣告，反覆曝光相同的旋律與商標，以達到宣傳的目的。近來的流行音樂，比起複雜的旋律，更常反覆使用單純的旋律，提高中毒性；製作成系列作的電影，會讓前篇中出現的小道具或人物再次登場，以提高觀衆的好感度，策略性地活用單純曝光效應。

各位也能策略性地使用這個效應，如果想要得到某人的好感，不要再煩惱了，開始在對方面前反覆露面吧。只要好好遵守過猶不及的原則，就是得到對方好感最單純且最有效的方式。

相反地，如果對某個人或特定對象感到有好感，有必要先想想，是本來就喜歡對方，或是單純因爲曝光增加所以才變得喜歡。必須更客觀地審視自己的感情，才能避免日後後悔。

〔011〕單位偏誤 Unit Bias

開封後的飲料爲什麼要一次喝完

定義 並非根據本來具有的能力，而是根據給予的單位不同，執行結果也變得不同的現象。也就是說，會以課題的單位為完成標準。舉例來說，將同樣的事情分成三份時，會認為其中一份為定量，相反地，如果把三份合成一份時，也認為那是定量。

在國外旅行時有時會發現，相同的商品但包裝單位不同，而嚇了一跳。舉例來說，美國的超市中有兩公升裝的可樂，或七百五十毫升裝的罐裝飲料。看到這些飲料時，第一個反應大概都是：「啊，這個要怎麼一次喝完啊？」將包裝的單位認爲是必須要一次食用完的定量，這種現象正是單位偏誤。

單位偏誤是二〇〇六年，美國賓夕凡尼亞大學心理系蓋耶爾（Andrew B. Geier）與羅津（Paul Rozin）教授提出的概念。在餐廳裡，人們認為一盤餐點是一個單位，不過因為每間餐廳的廚師不同，加上盤子的大小或食材、料理方式不同，所以重量或大小等也都不同。

研究團隊想確認人們的單位偏誤，所以在一間大型連鎖量販店出入口，放了一個碗，裡面裝了M&M巧克力，旁邊貼著下面的訊息：

「請盡量享用。不過，希望您使用旁邊的湯匙來取用。」

實驗開始的前幾天，巧克力旁邊放的是吃飯時經常使用的湯匙，之後換成大四倍左右的大湯匙，繼續進行實驗。假設喜歡吃甜食的人會盡情地吃巧克力，那麼根據個人喜好度的不同，攝取量也會不同。結果，人們在換成大湯匙後，平均多吃了一點六七倍的巧克力；以餅乾進行實驗，也出現類似的結果。研究團隊下結論——比起自己的內在標準，人們更常以外在給予的單位為標準，進行思考或是解決問題。

人們輕易地接受外部給予的一單位為適當數量，這個傾向從企業的立場來看無疑是個好消息。大部分的人不會追究這到底是不是適量就進行購買，因此與其賣兩個商品，製作成大容量包裝販售，既可節省流通與包裝等各種費用，同時也能提高銷售，可算是一石二鳥，因此商品陳列架上，大容量商品愈來愈多。

不過消費者會因企業的商業手法而受害。速食店打出「尺寸大兩倍，價格只要一半」的新漢堡宣傳，讓消費者一次就攝取了比適量還多的量，被引導走上肥胖之路。大容量的洗衣粉在開封使用一個月左右後，會變硬而不好用；就像消費者只是模糊地計算一樣，這種包裝的商品，從一開始就不是剛好可以用一個月的適當份量。

〔012〕

對比效應 Contrast Effect

聯誼中我總是坐在長得不好看的朋友旁邊

定義 在認知對方時，對照視覺上、空間上相鄰的事物後，再進行認知的現象。不是獨立看待事物原本的樣貌，而是受到其他事物影響，比實際上更誇張或忽視，而進行認知及思考。又稱「對照效應」。

對比效應連十七世紀的英國哲學家洛克（John Locke）都曾進行過研究，是長久以來被深度研究的偏誤之一。對比效應不只顏色、模樣、材質等視覺認知，在對人的印象評價等複雜的認知上也能看到。首先，讓我們從視覺的對比效應例子開始看起吧。

觀察下面的圖片會發現，右邊中央的灰色四方形，看起來比左邊中央的四方形更亮。事實上，中間兩個四方形，在物理上是一模一樣的顏色。這種現象的產生是因爲，人在認知對象的時候，並非依照原有的物理特性進行認知，而是與空間上鄰近的對象進行比較後再認知。

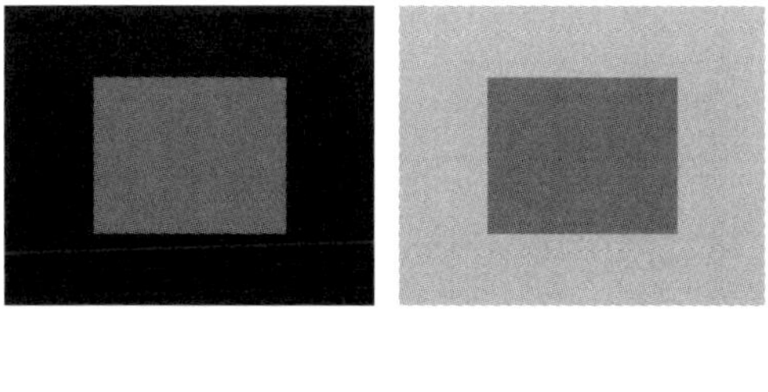

對比效應在評價印象時也會發揮作用。二〇〇五年美國理海大學心理系莫斯科維茨（Gordon Moskowitz）教授，在書中發表了以下的研究結果。他將實驗受試者分成兩組，只讓其中一組想著希特勒。然後要求兩組受試者，評價對另一名男子的印象。實驗結果顯示，想著希特勒的那一組，將男子的印象評價得更正面，因爲與可怕的希特勒對照後，那名男子顯得很親切。

日常生活中也有許多對比效應發生。男生在路上看到漂亮的女生時會瞪大雙眼，但是看到選美大賽中，數十名美女排排站時，卻會評價她們大部分都長得不好看，只被其中特定幾位吸引目光。相同的歌曲也會隨著自己的心情，而聽起來不同，心情鬱悶的話，即使拍子只是稍微快一點，就會覺得聽起來很吵，相反地，心情很好想興奮大叫的時候，聽到這種歌，就會覺得像是低吟緩慢的情歌。

在電視的選秀節目中，先出場的參加者如果盡情發揮實力，後面的參加者就會特別緊張。因爲即使是小小的失誤，與前面表現完美的競爭者相比，都會留下表現得很不好的印象。

藝人爲了凸顯自己，有時候會刻意走向比自己矮或是長得醜的人身邊站著，連這麼細微的地方都非常在意。他們透過眾多經驗，直覺了解到對比效應是什麼——評價並非絕對，而是相對的。

相對評價指的是，之前發生的事、同時發生的事，都會被當成比較的對象，也就是受到可得性捷思的影響。因此，想在日常生活中，明智使用對比效應的話，必須事先有所準備，分析之前的事件或同時發生的事、空間上鄰近的對象爲何，將自己的相對優越展現給評價者看。就算只是去參加團體聚會，也絕對不要錯過長得醜的朋友旁邊的座位。

參考項目

◆可得性捷思：因為認知處理的容量有限，無法均衡地探索所有資訊，只在可得的情報內進行判斷的現象。

〔013〕

他打招呼打得很得體，一定是個「好人」

代表性捷思 Representativeness Heuristic

定義 **推測某件事發生的機率，或某個對象屬於特定範疇的機率時，並非計算實際機率，而是根據事件或對象能代表母團體，或與母團體的特性有多近似來推測。**

康納曼與特沃斯基教授在一九八三年的研究中，對受試者提出了下面的問題。

（請參考005合取謬誤的琳達問題）

琳達是一位三十一歲的單身女性，她相當有主見，在大學時主修哲學，關心歧視和社會正義等問題，並且積極參加反核運動。那麼，您認為琳達現在可能過著怎麼樣的生活？請將下面七個項目按照機率，從機率最高的選項，依序排到最低的選項。

一、琳達是一位小學老師。
二、琳達在書店工作並練習瑜珈。
三、琳達積極參與女權運動。
四、琳達是一位女性選民聚會的成員。
五、琳達是一位銀行員。
六、琳達是一位保險銷售業務。
七、琳達是一位積極參與女權運動的銀行員。

可以輕易想見，受試者依自己的想法，將三號、四號選項排在前面。但事實上，研究團隊想比較的是五號及七號。有趣的是，受試者當中有百分之八十五認爲，七號的「琳達是一位積極參與女權運動的銀行員」，比五號的「琳達是一位銀行員」更有可能，也就是說認爲七號的發生機率更高。積極參與女權運動這一點，是因爲受試者認爲與提示中的大學主修和社會活動參與相符。

然而，從邏輯上來探討的話，「銀行員」一定比「參與女權運動的銀行員」要來得多。就像「男生」的總數，一定會比「穿著紅色衣服的男生」更多一樣。換句話說，琳達只是一位銀行員的機率更高。即使如此，人們仍判斷，自己想像中積極且主修哲學的女性形象，使七號選項發生機率更高，也就是無視一項重要條件——七號選項的前提是，琳達首先必須要成爲銀行員才行。

如同琳達問題的案例一樣，代表性捷思指的是，在探究特定事件的發生機率時，沒有考慮到與其他事件的具體關係，而是以表面浮現的特徵（琳達問題中的七號選項）與母團體，也就是原型（琳達的性向），有多麼近似而進行判斷的傾向。

我們經常聽到的樂透中獎號碼陰謀論，也是代表性捷思的一種。提出陰謀論的人說，中獎號碼是特定號碼反覆出現，或是一定號碼的組合，甚至還提出具體證據。例如，比起中獎號碼是一、二、三、四、五、六，認爲七、十二、十五、二十六、四十、四十三之類的隨機數字更公平。但是，一之後出現二的機率，與七之後出現十二的機率是一樣的。在丟銅板時，連續丟十次，持續出現正面的話，會覺得奇怪而不解。機率是百分之五十，所以並不是反面一定要出現多少次才行，完全是因爲自己的經驗，與代表整體機率的狀況出現不同，才起了疑心。這是因爲人們沒有徹底了解機率再進行判斷，而是以「有多麼可能」來判斷，才產生了誤解。

代表性捷思雖然把我們引導向錯誤的判斷，但我們隨時都尾隨在這傢伙身後。因爲它幫助我們在有問題的狀況中，做出最快且滿意的決定，因此多少利用一下比較好。例如，利用留給別人好印象的行爲來包裝自己，對方就會判斷你是個好人。因爲對方所認爲的「好人」舉止，與你表現出的行爲相似，所以即使沒看到其他行爲，也會輕易推論你是好人。不過這個方法只對初期印象的形成較有幫助，在往後的關係中，如果持續有不好的行爲，那麼效果就會消失，所以容易聽到這種感歎「一開始像是不錯的人……」。

參考項目

◆賭徒謬誤：相信根據事件前後的機率不同，獨立事件的發生率也會不同，意即主觀解釋機率的謬誤。

◆合取謬誤：比起單一事件發生的機率，認為兩個以上的單一事件，結合發生的機率更高。

〔014〕

一直出現偶數，那麼這次應該是奇數了吧

賭徒謬誤 Gambler's Fallacy

定義 **即使事件的機率已經被決定好了，仍錯覺認為該事件會受到前後事件的影響，而改變機率。是從「獨立發生的隨機事件，會影響到互相的機率」這樣的錯覺中，產生的謬誤。又稱為「蒙地卡羅謬誤」（The Monte Carlo Fallacy）。**

輪盤（Roulette）或骰子等使用機器的賭博，在沒有作弊介入的情況下，每次的結果與下一次或前一次的結果是無關的。但賭徒們錯以爲，可以根據自己的經驗，猜出特別的關聯性。

賭徒謬誤被稱爲蒙地卡羅謬誤是有原由的。一九一三年八月十八日，在歐洲的代

表性賭博城市蒙地卡羅的一個賭場中，輪盤連續出現二十六次的黑色。輪盤可以對顏色、雙數及單數、數字等下注，根據機率贏得倍數的賭金。也就是說，對黑色下注，然後出現黑色的話，會贏兩倍的錢，出現紅色則全輸。

那天黑色出現十次左右時，人們變得非常興奮。第一次下注黑色的人，如果持續押黑色，出現兩次黑色會贏四倍的錢，出現三次黑色會贏八倍，出現四次黑色會贏十六倍……以這種方式贏得賭金。一開始連續幾次下注的人贏錢後，人們開始掏出幾倍的錢，下注在黑色上，然後一贏錢便響起歡呼聲。連續出現十二次黑色後，賭場裡的人都跑向輪盤，掏出所有的錢下注，他們確信這是可以把錢翻兩翻的絕佳機會。但他們把錢押到哪裡？全部都押到紅色，他們認爲機率上黑色不可能連續出現十三次之多。發牌員轉動第十三次輪盤，又出現了黑色。嚇了一大跳的人們，又再次下注押紅色，發牌員轉動的輪盤停下時，又出現了黑色。同樣的過程持續又進行十二次之多。因爲出現了十二次的黑色，託此之福，比起支付出去的錢，賭場從輪盤上搜括了更多錢，忙得暈頭轉向。

賭局愈是再三重複，帶著「現在時機正成熟」，確信有預感會發大財的微笑、奔向輪盤的人們，益發把賭場擠得亂成一團。這場史無前例的鴻運爆發，最後的贏家並不是認爲自己掌握了模式的賭徒，而是賭場。當時在轉動二十六次輪盤的短短時間內，賭場就席捲了數百萬法郎。即使有這種歷史上的案例，賭徒依舊鍾情以前面發生事件的機率，再來下注的思考方式。

在前面的例子當中，人們認爲黑色已經出現很多次，所以該是紅色出現的時機，而押紅色；或是認爲黑色會持續出現，所以又押黑色的人，全都陷入賭徒謬誤。不論是怎麼連續出現的事件，在統計上，前後的事件都是完全獨立的，也就是說，前面的事件無法給予後面事件，任何統計上的意義。不過，賭徒並不這麼認爲，仍然執著於自己所相信的，陷入不斷下注的謬誤。

雖然名稱是賭徒謬誤，但並不是只有賭徒才會掉入這種思考陷阱。在季洛維奇（Thomas Gilovich）教授以運動選手爲對象進行的實驗（一九八五年），或康納曼與特沃斯基教授以丟銅板案例進行的代表性捷思研究（一九七二年）中，可以看到幾乎所有人都在犯賭徒謬誤。（參考033集群錯覺）

特別是根據康納曼與特沃斯基教授的研究，人們會將經過極長時間、經歷多次事件後，才得以確認的機率，套用在短期間的獨立事件上，誤以爲會出現同樣的模式。換句話說，銅板的正面及反面出現的機率各爲百分之五十，因此認爲，若在十次當中一直出現正面的話，應該就是反面出現的時候了。但是百分之五十的機率，並不是丟十次銅板就會適用的機率，也沒有理由一定會反映在當次的丟擲上。人們只不過是相信，銅板的面必須要這樣出現，才會符合整體的銅板丟擲機率，以看似合理的案例（具有代表性的案例），曲解了情況。

那麼，該怎麼從賭徒謬誤中脫身？方法就是，不要像賭徒一樣，想要從互不影響的獨立事件中，試圖找出某種模式套在上面。也就是說，要理解獨立事件的本質，即使看起來有某種模式，也必須明白是沒有意義的。賭徒謬誤就像前面說的，不是賭徒專用，也不是只適用在賭博上的謬誤。只要活在世上，我們就會自行賦予家庭、職場、學校等場所連續發生的事件意義，費盡心思去相信具有真正的關聯性。所以，努力洞察事物的本質，十分重要且必要，理由就在這裡。

參考項目

◆代表性捷思：推測某件事發生的機率，或某個對象屬於特定範疇的機率時，並非計算實際機率，而是根據該事件或對象有多能代表母團體，或與母團體的特性有多近似來推測。

◆集群錯覺：隨機發生的事件若連續發生，則錯以為其中有某種關聯性，使事件被限定在特別的範疇內。

〔015〕

本來只想吃炸醬麵，怎麼連糖醋肉都點了

默許效果 Acquiescence Effect

定義 回答其他人問題時，比起站在自己的立場，理性判斷後再回答，更傾向贊同對方的提問內容來回答。特別是與社會期許有關的提問，會考慮到不知道對方怎麼看待自己，而更傾向贊同對方，因此稱為默許效果。又稱為「默認效果」、「同調傾向」等。

人們總是在意別人怎麼看自己。因此如果對方帶著明顯的意圖提出疑問時，會盡可能配合對方期望的方向回答，表現出想討好的傾向。舉例來說，當提問者問：「爲了幫助貧窮的人們，您認爲有錢人必須要繳更多稅金，以成就民主主義的公平性

嗎？」比起否定的回答，人們更會做出「對啊」的回應。但，如果問的是：「爲了公共的利益，限制有錢人運用個人的財產，您不認爲違反民主主義的原則嗎？」依舊會得到「對啊」的回應。

兩個提問的內容相反，所以對兩個提問都表示肯定，這點是矛盾的。不過比起深度思考提問的內容，可以的話，人們更傾向做出肯定的回應。因此提問者的疑問型態或內容，必須盡可能做到中立，以引導出對方最眞實的反應。但在現實中，反而更常策略性使用誘導性提問，將默許效果極大化。

輿論調查是以誘導式提問，歪曲事實的代表案例。以「您認爲某某某施行了錯誤的政策嗎？」詢問對特定政治人物評價時，與「您認爲某某某施行了良好的政策嗎？」詢問出來的結果是不同的。根據提問者選擇怎麼樣的提問，對政治人物的評價也可能會反反覆覆。

企圖使用默許效果的提問到處都有。律師會在法庭上以巧妙的誘導式提問詢問證人，以引導出對自己有利的發言。商人總是會先問一句：「您要先看看新推出的特價商品嗎？」然後試著把庫存商品賣掉；在餐廳裡，服務員遞出菜單之前會說：「您要點符合人數的套餐嗎？」以提高銷售額；在談話節目中，討論者故意拋出複雜的提問，以引導對方默許贊成。在回答這些問題之前，必須先理性整理好自己的思緒，正確掌握自己的需求，才能夠避免被對方的誘導式提問所左右。

不過有趣的是，在默許效果中，也有所謂的個人差異。根據英國羅斯大學麥森伯格（Gerhard Meisenberg）與威廉斯（Amanda Williams）博士，在二〇〇八年的研究，教育水準愈低、智能愈低，默許效果的偏誤就愈強；所得水準愈高，默許效果就愈低。也就是說，教育水準、所得水準與智能水準愈高，愈不會被對方的提問影響、做出極端的回答，而是傾向做出中間的回答。

〔016〕

面額效應 Denomination Effect

壓歲錢請準備千元鈔

定義 即使是相同金額的貨幣，根據組成的不同，價值看起來也會不同的現象。舉例來說，同樣是五百元，分別是十個五十元銅板、五張一百元，或是一張五百元紙鈔，人們對這相同的五百元，會有不同的價值判斷及使用傾向。

紐約大學企管系拉胡畢爾（Priya Raghubir）教授與馬里蘭大學企管系斯里瓦斯塔瓦（Joydeep Srivastava）教授發現，即使是相同金額，也會根據貨幣單位不同，而有主觀解釋貨幣價值的傾向，他們在二〇〇九年發表的論文裡，提出「面額效應」。面額（denomination）有分配或命名貨幣價值之意，但不一定意指貨幣貶值。雖然字首de經常被誤譯成down的意思，但原來的意思完全不是這樣。

拉胡畢爾與斯里瓦斯塔瓦教授對持有一張二十美元的紙鈔，與持有一美元的紙鈔二十張時，兩者的消費行爲有何不同進行比較，發現持有面額二十美元紙鈔的人，消費可能性更低。在中國也做了相似的實驗，結果也是一樣。也就是說，與文化無關，人們持有高面額的紙鈔時，會更珍惜錢。相反地，持有低面額的錢時，就很容易把錢花掉。「把二十美元的紙鈔找開很可惜，所以就不買了」這句話當中，正包含了面額效應。

並不是因爲二十美元是大錢，所以才會出現這種實驗結果。拉胡畢爾教授以一美元的銅板，以及四個二十五美分的銅板，進行了比較實驗，結果也是一樣。研究團隊在奧馬哈的加油站中，對加完油出來的客人，進行與加油相關的問卷調查，之後給受訪者五美元作爲答禮，但給的內容不同——五美元的紙鈔一張、一美元的紙鈔五張，或是一美元的銅板五個。在這個實驗中，與加油相關的問卷調查完全沒有意義，主要關注的是受試者在拿到答禮的錢之後，在加油站附設的賣場中做了多少消費。

實驗結束後，研究團隊確認了從加油站賣場拿到的收據，結果發現，消費最多的一方是拿到五個一美元銅板的人，其次是拿到五張一美元紙鈔的人，而拿到五元面額紙鈔的人，則是原封不動把紙鈔放進錢包裡。

觀察至今爲止的實驗結果可以知道，即使金錢的總額一樣，人們認爲單位大的貨幣價值較高，所以會節制消費。在菲律賓、馬來西亞等東南亞國家觀光景點的部分私人兌幣所中，在將美元換成當地貨幣時，會給予紙鈔較高的匯率優待，也是因爲面額效應的關係。因爲與用零錢來換相比，以大面額紙鈔換成當地貨幣，在心理上是一種損失，所以會想要保留大面額的紙鈔。

墨西哥有句俗諺說：「即使是小錢也要看作是大錢。」但因爲面額效應的關係，所以想做到著實不易。不過面額效應只要好好利用，就能在經濟生活中發揮智慧。各位如果是消費者的話，請謹記在心，光是在錢包中放入高面額的紙鈔，這個小小舉動就能夠抑制消費。相反地，各位如果是商人的話，盡可能以零錢找錢給顧客，培養消費的可能性就對了。

在給姪子零用錢的時候，考慮一下面額效應會比較好。一千元台幣，分成十張一百元，或是兩張五百元，感覺較厚實，日常中用起來也方便，似乎很不錯。但在姪子看來，收到一張一千元面額的紙鈔時，會認爲價值更高。換個立場想像一下，雖然是相同金額，以何種方式收到心情會更好，就能輕易理解了。

〔017〕

如果是麥可・喬丹的話，一定會投進得分

熱手謬誤 The Hot Hand Phenomenon

定義 掉入「成功會連續產出下一個成功」的信心中，自信滿滿地預測連續事件的成功率。「熱手」（Hot Hand）是美國籃球中的慣用語，意指連續的幸運。

從實際事件的統計結果來看，特定成功事件後，緊接的後續事件並不會特別成功，「熱手現象」很明顯是種錯覺。賭徒謬誤是因爲連續的失敗，所以相信這次是成功的時機，相反地，熱手現象是相信這次也會繼續成功，這是兩者最大的差異。（請參照014賭徒謬誤）

一九八五年，美國康乃爾大學心理系季洛維奇教授等人，對一百位籃球迷進行

了與投籃進球率相關的提問。

高達百分之九十一的實驗參加者認爲，籃球選手前面投籃成功兩、三次後，後面再投進的機率，比前面投籃失敗兩、三次後，後面投進的機率更高。以進球率百分之五十的籃球選手爲例，受試者認爲，之前投進後，後續也投進的機率是百分之六十一；之前沒投進，接下來投進的機率則是百分之四十二。但就像前面所述，這位選手客觀的投進率，與之前投進與否無關，就像丟銅板出現正、反面的機率一樣，都是百分之五十。就算這樣，實驗參加者似乎還是認爲，自己可以用與衆不同的感覺，根據某種成功法則，預言投進與否。另外，有百分之八十四的實驗參加者認爲，在比賽的重要瞬間，應該把球傳給連續進球的選手，也就是所謂熱手，才能提高得勝機率。

這種思維在轉播體育節目的解說專家口中，經常能聽到，例如「那位選手連續射籃進球，應該要把投球機會集中給他才能勝利」等等。然而，該選手丟出的球進籃與否，與之前的投進紀錄無關，而是受到投出那一顆球時，當下的情況所影響，如投籃位置、身體狀態、對方的守備等。雖然是理所當然的話，但籃框並不會記住之前進球的人，然後突然把籃框變大或球架變低，來給予特別優待啊。

甚至不只球迷或解說家，連運動選手自己也被熱手現象迷惑了。因此如果沒有把球傳給連續進球的自己，還會理直氣壯地批評隊友。或是在訪問中自信滿滿地說：

「因爲已經二連勝，所是這次比賽也會贏的預感很強烈。」不過，不論是足球或棒球，全都是由不同時間點、不同的選手組合、不同裁判等各種因素的結合決定勝敗。雖然抱著連勝的希望，每次都使盡全力，但勝敗與否，是根據各種因素來決定。點燃了一次成功的火花，就預感不論如何都會連勝，只是人們的錯覺。

根據美國加州大學洛杉磯分校人類學系威爾克（Andreas Wilke）博士與巴雷特（Clark Barrett）博士，在二〇〇九年的研究，熱手效應在人類進化過程中，似乎是普遍的特徵。研究結果顯示，以電腦呈現丟銅板等各種隨機的情況時，實驗參加者仍相信其中有一定的模式。但是在丟銅板的實驗中，許多實驗參加者了解到，之前出現的特定面，與下一個出現的面是無關的，所以熱手效應的效果就會減少。研究團隊說明，感受到連勝預感是錯覺的經驗愈多，陷入錯覺的機率會愈少。

現實中有很多地方可以觀察到這種錯覺，例如股票市場和賭場。在投資或賭博時，即使前後事件的結果毫不相關，或是偶然心血來潮，單純因爲之前的成功，就決心投入資源，是很不明智的決定。不管看起來再怎麼像是會連勝，從統計上來看的話，都不是事實，只是錯覺。舉例來說，三星企業進軍汽車事業的案例，不會因爲三星在其他事業上是成功的大企業，所以在新事業中也一定會成功。事業種類不同，成功因素也完全不同。不過許多人（至少三星的領導部門就是這樣）在看到半導體產業成功後，認爲「熱手」碰觸到的每個地方，都一定會得到熱烈痛快的勝利，結果卻很慘澹，而損失也完全由企業與投資者負擔。如果不想因爲錯誤的投資而蒙受損失，對於正在接連成功的案件，必須更注意與觀察。

相反地，也可以活用熱手效應。也就是說，可以透過強調自己的連勝，誘發人們的錯覺，以得到更多的支持。如同前面介紹過的論點，熱手現象是深植在進化層面中的基本錯覺，可以發揮強大的力量。

參考項目

◆賭徒謬誤：相信根據事件前後的機率不同，獨立事件的發生率也會不同，意即主觀解釋機率的謬誤。

018

沉沒成本謬誤 Sunk-cost Fallacy

至今我投入了多少錢啊！我無法放棄！

定義 在進行某件事情時，考慮到投入的時間、努力與金錢等資源，即使已經很明顯會失敗，仍然無法輕易放棄。也就是說，在經濟層面上所做的決定，即使過程中發現無法回收，也會固守決定，想藉此獲得心理上的補償。又稱「埋沒成本謬誤」、「沉沒成本效果」等。沉沒成本謬誤的代表性事例，是協和航空公司的經營案例，所以又稱為協和謬誤（**Concorde Fallacy**）。

一九八五年，美國俄亥俄州立大學阿克斯教授（Hal Arkes）與布魯默（Catherine Blumer）教授，以學生爲對象做了各種調查，透過這些調查他們確認了沉沒成本謬誤。讓我們來看看其中一項吧。

您用一百美元買了在密西根州舉行的週末滑雪旅行券，並用五十美元買了幾週之後，在威斯康辛州舉行的週末滑雪旅行券。您認為威斯康辛州之旅，會比密西根州之旅更有趣。但是當您要把剛買的威斯康辛州旅行券，放進錢包裡時，才發現兩張券的使用日期是同一個週末。要把其中一張券退掉或賣掉已經太遲，結果不得不使用其中一張券。那麼，您會去哪一個滑雪旅行呢？

參與問卷調查的六十一名學生中，有三十三人選擇密西根州的滑雪旅行，有二十八人選擇威斯康辛州。即使知道威斯康辛州之旅會更有趣，仍然傾向選擇價格貴的那一邊。既然已經付出一百五十美元，選擇對自己有利的那邊（有趣又愉快的旅行）才是合理的，但因爲在密西根州的滑雪旅行上，投資了更多錢，因此有更多學生因爲經濟考量，做出了不合理的決定。

在現實中也有很多這種案例。因爲花了很多錢買下，所以堅持穿著與自己風格不符的衣服的女性；郊外的Outlet賣場在舉行超低折扣，花了好幾個小時穿越堵塞的車陣，即使是不喜歡的東西也必須買，不停東挑西選的夫婦；即使股價暴跌，但想到自己當初購買的價格，就緊抓到底死不放手，讓損害愈滾愈大的投資者等等，都是因爲固守當初的決定，爲了想獲得沉沒成本的補償，在經濟層面上做出不合理的決定。歷史上最具代表性的沉沒成本謬誤案例，是英國與法國的「協和商業航運產業」，因此沉沒成本謬誤又稱爲「協和謬誤」。一九四七年超音速戰鬥機被開發出來後，美國、法國、英國等主要先進國家，想應用這個技術開發超音速客機，傾注了許多努力進行研發。

但是軍事目的的戰鬥機與商業目的的客機，是完全不同的領域。戰鬥機不管噪音多寡，只要搭載最多兩名人員快速飛行，並發射武器就可以了，但客機必須要能搭載數百名乘客飛行，具有經濟性與安全性才行。不過以當時的技術，即使在超音速飛行上消耗巨量的燃料，也只能搭載一百名左右的乘客，加上噪音嚴重，飛行航線也有限制。領悟到這種經濟上、技術上問題的美國，放棄了開發超音速客機的事業，當然連初期投入的開發費用也一併放棄了。

但是，英國與法國無法放棄當初投入的巨大費用，持續開發超音速客機，在一九七六年出產名爲協和號（Concorde）的超音速客機，開始進行商業航運。他們並未解決乘客數的限制與技術的局限，仍然強行推出。結果，一九七〇年代英國與法國的航空公司，承受了莫大的損失，但是兩國政府仍繼續投資，強硬認爲這是減少損失的唯一道路，直到二〇〇三年放棄該事業爲止，一直都只有虧損。

即使有這種代表性的政策失敗案例，世界各國的政府依舊一邊遭受批評、一邊勉強推動國家政策。因爲一旦投入了費用，人們就會陷入沉沒成本謬誤，從政治上的計算來看，更難以中斷計畫。在企業中也一樣，專案一旦開始就一定要看到成果，強行推動到底，即使是幾乎已經能確定結果不如人意，也無法中途放棄，並相信這樣才能凸顯這段時間付出努力的價值。某人在考試中再三落榜，想到這段時間投入的努力，放棄很可惜，執著與糾結在考試上，未做其他準備，人生路上虛度光陰，徒增損失。再次強調，沉沒成本是不可回收的，盲目相信可以回收過去投入的費用，只會損失更多。

沉沒成本謬誤的研究顯示，這些案例有兩個共同特徵。第一，誤以爲自己的決定能得到好結果。這裡產生的謬誤是，因爲決定要投入時間或金錢等資源，所以認爲之後的投資利益也會很大。然而，不可能因爲某人做出了選擇，客觀上的利益就增加。在賽馬場，會因爲自己下了賭注，賠率就會特別變高嗎？獎金永遠是依照一樣的規則訂定的。

第二，因爲是自己投資的，所以個人會特別覺得有責任感。因此就算領悟到自己的投資是引發損失的沉沒成本，但因爲自己是決策者，所以要負起全部的責任，才會犯下這個謬誤。往無底洞裡投錢的投資，也是基於這個緣故。然而，已經客觀地查明會造成經濟損失的事業，卻只因爲是自己的提案，所以堅持推動到底，這種作法並不是眞正的有責任感。眞正的責任感，是全面考慮到事情的開始、過程與結尾，然後做出最好的對策。如果誤以爲花時間硬撐就是負責任，只會讓損失日益增加。學者們分析，美國難以從一九六〇年代的越南戰爭中脫身，或是過了幾十年，至今依舊難以停止中東的戰爭與紛爭，沉沒成本謬誤是原因之一。

無法認清過去、現在與未來，基本上容易出現沉沒成本謬誤。若覺得損失已然很大，則必須站在現在的視角來重新思考才行，試著買了幾次彩券，如果覺得不行的話，應該要警覺到損失，立刻放棄才行。若是捨不得已經投入的錢，所以變得執著的話，會造成錯誤結果，把損失愈養愈大。詐賭騙徒雖然不是沉沒成本專家，但他們巧妙利用了被害者的這種「成本思維」。

就算不是因詐賭而受害，在日常生活中也要避免陷入沉沒成本謬誤，才能減少損失。如果認爲自己過去做的決定造成損失，就要果敢地放棄。就像美國對協和事業的處理方式，知道問題點在哪，且無法從最初再次開始的話，放棄也是極好的辦法。

二〇〇〇年七月二十五日，一架協和客機（法國航空四五九〇號），由巴黎戴高樂國際機場出發，準備飛往紐約甘迺迪機場，一起飛就墜機，奪走了一百一十三條人命。協和號的追加開發事業在中斷後，於二〇〇三年全面結束。雖然已遲了很久，但持續增加的沉沒成本，仍導致不得不放棄。比起努力想要追加做些什麼，有時候決定中斷會更困難，因爲這更需要智慧。

參考項目

◆樂觀偏誤（Optimism Bias）：認為自己的未來比實際更正面的現象。必須注意，這與偏好肯定結論的一廂情願偏誤（Wishful Thinking Bias）在內容上有些不同。

〔019〕

爸媽愈反對，我愈喜歡他

逆火效應 Backfire Effect

定義 **接觸到與自己的信念相反的事實時，會堅守自己原有的信念，或更強力執行的傾向。逆火效應是一個十分具代表性的偏誤，反映出人們在接觸到與自己信念相違背的資訊時，思考與判斷會如何改變。**

逆火（Backfire）指的是，火焰並非從起源地往外延燒，而是反過來往起源地蔓延的現象。簡單來說，逆火效應就是「反效果」的意思，意指想要說服某人而提出建議或說明，當事人不但沒有被說服，反而更堅持自己的主張，出現反效果的情形。

政治領域將逆火效應表現得最讓人印象深刻。人們在聽到政治立場不同者的遊說時，通常會更挺自己支持的政黨或候選人。根據美國愛荷華大學政治系雷德羅斯科（David Redlawsk）教授，在二〇〇二年的研究，參與模擬選舉的實驗參加者，在接觸到與自己喜歡的候選人相關的負面資訊時，反而會變得更積極支持。

美國耶魯大學政治系布拉克（John Bullock）教授的研究中，也出現相似的結果。布拉克教授以民主黨黨員爲對象進行了實驗，這些黨員都反對提名羅伯茨（John G. Roberts Jr.）爲首席大法官。與共和黨相比，民主黨較傾向追求放寬規定、理念上更自由的政策。在墮胎問題上，與嚴格的共和黨相比，民主黨的態度也比較柔軟。我們可以假設，民主黨的黨員都同意民主黨的作風。然而，在實驗中民主黨黨員的著眼點，並不是民主黨的作風或墮胎問題本身，而是認爲羅伯茨的品性與實力，不足以成爲首席大法官，因此反對提名。

布拉克教授給反對羅伯茨的實驗參加者看了一些資料，內容是羅伯茨現身訴求讓墮胎合法化的廣告而被起訴。然而，參加者看了之後，對羅伯茨的看法更負面。本來是百分之五十六的反對率，看過之後飆升到百分之八十。即使是與共和黨相比，相對來說對墮胎問題較開明且自由的民主黨黨員也是如此。

布拉克教授的研究結果，充分表現出逆火效應的有趣特徵。羅伯茨爲了堅守信念（墮胎合法化）而受害，平常對他持有負面想法的民主黨黨員，可能會說：「噢，這個人還有這樣的一面啊?」因此矯正了想法。但大部分的人卻不是如此,當自己不喜歡的候選人,提出與自己信念相符的自由政策主張時,反而會變得更否定。

對於這個研究結果,研究團隊解釋,若某個候選人向反對自己的選民,打出「我和各位有一樣的想法」的廣告,對平常認為「那個候選人跟我們不一樣」的選民來說,如同給予和信念相反的資訊,反而會強化既有的信念,產生反效果。也就是說,選民比起新資訊的內容本身,將更費心堅守自己對特定對象的信念。他們想要守護自己的信念,愈是面對客觀且正確的資訊,愈是盲目強化自己的信念。因此就像布拉克教授的研究結果一樣,會出現對該候選人的印象更負面的現象。

逆火效應不會輕易消失在政治領域中,且年紀愈大這個效應愈強化。因此,青年世代與壯年以上的世代間,支持的政黨經常出現明確的差異。根據二〇〇六年美國石溪大學泰伯(Charles Taber)教授與洛奇(Milton Lodge)教授的研究,愈是在政治上有許多經驗與知識的人,受到新資訊的影響就愈小。也就是說,儘管自己的見解被認為是錯誤的,但不管用什麼樣的方法,他們也不會改變自己的信念。因此,支持特定政黨或政治勢力的人們,就算該政權或團體實際上毫無作為,依然會繼續「連骨子裡」都真心支持,如同字面上的意思,成為所謂的「鐵粉」。

不只在政治領域上,日常生活中也能輕易發現逆火效應。某位女性請朋友評價自己的戀人，朋友依照事實，一條條細數她的戀人有多麼不像話。那麼，收到朋友誠實評價的她，會改變心意嗎？她很可能會對自己的戀人更執著。連續劇中經常上演，父母愈是反對，子女就愈和交往對象分不開的情節，這正是逆火效應——想要做出滅火行為，卻反而助長了火勢。

參考項目

◆確認偏誤：根據自己的成見，按照自己相信的方式處理資訊。

〔020〕稟賦效應 Endowment Effect

這是何等珍貴的物品，用這種價錢絕對不賣！

定義 人們在評價某個物品或狀態（財產、地位、權力、意見）時，與未持有該物時相比，實際上持有時，會將價值評價得更高的現象。只是因為「自己擁有它」這個理由，便無法做出客觀判斷，並評價過高。又稱為「持有效果」，英文上也稱為 **Divestiture Aversion**。

稟賦效應是由美國芝加哥大學心理系塞勒（Richard Thaler）教授的研究團隊，透過一九九〇年發表的研究內容，而廣爲人知。在研究中，塞勒教授分給部分實驗參加者馬克杯，請他們扮演販賣者的角色，沒有馬克杯的參加者，擔任購買者的角色，請他們各自評定馬克杯的適當價格。

結果，擔任販賣者角色的實驗參加者，平均出價七美元，扮演購買者的參加者，平均出價三美元。也就是說，只是因爲自己持有這個物品，就給予高兩倍以上的價值評定。稟賦效應指的就是，如果某項物品成爲我的所有物，那麼它的心理性價值就會上升的偏誤。有時甚至會理直氣壯向別人要求，若要自己支付都覺得離譜的金額。

與塞勒教授進行共同研究的康納曼與特沃斯基教授說明，之所以有稟賦效應，是因爲人們的損失規避（Loss Aversion）。意即，比起身爲購買者買下馬克杯而得到的利益，身爲販賣者失去馬克杯所遭受的損失更大，所以產生了稟賦效應。

在中古商品交易網上，能輕易發現稟賦效應的存在。有些賣家會因爲買家提出的殺價金額感到受傷，客觀來看，雖然是賣一千元也嫌太貴的中古魚缸，但想到自己先前優雅賞玩的回憶，便覺得賣三千元也不夠多。無法找到妥協點的物品，賣家會乾脆從網站賣架上撤除。因爲不管再怎麼想，收了錢把東西賣掉，好像只是蒙受損失，即使物品在家中閒置荒廢，仍會自我安慰做出了明智決定，沒有賤價出售。

僅因爲自己持有這個理由，就會做出優厚評價的稟賦效應，企業若能好好活用就能得益。首先只要讓顧客持有該產品就行了，電視購物就是用「保證百分之百退費」、「請報名免費體驗」、「請先用看看再決定」等廣告詞，誘惑顧客。

參考項目

◆損失規避：雖然是同樣的量，但是比起獲得利益時的反應程度，對損失更敏感。

◆現狀偏差（Status Quo Bias）：比起變化，更想維持現況的現象。若不是認為有特別的利益，人們偏好維持現有的行動或思考。與因為稟賦效應不想把自己的物品，移交給他人的心態有關。

〔021〕

負面效應 Negativity Effect

一次失誤，終身伴隨

定義

人們在進行評價時，比起正面的資訊，更注意負面資訊的現象。也就是說，即使有無數的正面資訊，只要有一個負面資訊，就會改變心意的心理。

人們不會客觀、公正地衡量所有資訊後，再評價對某人的印象。若出現與評價對象相關的負面資訊，就算同時有其他正面資訊，也會著重在負面資訊上面，再進行印象評價。也就是說，會受到負面資訊更多影響，並且認爲負面資訊正好證明對方的負面性格。

舉個例子，一直以來都舉止得宜的某位鄰居，因爲一次不好的舉動，所以我們對他的印象評價變差，如果認爲這個不好的行爲源自鄰居的壞品性，只是至今都成功隱藏起來罷了，這樣就會掉入負面效應當中。從可當成判斷根據的資訊量來看，雖然鄰居做出良好舉止的正面資訊要來得更多，但因爲受到負面資訊的影響更大，因此會開始疏遠鄰居，並批評他的品性。

這種負面效應會做出錯誤的偏見，是很危險的。負面的行爲可能是情況因素造成，卻徹底無視這種可能性，關上了心門。例如，有前科的人，不是全都品性惡劣，如果再次給予機會的話，他們也可能過正常的生活。不過因爲負面效應的關係，出獄後他們經常被社會排斥，如果最後又在錯誤的報復心下，做出不好的行爲，就會再次觸發負面效應，開啓強化偏見的惡性循環。

我們生活的社會中，善與惡經常共存。對我們來說有所謂善惡之分，但在現實中，並沒有那麼多壞到骨子裡的惡人、完全壞品性而產生的事件。若是每次都對負面情況反應敏感，輕易做出判斷的話，反而有很高的可能性，讓自己活在充滿謬誤的負面生活中。因爲偏見之牆，對其他人過於敏感，反而會讓自己在他人眼中，變成負面的人，這種諷刺的情節裡正藏著負面效應。在接觸到負面資訊時，要努力有意識地多注意好的一面；在將事件的原因，歸咎於他人的壞品性之前，必須慎重檢視是否有其他原因。

參考項目

◆基本歸因謬誤：別人犯錯時，責怪對方的個性（內在因素），自己犯錯時，則責怪情況（外在因素）的心理現象。

022

為什麼一提到慰安婦問題，日本人就閉上嘴

不理性增值效應 Irrational Escalation Effect

定義 以過去做的理性判斷為基礎，做出非理性的決定，或想合理化過去的行動，而做出非理性的決定。又稱為「不理性承諾遞升」（**Irrational Escalation of Commitment**）；為了強調糾結於過去的特徵，也稱為「獻身偏誤」（**Commitment Bias**）。

一九七六年，美國心理學者史透（Barry M. Staw）在論文中，初次提出不理性增值效應。在越南戰爭、伊拉克戰爭等發生時，以及欲持續進行戰爭的贊成論者中，都可以看到不理性增值效應。贊成戰爭的人與反對戰爭的人，互相展開激烈爭論，若

贊成戰爭者在討論中勝出並點燃戰火的話，隨之而來的，不只是大量金錢與人命的犧牲，對戰爭的批判輿論也會漸漸沸騰起來。

在這種情況中，比起理性思考，戰爭贊成論者會專注在合理化思考上，認爲這段時間的犧牲沒有白費。就算是過去以自認爲有根據的資訊爲基礎，做出理性判斷的人也一樣。爲了守護自己過去做的決定，他們即使看到停止戰爭的警訊也會無視，更努力尋找讓戰爭合理化的事物。

與此相似的案例，可以在政府、企業等幾乎所有領域中找到。政府在推動過於勉強的政策後，爲了找到合理化的藉口而殺紅了眼；企業無法輕易停止錯誤的新事業，一邊發表對未來展望樂觀的調查報告書，一邊爲了延續新事業而使盡全力。

陷入不理性增值效應的人們，爲了守護過去做錯的決定，繼續困獸之鬥。有些經濟能力不足的人，爲了維護自己的自尊心，堅持投資特定企業直到破產。在一九七〇年代的航空業界中，噴射機市場占有率相似的麥克唐納．道格拉斯（McDonnell Douglas）公司與洛克希德（Lockheed）公司，展開激烈的競爭。一開始兩間公司爲了提高市場占有率，努力構思並實踐合理的策略，但之後變成展開混戰，只埋首於如何削減對方的銷售量。結果，兩間公司的銷售量都減少了，互相都受到損害。

個人的不理性增值效應，經常可以在拍賣網中看到。競標者一開始會設定理想價格，並在心中定出上限，認爲用多少以上的價錢購買的話就是笨蛋。但隨著投標進行、價格上升，自己也爲了競標而提高價格。就這樣，在出價接連進行的過程中，自然而然就喊出高價，比當初認爲不合理的價格還高。因爲愈是糾結於自己過去的行動，不理性就愈上升。

如果想從不理性增值效應中脫身，需要時間慎重地衡量，究竟自己是不是對過去太過執著，如果重新開始，是否還會做出與當初相同的決定。比起將過去的行動合理化，現在做出合理的決定，比什麼都重要，這才是我們必須專心思考的。

參考項目

◆購後合理化：買了昂貴的物品、有缺點的物品，或者買錯東西後，將自己的購買行動合理化。

〔023〕

選擇性知覺 Selective Perception

只看自己想看的，只聽自己想聽的

定義 **不是客觀、如實地接收並處理外部資訊，而是選擇性地接收、處理和自己的信念或想法一致，或對自己有利的部分。**

喜歡色情事物的人，會在街上的看板或廣告中，找到具有色情意涵的單字或影像。向別人問路的時候，平常關注食物的人，會以餐廳為主軸說明街道，有些人會以銀行為主軸，有些人會以賓館或酒店等為中心說明。雖然路上餐廳、銀行、賓館、酒店等縱橫交錯，但人們會注意、觀察的東西不同，拿來當作指標的東西果然也不一樣。為什麼人們會根據自己的喜好，記住不同的東西？

根據認知心理學者布羅德本特（Donald E. Broadbent）在一九五六年的研究，因為人的認知容量有限，所以無法一次處理全部資訊。相對地，人會選擇性處理資訊，以符合有限的認知容量。資訊的選擇性處理，正是選擇性知覺的根源。除了有限的容量外，還有其他影響因素，包括既有的信念、意見、想法等主觀價值。

比起如實接受資訊本身，人們會根據主觀的價值，選擇性接受後再處理資訊。例如同一場運動比賽，在兩方隊伍的觀眾席上，會爆發互相指責裁判偏頗的聲音。如果裁判真的偏向某一方的話，那麼應該要有一邊是帶著微笑，支持裁判才對，但卻幾乎沒有這種情況。

廣告是活用人類選擇性知覺的領域。如同美國廣告學者瓊斯（John Philip Jones）在*The Advertising Business*（廣告商業）一書中，分析各種廣告案例時提到的，廣告的目的不是期待消費者均衡處理所有資訊，而是訴諸消費者根據既有信念處理資訊，而寫出文案並安排影像。因此，雖然洗衣精廣告或汽車廣告的性質不一樣，但想強調安全性時，都會讓小孩演出，誘導消費者注意到安全性這項資訊。另一方面，即使看了相同的廣告，有購買意願的人會對價格資訊特別敏感，相反地，沒有購買意願的人，只會把心思放在模特兒的修長美腿上等，人人注意到的點都不同。因此廣告製作者會訂出明確目標，他們著重考慮的是，在觀眾選擇性思考時廣告內容在眼裡看起來如何。

選擇性知覺在製作書籍時也會出現。作者在撰寫文章、推敲字句時，著眼於主題意識和內容，帶著自認爲稿件很完美的想法，將書交給編輯。可是在編輯看來，原稿的邏輯太跳躍、錯字連篇等，與完美相差十萬八千里，因此修改原稿退回給作者。作者收到修正過的原稿，委託專業審閱者進行校對。校稿審閱者除了閱讀內容外，會將重點放在校訂錯字、書本視覺呈現等等。如果要求審閱者評價文章的話，比起主題意識，他們的評價重點會是自己工作的重點——錯字、段落型態等。當然，聽到評論內容的作者，必然會認爲對方錯過自己文章的核心，只看文字細節，因而感到鬱悶。

參考項目

◆敵對媒體效應：在特定議題上持相反立場的兩個團體，對於大衆媒體的中立報導，會互相扭曲認為，該報導敵視自己的這一方。

024

偏好逆轉 Preference Reversal

曾經渴望的，如今棄如敝屣

定義 並非一貫固守自己的選擇標準，而是根據情況，以及選擇方案的陳述內容、對應等，做出與之前的結論相反的決定。又稱為「喜好逆轉」。

美國心理學者斯洛維奇（Paul Slovic）博士在一九七五年，向實驗參加者提出兩個問題，請他們在兩種方案中選擇一項。

彩券	得獎機率	中獎獎金	期待價值
A	0.9	10,000元	9,000元
B	0.1	100,000元	10,000元

第一個問題是，在上方的情況中，「如果是您的話，會選哪一張彩券？」絕大多數的實驗參加者選擇了A。第二個問題：「如果您持有上面的彩券，那麼會用多少錢賣給別人？」或者：「如果要買上面的彩券，您會出多少錢來買？」也就是說，研究團隊在第二個問題中，讓參加者評價彩券的金錢價值。而在買或賣的情況中，參加者全都將B的價格訂得更高。結果，在相同的條件下，選擇彩券的問題中，受試者偏好A，但在訂定價格的問題中，卻偏好B，逆轉了喜好。

爲什麼會產生這種偏好逆轉？

首先，可以用凸顯原則（Prominence Principle）來說明。面臨必須選擇方案，當哪個方案都沒有決定性的好處時，就會產生矛盾，因此做決定的人會試圖尋找解決矛盾的方法。在一般的決策情況中，方案的特徵是定性的，也就是以質來呈現的情況較多；即使是以定量來呈現，各種特徵的評價標準不同，該如何比較與衡量，也是不明確的。

舉例來說，在選拔新進員工時，做志工的次數與英語分數，應該要單純合計，還是應該要加權計算才妥當，這很模糊。所以為了解決矛盾，在選擇方案時，總是會選擇特徵中較有價值的那一方。如同前面的問題一，在各種特徵中，實驗參加者判斷得獎機率最為重要，因此壓倒性地選擇A。

其次，可以用相容原理（Compatibility Principle）來說明。根據相容原理，對不同的特徵做加權評價，與特徵最終會產出的結果及相容程度有關。也就是說，實驗中評價彩券時，最終會產出的中獎金額是B更高，因此會將B的價格定得更高。此時，第一個問題中做選擇時，放棄B的理由——相對來說得獎機率較低——絲毫不在考慮之列。

偏好逆轉不是從客觀的機率中得出的期待價值，而是根據問題的要求、情況脈絡、時間順序等各種屬性，可能會出現喜好度南轅北轍的結果。在現實政治中，道德性被評為最低的候選人，因為能帶來經濟利益，所以獲得壓倒性勝利，這也說明偏好逆轉。一開始買汽車時，雖然最重視出廠價格，但之後領悟到中古車市場價格競爭力低，會更重視汽車的安全性及乘車感，喜好度也會產生反轉，這也是偏好逆轉案例。

有時候，雖然和強調便宜契約金的通信公司簽了約，但在開始使用後，會因爲月租費與附加服務費用等其他因素，隨著判斷基準點改變而逆轉喜好，進而中止契約。或是本來因爲覺得不錯才購買，使用後完全改變心意，甚至展開拒買運動。網路上有各種消費者發起的，形形色色反○○討論區，也是偏好逆轉的例子。

參考項目

◆偏好的非遞移性：如同古典經濟學的效用理論，若要客觀地計算效用，應該要從各種方案中選擇效用最高的，但實際上在檢討各種方案時，卻會選擇相對來說效用低者的現象。

◆錨定捷思：以資訊的一部分，或一種特徵為中心，進行判斷的現象。

025

我爲什麼會買這個模型

偏好的非遞移性 Intransitivity of Preference

定義 如同古典經濟學的效用理論（Utility Theory），若要客觀地計算效用，應該要從各種方案中選擇效用最高的，但實際上在檢討各種方案時，卻會選擇相對來說效用低者的現象。

一九八三年，特沃斯基教授向受試者出示五位大學入學申請者的資料，分別從三個不同的層面給予評分，要求受試者以這份資料爲基礎，判斷哪位學生有入學資格。入學申請者的評分資料如下：

申請者	智能	情訊穩定性	社會性
A	69	84	75
B	72	78	65
C	75	72	55
D	78	66	45
E	81	60	35

研究團隊要求受試者各自比較A與B、B與C、C與D、D與E，詢問誰比較有入學資格，實驗受試者展現出A優於B、B優於C、C優於D、D優於E的偏好。對照評分表格可以發現，對受試者來說，智能並不是最重要的判斷因素，因爲在每一對組合中，從智能層面來看，差異並不大。

然而，爲了綜合性評價，要求受試者比較、評論所有申請者時，詢問A與E當中誰比較有入學資格，卻出現E優於A這樣的意外結果。因爲認知到智能分數的六十九分與八十一分差距很大，所以這次以智能作爲主要的判斷因素。

與之前按順序比較A與B、B與C、C與D、D與E各組時一樣，如果加上A

與E的比較結果，綜合來看會變成A優於B優於C優於D優於E優於A。結果E的偏好度先是比A低，最後卻又比A高，出現了矛盾。如果是按順序對喜好度進行排列的話，應該就不會出現這種矛盾的結果了。

為什麼會出現這種非遞移性（intransitivity）現象？就像實驗中的受試者一樣，人們會輕視小的差異，會注意大的差異。各種特徵的效用比重隨時在改變，客觀上可以輕易計算的喜好遞移性原理，也會出現違逆的結果。

參考項目

◆框架效應：即使是相同的內容選擇，以獲利框架提出，或是以損失框架提出，人們的判斷會變得不同的現象。

◆偏好逆轉：並非一貫固守自己的選擇標準，而是根據情況，以及選擇方案的陳述內容、對應等，做出與之前的結論相反的決定。

〔026〕

損失規避 Loss Aversion

與其在路上撿到百元鈔，更想守好自己口袋裡的五十元

定義 雖然是同樣的量，但是比起獲得事物的價值，覺得失去事物的價值更大，因此一旦入手的東西，就十分忌諱放開。人們在想獲利時，比起風險性，更看重安全性；但在受損失的情況下，為了想從損失中脫身，即使是小小機率也執著不已，甘願承受風險。

最初證明損失規避的，是康納曼與特沃斯基教授。古典經濟學認爲，人們根據效用理論做出經濟性的判斷與決定，而兩位教授提出了不同的展望理論——人們具有自

己獨有的主觀論點，並據以做出判斷與決定。

展望理論的效用價值曲線顯示，人們根據情況不同，和得到利益時相比，對損失情況的反應，敏感度大約是兩倍左右。看下面的圖表會發現，隨著右邊的利益增加，主觀價值評價平緩上升，相反地，隨著左邊的損失增加，主觀價值評價急遽下降。

讓我們來看一個簡單的案例，確認這張圖表的意義是什麼吧。在路上走著走著撿到一百元，很明顯心情會很好。那麼，將這時的幸福感，與口袋中的一百元掉在路上的可惜感比較看看，也許弄丟一百元的遺憾感會更大。即使都是一百元，就像圖表的曲線一樣，根據獲利還是損失，感受程度有所不同。

損失規避說明了稟賦效應——認爲自己持有的東西（範例中搞丟的一百元）價值更高。一開

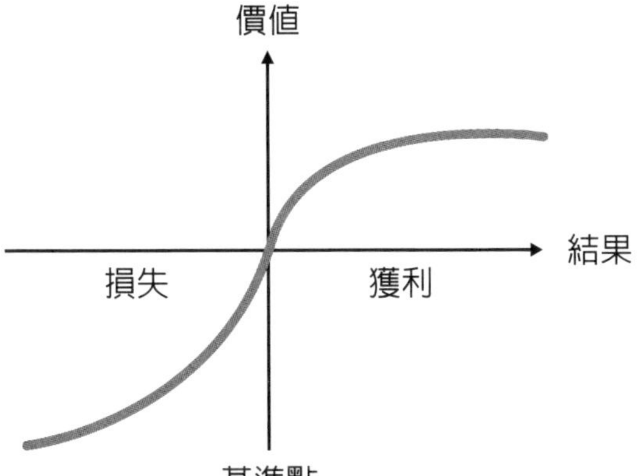

始，康納曼與特沃斯基教授為了說明稟賦效應，提出了損失規避概念。失去自己持有的東西，對於該損失的主觀價值評價，會像圖表中呈現的一樣，急遽下跌。然而，如果這個東西是其他人給你的，也就是觀察右邊曲線的話，會發現價值評價並沒有那麼高。與塞勒教授一起進行的共同研究中，作為販賣者決定馬克杯價格時，與作為購買者決定價格時，出現了相當大的價格差異，理由正在這裡。（請參考020稟賦效應）

損失規避與框架效應（Framing Effect）也有關係。如果發生要繳納五千元罰款的狀況，會對那五千元感到非常心疼。但如果本來是兩萬元罰款，但跟警察求情後降成五千元的話，又會怎麼樣呢？損失感減弱了，甚至覺得賺到了。雖然從經濟上來看，都是錢從錢包飛了，但在心理層面上，會稍微從損失的價值曲線，往獲利的價值曲線的方向移動一點。又因為對損失很敏感，所以即使只是小小的移動，感受到的價值效用變化也很大。像這樣，即使是同樣的事件，根據觀看的框架不同，判斷也會不同，正是框架效應及損失規避的作用。

人們對損失很敏感，因此即使只有些許，也會為了想失去少一點而竭盡全力，甚至為了擺脫損失，甘願承受更大的損失風險。換句話說，若以正面的獲利框架提出問題，就會為了避開損失而努力；若是以負面的損失框架提出問題，反而會忍耐損失的風險。在危機的情況中，做出更魯莽決定的原因，正是損失規避的特性。

讓我們用簡單的實驗，確認損失規避的特性。首先，請從下面選項中選擇一項：

A：一定會得到二十五萬元。

B：得到百萬元的機率是百分之二十五。

好，那麼換個問題，請從下面選項中選一項：

C：一定會失去七十五萬元。

D：失去百萬元的機率是百分之七十五。

根據特沃斯基與康納曼教授的研究，在第一組選擇中，實驗參加者大部分會選擇A，呈現出偏好確實獲利的風險規避選擇，然而在第二組選擇中，比起確實損失C，人們偏好冒險D，做出風險承擔選擇。在第二組選擇中，對確實損失的相對規避性增加，因此才會出現這種逆轉現象。

參考項目

◆稟賦效應：人們在評價某個物品或狀態（財產、地位、權力、意見）時，與未持有時相比，實際上持有時，會將價值評價得更高。

◆框架效應：即使是相同的內容選擇，以獲利框架提出，或是以損失框架提出，人們的判斷會變得不同的現象。

027

禁止塗鴉，那就在這裡塗鴉一下吧！

心理抗拒偏誤 Psychological Reactance Bias

定義 **被周遭環境壓迫時，反而會積極追求該事物的心理。**

美國德州奧斯汀大學潘貝克（James Pennebaker）教授與桑德斯（Deborah Sanders）教授，在一九七六年進行的實驗中，在大學澡堂牆上，貼上這樣的句子：「任何情況下都請不要在牆上塗鴉。」並在另一間澡堂以比較緩和的語句，貼上：「請不要塗鴉。」幾週之後一確認，發現寫了「任何情況下都請不要在牆上塗鴉」的澡堂牆壁，塗鴉變得更多。

這種心理抗拒偏誤，發生在有人從外部施加壓力，想讓人接受特定意見時，比起順應，更會爲了表示自己的意志，而努力反抗。對於壓抑自由的外部壓力，抗拒是很自然且必要的，但這被指爲偏誤的理由，是因爲抗拒反應已然過度，無法維持自己平常的想法或行動。

媽媽愈是強力要求去做什麼，孩子就愈想作對唱反調。被法律限制不能喝酒的青少年，不管怎樣都想買酒來喝，一旦到了能盡情喝酒的年紀時，卻又不那麼想喝。此外，有些事情一旦給了機會，臨上場時卻說不幹了，但在沒人在乎的時候，卻會盡全力去做。

購物中心是活用心理抗拒偏誤的地方。即使是平常不太關注的物品，聽到廣播說只販售到六點爲止（意即剝奪購買自由），購買慾望就受到了刺激。有時多少會超過了活用，變成濫用，乾脆以「您買不起這個東西，請別費神了」畫出界線的商人、「我們組織不是任何人都可以進來的地方，您請回吧」推辭的組織等，都是用反面訊息刺激對方，最後得到他們想獲得的。被害者會像中邪一樣，買了本來沒那麼想買的商品，加入了自己原本不關心的組織，在組織裡投注熱情與忠誠，浪費人生。

如果有某人故意唱反調，或是用強烈的語氣想說服你的話，最好要戒慎提防、仔細思考對方的意圖。不要輕易被帶往對方誘導的方向，努力用自己眞正的意志做決定吧。

參考項目

◆逆火效應：接觸到與自己信念相反的事實時，為了守護自己原本的信念，而更堅守不棄的現象。

028

不明確性效應 Ambiguity Effect

大學第一志願候補VS.第二志願合格

定義 **在資訊不足下，讓曖昧不明影響到決策。人們在正面事件的情況中，比起曖昧的事物，更偏好明確的事物。**

哈佛大學艾爾斯伯格（Daniel Ellsberg）教授，在一九六一年的研究中，初次提出不明確性效應。研究中假設籃子內有三十顆球，分別是紅色、黑色和白色，其中確定有十顆是紅色，另外二十顆，只能確定是黑色或白色其中之一，無法準確知道兩個顏色的球各有幾顆。

在這種情況下遊戲開始了，遊戲有兩個選項。X選項是選擇紅色後，把眼睛遮起來拿球，如果實際抽到紅色的球，可以得到一百美元；Y選項是選擇黑色後，如果實際抽到黑色的球，也一樣可以得到一百美元。那麼，讓我們來計算一下參加者抽到球，成爲遊戲贏家的機率。X選項是三十顆球當中，有十顆紅色的，因此機率是三分之一；Y選項的黑色球雖然不知道正確個數，但從零到二十顆的可能性都有，仍然是三分之一的機率，所以兩個選項的機率一樣（詳細機率計算請參照「參考文獻」中的論文）。兩個選項的差別不是客觀的機率數值，而是X選項可以知道對自己有利的結果機率，但Y選項的機率卻是不明確的，就像各位現在感覺到的一樣。

這個不確定性，造成人們選擇能明確計算機率的X選項。因爲即使知道兩個選項獲得一百美元的機率一樣，也不太想選擇曖昧不明的那邊。而且因爲曖昧不明，會覺得萬一籃子裡的黑球，少於十顆的話，與紅球有十顆的X選項相比，就像是損失了什麼一樣。不過以同樣的理論來看，黑球也有可能多於十顆。由此來看，黑球的個數從零到二十都有可能，從中尋找中間點的話，就是十顆球，因此在遊戲中獲勝的機率結果仍是三分之一（前面談論的詳細機率計算，是作者爲了讓資訊看起來更不明確而施的小把戲，爲了提高實驗效果而用了一些話術，還請各位心胸寬大地給予諒解）。不過，人們會因爲一開始提出的資訊不充分或不明確，就放棄該選項。

不明確性效應在填寫大學入學申請表時也會發生。考生有一間想就讀的大學A，不過因爲成績不上不下，有可能備取，但不確定能不能錄取。B大學的話，成績上來看足以順利錄取，也是評價好的大學，但不是考生想念的學校。對處於這種狀況中的考生，通常周遭的人會勸他申請B大學，因爲雖然有可能以備取生的身分進入A大學，過著嚮往的大學生活，但也有可能會落榜，不如申請看起來不錯的B大學，再尋找就讀樂趣。但說實在的，考生對B大學的了解並不充分，自己預想的具體大學生活模樣也很模糊，也不確定一切會順利進行。

以上面的抽球實驗爲基礎，可以從另一個角度來解釋不明確性效應。以「看起來比較明確」的理由，選擇了某個方案，事實上可能不是較好的選擇，只是把不充分的資訊片段，拼湊起來所做的判斷。如果想做出明智的選擇，請不要以不明確這個理由放棄選項，必須努力將不充足的資訊塡補起來，撥開不明確性，以看到選項的眞面目。

參考項目

◆假確定性效應：雖然事實上是不確定的事物，卻當做確定的事物般認知的現象。

〔029〕

人生就是遊戲！

戲局謬誤 Ludic Fallacy

定義 **分析與某項問題相關的機率時，彷彿在玩遊戲一樣，從狹窄的框架中觀看，沒有均衡考慮現實的複雜因素，以及其中混雜的各種規則與例外，而是把問題視為猜測簡單的謎題般，結果得到了壞結果。Ludic一詞是從意指「玩耍、遊戲、運動、休閒」的拉丁文Ludus而來。**

美國紐約大學金融系塔雷伯（Nassim Nicholas Taleb）教授，在二〇〇七年出版的《黑天鵝效應：如何及早發現最不可能發生但總是發生的事》（*The Black Swan*）一書中，首度介紹戲局謬誤，書中揭露華爾街的假象，提出「黑天鵝」的概念。黑天鵝指的是可能性非常低的事件，具有下面三種特徵。

第一，不可預測；第二，衝擊力強大；第三，一旦在現實中發生，人們會後知後覺才試著解釋，彷彿認爲黑天鵝是可以說明和預測的。戲局謬誤指的就是，認爲自己遭遇的事件宛如遊戲般，能有餘裕地進行預測、可以充分控制，最終卻迎來失敗。

在金融市場中，有許多預測未來的數學模型。塔雷伯教授批評，這些模型並未考慮實際現實的複雜性，有時甚至是用骰子遊戲般的單純理論看待世界。這種數學模型就像賭場中的獲勝率般，與可以明確計算出中獎機率的特定遊戲情況相吻合。不過，包括實際影響金融情況的因素，或是計算事件機率等，這些模型在現實中都不適用。事實上，Long Term Capital Management（LTCM）這個金融投資公司，援用兩位諾貝爾經濟學獎得主的數學模型，製作風險管理方案，進行了果敢的投資，結果導致巨大的損失，在一九九八年破產。沒有充分考慮到現實因素，只依照數學模型定義現實，彷彿在玩預測遊戲般經營公司，最後在風險管理上慘敗。

在塔雷伯教授的《黑天鵝效應》一書中，介紹了以兩人爲對象的思考實驗。約翰博士善長以科學邏輯方式思考，湯尼則才華洋溢。假設有第三者對他們提出這個問題：「丟擲銅板九十九次，如果每次都出現正面的話，丟第一百次時，出現正面的機率是多少？」約翰博士回答，丟擲銅板是獨立事件，不會受到前面的結果影響，所以機率是百分之五十。相反地，湯尼則認爲如果連續九十九次都只出現正面的話，下一次出現正面的機率是百分之五十的這個假設，本身就有問題。

約翰博士的思考邏輯，適用於銅板沒有任何異常，單純的情況中。然而在現實中，有些銅板表面嚴重受損、特定部分扭曲或破裂，所以更容易出現特定一面。不過這種銅板在理性化的數學模型中，屬於突發事件，被當作例外來處理，認爲無視也沒關係。但說眞的，在現實中，無法被直接套用在理想假設上的情況更多啊。

戲局謬誤的代表性案例，正是象徵美國金融界的華爾街。塔雷伯教授在二〇〇七年投稿論文到美國統計學會時，介紹了黑天鵝理論，而一同刊載的還有其他學者的三篇反駁論文，呈現嚴重對立。對於塔雷伯教授「未來將面臨無法想像的巨大衝擊」的言論，美國金融界表示他什麼都不懂，並逐條批判他的言論。對於蜂擁而至的各項批評，塔雷伯教授分條逐項回應，在自己的網頁上刊登反駁文章。

雖然雙方各執一詞、爭論不休，但在各種數值與根據之下，人們確信金融界依舊健全。然後，美國金融界在二〇〇八年遇上酷寒的冬天。二〇〇八年九月十六日，世界證券市場發生九一一恐怖攻擊事件後，最大的暴跌紀錄。這天的前一天，全世界六千億美元的股票成爲廢紙，以雷曼兄弟等爲始，華爾街數一數二的投資銀行，倒閉了十二間，美國政府爲了阻擋美國最大的保險公司ＡＩＧ破產，投入八百五十億美元的紓困貸款。即便到了這種境地，金融界依舊和從前一樣，拿出各種曲線與數値想預測未來。要說有什麼改變的話，他們試圖找出金融風暴不得不發生的變因，計算後放進了自己的數學模型中。

突發事件發生後，人們會想去預測，這些讓自己嚇一跳的事，會不會以同樣的方式再引發另一個突發事件，卻看不到事件可能會以其他方式發生。在預測遊戲中，發現錯誤後做修正，只要再次瞄準目標的話，就能夠正中目標，無視最初自己的作法本身可能是錯的。就像運動選手只改正教練指責的缺點，或是遊戲中失敗後，加裝其他道具來解決任務，以這種方式來面對眞實世界所發生的問題。

如同塔雷伯的指責，對於無法預測的事物，人們自欺欺人說可以預測，並且迴避發生例外事件的可能性。避免戲局謬誤的唯一對策，就是承認有自己無法預測、無法控制的事件存在，並努力從更大的框架中觀看情況。

參考項目

◆合取謬誤：比起單一事件發生的機率，認為兩個以上的單一事件，結合發生的機率更高。

〔030〕這份報紙每次都做偏頗的報導

敵對媒體效應 Hostile Media Effect

定義 在特定議題上持相反立場的兩個團體，對於大眾媒體的中立報導，會互相扭曲認為，該報導敵視自己的這一方。對同樣的資訊會根據各自的立場，主觀地歪曲，並做負面的解讀。又稱為「敵對媒體現象」。

史丹佛大學瓦隆（Robert Vallone）、羅斯（Lee Ross）、列波爾（Mark R. Lepper）博士，在一九八二年的實驗研究中，提出敵對媒體效應。他們將實驗參加者分爲親以色列派與親巴勒斯坦派，讓他們觀看同一則電視新聞，內容與當時發生的特定事件有關。結果，親巴勒斯坦派的人認爲新聞內容中，敵視巴勒斯坦的部分更多，親以色列派的人則評論，敵視以色列的部分更多。雖然看的是同一則新聞，但雙方都以各自的立場，將中立報導評論爲負面。研究團隊分析，參加者根據自己的意見，選擇性地認知資訊，因此產生了敵對媒體效應。

中立媒體並未偏頗地擁護特定立場，卻受到兩方的衆多批判，是敵對媒體效應的證據之一。選擇性知覺是造成敵對媒體效應的主因，它不只作用在媒體上，也會作用在其他事物上。在世界盃競賽中，素來中立的主審，東奔西跑擔任裁判，不可能只判特定隊伍犯規。即使如此，球迷還是會激動地咆哮主審收了賄賂，所以才做出對自己支持的隊伍，不利的偏頗判決。如果有一邊認爲不公平的話，另一邊的球迷應該要滿意主審才對，結果另一邊也一樣激動，覺得主審不公平。

美國心理學者哈特福（Albert Hartorf）與坎特里爾（Hadley Cantril），在一九五四年的研究中，證明了這種傾向。他們讓普林斯頓大學與達特茅斯學院的學生，觀看兩間大學美式足球比賽的影片。結果就如前面所述，兩間大學的學生都認爲這是一場對我隊不公平的比賽。雖然這個研究不是敵對媒體效應的正式研究，卻是日後研究的重要根基。

在選舉造勢、敏感政治案件的討論、政治立場不同的特定動亂地區報導中，很容易就能發現敵對媒體效應。與地區情感相關的事件報導、涉及經濟階級的客觀社會現象報導，甚至連續劇內容中，都可以找到與自己的立場相反的訊息。當然，媒體實際上也可能帶有偏頗的觀點，但有必要再次想想，是不是自己的視角太過偏頗，所以才會歪曲內容。這種明智的思考是十分必要的，因爲偏頗的思考會讓人片面地倒向資訊的一邊，難以客觀接受並判斷訊息。

〔031〕

自制偏誤 Restraint Bias

只要吃完這個，我就不吃了

定義 **過度高估自己對誘惑的節制力的心理現象。雖然相信自己能控制食慾、性慾、睡眠慾等衝動，但實際上會屈服於變化無常的慾望。**

根據美國西北大學企管系諾格倫（Loran Nordgren）教授與同事在二〇〇九年的研究，日常生活中能輕易發現自制偏誤。研究團隊將受試者分爲兩組，給予一組簡單的課題，另外一組則是拿到較難的課題，之後請他們自評承受疲勞度的能力（也就是節制力）。拿到較簡單課題的一組，給予自己較高的評價，但事實上只是因爲問題較簡單才會這樣。

在接下來的實驗中，他們請受試者依據自己的喜好，爲七種點心棒排序，請他們從當中選一個帶回家，並做好約定，只要能在下週將點心棒完整帶回的話，就能得到四美元和點心棒。在第一回合的實驗中，對自己的節制力評價過高的受試者，因爲過度相信自己的能力，因此選擇了最喜歡的點心棒帶回家。然而，他們無法堅持一週，馬上就把點心棒吃掉，也就是說他們的節制是失敗的。

人們擁有自制偏誤，傾向於相信自己有節制力，因此會理直氣壯將自己暴露在使人輕易動搖的誘惑中，然後變得無法脫身。不只是實驗中所用的點心，只要觀察陷入抽菸、喝酒，甚至吸毒或犯罪等泥淖中的人，從他們的訪談內容中會發現，有很多人一開始都認爲，不論何時都能靠自己的意志力脫身。有人會邊抽菸邊認爲，只要自己下定決心的話，馬上就能戒掉菸癮。然而在現實中，能夠抵抗誘惑、貫徹節制力到底的人，相對來說少之又少。

人們雖然沒有太多克服誘惑的經驗，或是足以給予自己高節制力評價的根據，仍然會覺得自己的節制力很足夠。更不記得自己在誘惑面前，是如何輕易地動搖，有多麼容易就陷入自制偏誤。問題是，因爲自制偏誤的緣故，人們會過度相信自己的節制力，無法做出正確的判斷，並反覆做出相同的錯誤或失誤。食物不在眼前的時候，相信自己能夠自制，但當食物一放到眼前，瞬間就風捲殘雲地吞了好幾碗。一邊說從現在開始將有所不同，一邊宣示說要減肥，在充分下定決心之後，本以爲可以自制，結果又將自己暴露在誘惑中，然後又失敗了。

如果需要自我節制的話，比起獨自宣誓，最好在親友見證下進行約定，逼自己確實節制。節制需要他人幫助，自己來是做不到的。還有，如果想要幫助別人進行節制的話，就必須不斷使對方想起自己做過的約定。與其邊開玩笑、邊讓對方暴露在誘惑中，更應該將誘惑物從眼前清除，這樣才能確實幫上忙。

參考項目

◆控制錯覺：對自己的控制力有不切實際期待的現象。

〔032〕逐次刪除 Elimination by Aspects

我只看一點！

定義 **抉擇很複雜時，比起均衡評價整體，更傾向只考慮單一特徵後做出決定。也就是說，如果有某一個特徵特別突出的話，就會忽略其他特徵，或者乾脆不予理會就做出選擇。又稱為「依特徵排除」、「要因消去法」等。**

獲得諾貝爾經濟學獎的認知心理學者司馬賀（Herbert Alexander Simon）教授所定義的滿意度法則（Satisficing Principle），意指人們因爲自己有限的合理性，所以並不追求滿意的極大值，而是在認爲程度已經足夠時，就停止追求的選擇方式。在這個滿意度法則的延續上，具體的判斷策略就是逐次刪除。

逐次刪除是一種捷思，意指不是綜合評價各種方案，而是一次以一個層面爲標準來評價，按不同層面除去無法滿足最低標準的方案。在必須考慮不同方案的各種層面時，如同古典經濟學所主張，要一邊計算效用，一邊綜合比較方案，再找出最佳方案並不容易。因爲瞬間可以記憶並處理的容量有限，很難遵循各種計算及有規範的判斷程序，所以會選擇走捷徑。舉例來說，選擇物品時先決定最重要的層面，在這個層面中，將排名不在前面的產品刪除。之後再將剩下的產品，在其他層面中進行比較，再次縮小範圍。這麼做既能減少認知負擔，也能找到還算令人滿意的方案。

根據美國佛羅里達大學經濟系葛來德溫（Christina H. Gladwin）教授在一九八〇年進行的研究，人們在購買汽車之類的日常生活選擇中，經常使用逐次刪除法。買汽車時必須考慮的項目非常多，包括品牌好感度、安全性、價格、乘車感、保養費、維修費、汽車召回案例、內部配備、引擎性能等。即使想要比較各公司的車款，也很難考慮周全。因此，手頭較緊的人，會把價格當作最高標準，排除候選車種後，從剩下的車種考慮乘車感或耗油量等，邊縮小範圍邊選車。相反地，想要與包含孩童在內的家人一起搭乘的購買者，會將安全性視爲最重要項目，刪除其他車種後再購買。

沒有所謂選出最佳方案的絕對特性，而根據消費者當時腦中浮現的不同特性，選擇結果也會輕易改變，這就是逐次刪除的特性。因此也無法保證最佳的選擇，因爲不管其他的特性再怎麼厲害，如果在優先順序前面一點的特性中沒有達到標準，而被排除在外的話，就再也不會在考慮之列。

人們在做複雜的決定時，會以自己偏好的特性爲中心，使用逐次刪除法。這從企業的立場來看是個好消息，因爲只要強調消費者可能會喜歡的特性就行了。蘋果在**iPhone**的廣告中強調軟體的便捷性，三星則強調硬體的卓越功能；某些公寓強調室內裝潢設計，某些公寓強調造景設施，或強調鄰居及周遭環境，都是爲了在不同特性中占據優勢而努力。在商品行銷中，與其宣傳整體的高評價，不如強調產品在特定層面上的特殊優點，以便深入消費者腦中。

在宣傳市場占有率低的商品或新產品時，會凸顯商品的獨特優點或特徵，讓消費者無視其他層面，以該特徵爲中心進行評價，進而排除其他商品。因此才會有所謂的負面廣告（Negative AD），露骨地在廣告中批評競爭對手的產品。因爲，再怎麼好的特性，如果被排除在優先順位之外，根本就成不了考慮對象；即使在各種特性評價中，堅忍不拔地存活，結果也不會受到青睞，因爲消費者只會在當前考慮的特定屬性中，選擇自以爲的最佳方案。有時廣告也會故意讓人按照順序想起特定屬性，以誘導消費者選擇自家產品或服務。

舉例來說，主打「登山服很多，但那登山服的設計有好看到平常也能夠穿出門嗎？」讓強調「防寒性」、「持久性」等特性的其他產品，從考慮對象中被剔除。接著在廣告中再訴求「只有幾個平凡的顏色，能表現各位的個性嗎」讓主要以綠色、灰色、紅色等做設計的對手產品也被淘汰。最後再凸顯「輕盈且方便」等其他要素。如果廣告一開始就讓消費者考慮輕盈布料的話，其他競爭對手的產品，可能會比自家公司的，更先出現在腦海中；如果先強調顏色的話，會被拿來與顏色華麗的一般服飾做比較，而顯得該產品很寒酸。不過，如果誘導消費者按照廣告安排的順序來判斷，在考慮該產品的各方面時，就會覺得是最棒的選擇。

參考項目

◆錨定捷思：以資訊的一部分，或一種特徵為中心，進行判斷的現象。

◆可得性捷思：因為認知處理的容量有限，無法均衡地探索所有資訊，只在可得的情報內進行判斷的現象。

◆代表性捷思：推測某件事發生的機率，或某個對象屬於特定範疇的機率時，根據該事件或對象有多能代表母團體，或與母團體的特性有多近似來推測。

〔033〕

我眼中看到了趨勢

集群錯覺 Clustering Illusion

定義 **隨機發生的事件若連續發生，則錯以為其中有某種關聯性。簡單來說，連續發生相同的事件造成了錯覺。**

在沒有刻意作弊的前提下，使用骰子或輪盤等進行的賭博，或彩券中獎號碼等，與之前或之後的事件都沒有關係。也就是說，每個事件都是獨立發生，中獎號碼是隨機決定。只是，這些事件不會一次就結束，賭博的話會馬上進行下一回，樂透也是每週連續在同樣時間開獎，看起來彷彿有特定模式一樣。甚至會因爲在第十回合，出現很多奇數，所以認爲第十一回合，將會出現很多偶數，與之前的事件產生具體連結，但這很明顯是種偏誤。每個事件都是獨立發生，與之前的事件無關，因此不可能有任何關聯。如果在隨機發生的事件中尋找關聯、談論模式，並不是找到暴富的祕法，而是掉進集群錯覺裡罷了。

讓我們一起進行一個實驗看看吧。下面是連續丟擲銅板出現的結果：

正正反反正反正反正正反反

看起來有模式可循嗎？正面出現兩次的話，反面也會出現兩次，正面出現一次的話，反面也會出現一次。那麼，如果正面出現三次的話，會怎麼樣呢？會符合這個規律嗎？如果各位認爲反面會出現三次的話，就是掉入集群錯覺中。丟擲銅板時，正面與反面出現的機率相同，沒有任何模式可言，事件雖然連續發生，仍各自有獨立的機率。但就算這樣，人們似乎還是有從隨機發生的結果中，硬是找出關聯的傾向。這就是樂透中獎號碼預測網與運動彩券預測網，擁有高人氣的理由。康納曼與特沃斯基教授也以這種集群錯覺的案例，來說明代表性捷思。

陷入集群錯覺的話，會對根本就不存在的模式進行投資，導致損失，請務必戒慎小心。比如有某個網站宣稱會提供中獎機率高的彩券號碼，心動下加入了那個網站，然後每個月浪費會費。有很多人在股票市場中，依據自己開發的投資圖表分析法，偷偷投資，結果一敗塗地。彷彿眼前有模式可以預測投資結果，以至於很難從這種誘惑中脫身。這種時候不要觀察模式，而是要檢視事件的本質。也就是說，這不過是隨機發生的事件有沒有連續而已。因爲相信有模式，不論如何都想投資的話，不妨只做最少限度的投資，這是把損害減到最低的方法。

參考項目

◆錯覺相關：本質上沒有關聯的兩個事件，錯覺以為有相關性。

◆代表性捷思：推測某件事發生的機率，或某個對象屬於特定範疇的機率時，根據該事件或對象有多能代表母團體，或與母團體的特性有多類似來進行推測。

◆賭徒謬誤：相信根據事件前後的機率不同，獨立事件的發生率也會不同，意即主觀解釋機率的謬誤。

◆熱手效應：掉入「成功會連續產出下一個成功」的信心中，自信滿滿地預測連續事件的成功率。

〔034〕

鴕鳥效應 Ostrich Effect

不要看就沒事了！

定義 故意無視客觀存在的危險資訊，扭曲為彷彿實際上不存在。就像鴕鳥認為把頭埋進沙子裡，危險就會消失一樣，以阻絕風險資訊來試圖解決問題的現象。又指因為阻絕資訊，無法適當應對危機的現象。

鴕鳥效應一詞源自於鴕鳥的特性，鴕鳥被逼到困境時會把頭埋進沙子裡，一動也不動，認爲閉上眼睛的話就可以逃過危機。事實上，鴕鳥並沒有這種特性，這只是人們誤會並散播的一種說法。

儘管鴕鳥沒有把頭埋進沙子裡的習性，人類卻有類似的思考特性。根據耶路撒冷希伯來大學加萊（Dan Galai）與薩德（Orly Sade）博士在二〇〇六年的研究，人們有迴避損害資訊的強烈傾向。面對會造成損害的資訊，通常不是找出對應方法以避免危機，而是無視警告，認爲沒有危險且可以獲得利益。

幾乎沒有人喜歡負面情況，特別是危機的強度大或速度快的話，就會變得前途迷茫。因此在想迴避負面情況的心情下，乾脆閉上了眼睛。比起堂堂正正面對危機，裝作沒有危機存在般行動更容易，因此產生了鴕鳥效應。美國卡內基美隆大學羅文斯坦（George Lowenstein）教授等人，在二〇〇九年的研究中發現，景氣不好時人們確認自己財務狀況的頻率，比平常少了百分之五十到百分之八十。比起看著見底的銀行存款餘額，邊想著未來要怎麼生活，人們會乾脆眼不見爲淨，強化自己一切都很好的信念，好像把頭埋進沙子裡，就不會有任何危險朝自己襲來一樣，相信自己是安全的。

鴕鳥效應經常可以在企業經營的案例中看到。二〇〇八年九月全球金融危機的導火線，是美國投資銀行雷曼兄弟破產。當時擔任總裁的福爾德（Richard Fuld）無視住房抵押貸款增加，以及金融市場的不安因素增加等，各種危險警告資訊。他將要求修正策略的首席風險官（CRO）免職，並做假帳。知道這事實的副總裁向他提出危險警告，但福爾德不但充耳不聞，甚至還將對方開除。福爾德高談闊論逆向思維投資，赤裸裸地暴露在逼近的危機下，結果導致天文數字的損失。創業超過一百五十年的雷曼兄弟因此倒下，金融市場也因投資公司接連破產而大幅震盪。

豐田汽車的千萬台大型召回事件，也被認爲是鴕鳥效應的案例之一。從幾年前開始，豐田汽車就已經接連收到美國消費者投訴，一直都知道油門有問題。然而，豐田汽車的管理階層爲了宣傳生產系統的優良成果，忙碌不已，並說在如此厲害的系統中，不可能出現那種錯誤，將事故原因歸咎於駕駛人不注意，否認車輛有缺陷。最後在消費者怨聲載道後，不得不大量召回汽車，不僅遭受經濟損失，長久努力得到市占率第一的信賴度，也蒙受嚴重打擊。

豐田汽車的管理階層徹底無視風險資訊，忽視內部資訊顯示，在二〇〇四年與二〇〇五年間，比起販賣的台數，召回的數量反而更多。他們只想注視與成功相關的事情，但這並不是現實。他們並非走向成功，而是走向失敗的道路。在大型召回事件後豐田失去消費者的信賴，將市場的相當大部分，讓給現代汽車等後起之秀。

就像前面提到的經營案例，陷入鴕鳥效應的話，損失會變得非常巨大。愈是負起經營責任的人，愈需要努力注意風險資訊，並且積極解決。若想要防止鴕鳥效應，必須有系統化的業務處理程序，以察覺並回應風險資訊。雖然這麼說，但也沒有必要一定要做出新的系統。所謂董事會議或股東大會，並非想扮演舉手機器，對董事長提出的案件唯命是從，而是爲了交流包含負面內部資訊在內的各種資訊才召開。尋找能聽取批評意見的窗口，而非躲進沙子裡，這才是解決危機的明智策略。

對個人來說，鴕鳥效應也會造成問題。比如說過度消費直到破產、不存錢且懶散生活等。我們必須養成定期確認自己財務狀況的習慣，例如在月曆上做紀錄，或向銀行申請定期電子郵件通知服務等。不只是金融問題，其他人際關係或日常生活的問題，也需要定期確認，並爲了檢驗負面警訊而努力，這樣就能防止因長期故意無視危險資訊，而產生的鴕鳥心態。

參考項目

◆正常化偏誤：在危險的情況中，相信自己不會有事。

035

控制錯覺（Illusion of Control）

不管是命運還是偶然，我都可以控制

定義 即便是事實上無法控制的事情，也高估自己，認為自己有能力控制。甚至相信連命運或偶然，自己都可以控制，經常以「自己過得比別人好」來表現。亦即，小看發生不幸事件的可能性，認為自己的未來比別人更幸福。即使是偶然中解決的事情，也相信是自己很有能力，產生控制的錯覺。

一九七五年，美國心理學者蘭格（Ellen Langer）透過下面的實驗，證明了控制錯覺。蘭格給實驗參加者一個按鈕，請他們評估按鈕的行動，與開燈、關燈有何關聯。事實上，開燈、關燈與按鈕的行動無關，而是與按鈕及電燈的連結方式有關。有一組參加者按鈕與電燈連結在一起，另一組的則沒有連結。也就是說，有連結到電燈的按鈕，會產生控制感才是正常的，而在按下未連結到電燈的按鈕時，卻感受到控制感，只是一種錯覺。蘭格以這樣的理論設計了實驗，結果參加者卻報告是自己的行動控制電燈，產生了控制錯覺。

以控制錯覺聞名的人物，有第二次世界大戰當時，指揮日本帝國海軍聯合艦隊的司令官山本五十六。山本五十六是個具有傑出領導能力的軍人，堅定相信自己的決定。他是將珍珠港事件領向成功的主力人士之一，也是驅逐英國與荷蘭，掌握南太平洋與部分印度洋制海權的人物。

乘勝長驅、勢不可擋的山本五十六，訂定了包圍夏威夷，進軍到中太平洋為止的計畫。他提案動員航空母艦，在美國海軍養精蓄銳之前，將他們逐出太平洋，並入侵夏威夷。不過對於兵力不足與魯莽的計畫，軍方領導高層面有難色，但山本五十六認為反對論者提起的各種問題，都在他的掌控中。結果他得不到所需的支援，只好修改計畫，決定攻擊離夏威夷很遠，但有空軍基地的中途島（Midway），以強力推動自己的中太平洋平定計畫。

山本五十六自信洋溢，即使在模擬訓練中，當日本軍依據他的策略而戰敗時，也認為是扮演美軍角色的那隊犯規，所以才會造成戰敗。他甚至認為連這種例外狀況，也有辦法控制，因而強力推動計畫。山本五十六個人的控制錯覺，導致嚴重的後果。別說是中太平洋了，日本在整個太平洋都潰敗，元氣大傷。戰局急速往美軍及聯軍一方倒去，只能在陸地上孤軍奮鬥的日本，最終戰敗收場。

並不是只有像山本五十六般，乘勝前進的人才會有控制錯覺。以彩券來說，自己直接選號和電腦自動選號，機率是一樣的，但人們就是要親自選號才心甘情願，因爲覺得自己可以控制命運。還有某個中國人，爲了得到代表福氣的數字八組成的電話號碼，八八八八－八八八八，花費了二十八萬美元（約台幣八百四十萬元）。

陷入控制錯覺時，除了高估產生正面結果的可能性，同時也會扭曲地認爲負面結果不太會產生。如同物以類聚般，錯覺會和其他錯覺一起出現。當然，在這群錯覺中，最致命的正是控制錯覺，就像山本五十六案例中所看到的一樣。

事實上，認爲自己可以控制所有事情，很容易遭受壓力和打擊。對於自己的控制能力，以及掌握事件本質的能力，做出正確的評估，這樣的努力非常必要。除了對自己，對一起工作的人，或者社會、國家，都會有好的影響。

參考項目

◆ 一廂情願偏誤：沒有具體的根據，只是因為喜歡肯定的結論，所以按照自己相信的肯定結論進行思考。

◆ 優越感偏誤：認為自己的正面特性，如能力、品性等比一般人多，同時認為自己的負面特性比一般人少。

〔036〕包裝很重要

框架效應 Framing Effect

定義 即使是相同的資訊，因為提供資訊的框架不同，人們做出的判斷也會不同。事實上，即使是相同的內容選擇，根據以正面的框架（獲利）提出，或是以負面的框架（損失）提出，人們的思考情況也會變得不同的現象。又稱為「框架提出效果」。

在如下的情境問題中，各位會做怎樣的判斷？

情境一：「非洲發生了傳染病，若使用新的治療劑，六百人中有兩百人能生還。請問要使用新的治療劑嗎？」

再來，如果是如下的問題，您會怎麼做？

情境二：「非洲發生了傳染病，若使用新的治療劑，救治率約有百分之三十三，但有約百分之六十六的人無效。請問要使用新的治療劑嗎？」

兩個情境中的生存率，都是三分之一。但是六百人中有兩百人能生還的情境一，與六百人中有四百人會死亡的情境二相比，情境一的問法，聽起來比較好。

康納曼與特沃斯基教授在一九八一年，實際以上述問題進行了實驗。結果，以獲利框架提問，大幅勝過以損失框架提問。在情境一中，有百分之七十二的實驗參加者，同意使用治療劑，但在情境二中，同意的人只有百分之二十八。

康納曼與特沃斯基教授稍微改成如下描述後，對其他實驗參加者提問：

情境三：「非洲發生了傳染病，若使用新的治療劑，六百人中有四百人會死亡。請問要使用新的治療劑嗎？」

再來，如果是如下的情境，您會如何抉擇？

情境四：「非洲發生了傳染病，若使用新的治療劑，所有人都不會死的機率是百分之三十三，但六百人全部死亡的機率是百分之六十六。請問要使用新的治療劑嗎？」

情境三與情境四的描述，只是改變情境一與情境二的句型框架，但是對於情境四，有百分之七十八的參加者同意，同意情境三的只有百分之二十二。換句話說，同一個問句，以生存框架提問時，同意率最高，以死亡框架提問時，同意率最低。

六百人中有四百人死亡，與兩百人生還的意思一樣。當然，不是因爲參加實驗的大學生沒有數字計算能力，所以造成這樣的結果，而是對人類來說，普遍有著偏好利益、迴避損害的損失規避傾向。情境二與情境三的提問框架，構造上更強調損失，因此人們才避開這些選擇。

框架效應的原因，可以用展望理論來說明。即使是相同的量，比起獲利，人們在認知爲損失時反應更敏感。（請參考026損失規避）確定性效應（Certainty Effect）也可以解釋部分的原因。康納曼與特沃斯基教授在情境一中，明確寫出有兩百人可以生存，相反地，情境二中只標示機率，所以確定性變低了。比起不確定的事物，人們更追求確定性，因此在以肯定框架提問的情境中，選擇了情境一。至於情境三中確實寫了死亡人數，所以選擇了看起來較有生存機率的情境四。

框架效應經常被活用在廣告中。購物中心一邊舉行限時特價，一邊高喊：「現在買您就賺到了。」購物當然是花錢的，但他們改變了提出框架，把消費說得像是賺到錢一樣。在我們認為是理所當然的正面廣告中，也藏有框架效應。以百分之九十九的成功率而自豪的避孕藥廣告，如果改變框架，以一百人中僅有一人失敗來廣告的話，一定會對銷售業績產生很大的影響。

公司的業績發表中也藏有框架效應。看到新進員工採用率上升，很輕易就會做出就業率上升的正面判斷，但該指標中，包含了將職位讓給新進員工的離職者人數。捨棄負面觀感的離職率，而是報告帶有正面觀感的新進員工採用率，引導人們做出肯定的判斷。在政府的政策績效發表中，宣傳國民對現任政府的政策，比對前任政府多了百分之二十的正面評價。但如果出發點是百分之十的話，依舊是三位國民中，約有兩人對政府的政策不滿意（編按：從百分之十提升到百分之三十的滿意度，換算起來大約是三分之一，等於不滿意度約三分之二），只是改用正面的框架提出，隱藏起這個事實。

框架效應不只影響社會問題，也影響與人生相關的個人判斷。在認爲人生的出發點極爲豐富的框架下，每個瞬間都感到失去些什麼，接連產生挫折感。但如果以一開始的出發點是零，從人生「至少還得到了一套衣服」的框架來看，就不會有那麼多遺憾了。

參考項目

◆損失規避：雖然是同樣的量，但是比起獲得利益時的反應程度，對損失更敏感。

037 空想性錯視 Pareidolia
月亮中住著兔子，沒錯啊！

定義 **在難以往特定方向解釋的模糊情況中，想找出意義的心理現象。也就是說，即使情況中並沒有那種意義，也扭曲為具有特定意義。又稱為「自我欺騙現象」。**

空想性錯視在一般人身上可輕易發現，代表性的例子如：在地板或牆壁的斑點中，看見人臉、特定記號或某種象徵物等。人們在月亮中看見兔子的模樣，也是因爲空想性錯視的緣故。將韓國半島的地形看成老虎或兔子的模樣、看到義大利半島就想起長靴，這也是一樣的。在月亮形成時，本來就沒有刻上與兔子相似的圖案，之所以這樣賦予意義而解釋，無法如實看到事物本身，明顯扭曲了事實。

有人從冥想或祈禱中看見神祕的現象、在樹林中看見鬼神的模樣、在天空中看到UFO等，這些都屬於空想性錯視。進行冥想或祈禱後目擊神祕的現象，如果能在相同場所與相同時間點看見的話，那麼明顯是神奇的經驗。但有更大的可能是，當人們往特定方向傾注所有精神時，在模糊的對象中，會集中注意當時最有意義的狀態。雖然是同一座森林，白天看不見的鬼神，到了晚上卻突然出現，這不過是因爲天色昏暗，所以往形影模糊的樹木中，尋找自己平常害怕的鬼神罷了。從各種不同形狀的雲當中看見UFO，也是因爲想從廣闊的天空中，找出有意義的形狀。

在心理學中，也會使用空想性錯視進行心理檢查。例如羅夏克墨漬測驗（Rorschach Inkblot Test）觀察受試者如何解釋模糊的痕跡，以分析檢查心理狀態。在羅夏克墨漬測驗中使用的墨跡，經過嚴格挑選，沒有特定的形狀，所以從這當中看到特定事物的話，就可推論受試者空想性錯視。（請參考097錯覺相關）

不只影像，聽見聲音也可能產生空想性錯視。平常在聽西洋流行歌或大衆歌曲、民謠等外國歌曲時，聽起來像自己國家語言的現象就是如此。這種聲音的空想性錯視，常被當成老哏素材，在搞笑節目中使用。聽說將一九九〇年代韓國歌唱團體組合「徐太志和孩子們」的唱片，倒過來播放的話，會聽到惡魔的聲音，在當時引發話題。將巨大的噪音聽成呼喚自己的聲音，將不知道是什麼東西爆炸時發出的聲響，聽成是狗在大聲吠叫等，都是空想性錯視。

二〇一一年九一一恐怖攻擊事件當時，有許多人主張在湧出的濃煙中，看到了惡魔的臉。有些人主張曾在自然生成的樹木中，看見惡魔的模樣，在人面魚等魚的紋路上看見人臉等，這些都是空想性錯視。人們對自己的信任太強的話，有時會過度相信自己看到或聽到的東西。不過，就如同各種空想性錯視案例，即使是自己親眼看到或聽到的東西，也不全然都可以相信，因爲有可能是自己勉強賦予意義的（雖然自己並不這麼認爲）。

參考項目

◆錯覺相關：本質上沒有關聯的兩個事件，錯覺以為有相關性。

〔038〕

從眾效應 Bandwagon Effect

聽說是必買品項，那我也要買！

定義 **配合多數意見所做的決定。從眾效應最大的特徵是，比起個人意見，其他人的決定對最終判斷有更大的影響。Bandwagon的意思是「樂隊花車效應」，另又稱為「羊群效應」。**

從眾效應（樂隊花車效應）一詞源自Jump on the Bandwagon（跳上樂隊花車）。馬戲團或遊行隊伍的最前面有馬車樂隊，這個馬車被稱爲Bandwagon，在隊伍的前面炒熱氣氛，吸引人群的注意。在一八四八年，名爲賴斯（Dan Rice）的小丑在競選宣傳活動中使用了樂隊花車，成功吸引人們的目光後，許多政治家開始登上樂隊花車，進行競選活動。在實際獲得人們呼應，於選舉中獲得肯定結果後，這被定位成一種政治策略潮流。在政治領域中所謂的「造勢」，指的正是從眾效應。

產生從眾效應的理由是社會壓力。一九五一年，斯沃斯莫爾學院阿希（Solomon E. Asch）教授在實驗中展現從眾效應的啓動原理。他在大學公布欄張貼視力檢查實驗公告，召募參加者。不過這其實是社會心理學從眾實驗，只是偽裝成視力檢查。阿希將受試者分成約七到九人一組進行檢查，請他們判斷兩張卡片上標示的垂直直線長度。在第一張卡片上畫有一條直線，第二張卡片上畫有如下圖右方的三條直線。在第二張卡片上畫的三條直線中，有一條與第一張卡片上畫的直線長度相同。

研究團隊向受試者出示第一張卡片後，請他們從第二張卡片中，找出與第一張卡片上相同長度的直線，這樣的檢查進行了十八次。但在實驗小組的七到九名成員中，真正的受試者只有一名，其他都是按照阿希教授指示行動的

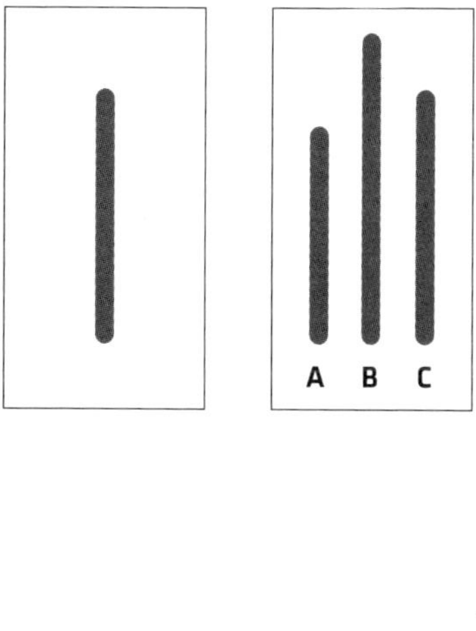

假參加者，也就是實驗協助者。阿希教授請這些人在十八次的檢查中，先說出六次的正確答案，在剩下的十二次中，說出事先決定好的錯誤答案。（前頁的圖片中C是正解）

完全不知情的眞正受試者，在第七次檢查中看到自己前面的人都選擇錯誤的答案，慌張不已。結果，有百分之七十五的受試者，選擇了其他人所說的錯誤答案，而不是自己所想的確切答案；只有百分之二十五的受試者，不受他人影響，按照自己的想法選擇。阿希教授說明，周圍大多數的意見是一種社會壓力，人們接受這種壓力後，會反映在自己的決定上，因此才會出現這種結果。

在現實中也能輕易發現從衆效應。費盡心力去吃傳說中的美食名店；覺得有必要而想買的物品，因爲其他購買者的負評，而猶豫到底要不要買或直接放棄；大多數人都買了季節流行單品，自己也認爲是必備品而跟著買了，就算是超過自己經濟負擔能力的名牌也一樣。像這樣，若有某群人引領流行，其他人也會跟進，這種現象就是從衆效應。在群體中，多數的數量愈多，從衆效應能發揮的力量就愈大，因此又稱爲羊群效應（Herd Effect）。

從衆效應對企業來說是非常重要的因素，左右企業的成功與否，Sony與Beta Video事業的失敗正是一例。當時，Sony爲了以壓倒性的技術能力搶得媒體市場先機，將新技術媒體播放方式設定爲標準，而在良好畫質、極快的播放速度、安定性等技術上，Sony足以稱霸市場。

然而比起可以錄一個小時高畫質影片的Beta Video，人們卻選擇畫質雖差，但可以錄更長時間的VHS方式。與Sony的預想不同，在初期市場中，當有一群人跳上VHS的樂隊花車後，事態就變得無法控制了。不管少數專家與市場分析師的評論如何推薦，人們還是偏好多數人開始使用的VHS。結果，Sony投資了巨額費用研發的Beta Video事業，只能黯然收場。

在公司裡進行專案時，從衆效應也可能產生負面作用。因爲，如果專案負責人與核心成員，在某個意見上口徑一致的話，其他人就算有別的想法，要公然反對也不容易。所以就算是有缺陷的計畫，也經常就那樣進行下去而導致損失，這是從衆效應所煽動的團體迷思（Groupthink）。（請參考081團體迷思）

從衆效應在我們日常使用的網路上處處可見。在入口網站的關鍵字搜尋排行高的話，自己也會不知不覺地點擊閱讀；人氣高的推特或臉書，自己無論如何都想與對方產生連結；在網路購物中心偏好購買率高的商品等。在網路世界中，到處都有從衆效應的例子，Google乾脆將演算法設定成搜尋結果會最先出現大多數人選擇的事物，結果得到壓倒性的成功。

在實體賣場中，若有一群人蜂擁而上的話，總之先移動腳步過去看看就對了；比起冷冷清清可以安靜用餐的餐廳，更喜歡裡面坐了很多人的餐廳，這些都是因爲從衆效應。在廣告中會強調賣得最好的車子、賣得最好的書、賣得最好的衣服等，以刺激消費者的購買慾望，也是利用了從衆效應。

股票市場對從衆效應特別敏感。雖然景氣沒有變好，但動員各種專家，提出肯定股票市場的言論、宣傳最近股票市場的成功案例，這樣散戶就會蜂擁而至，使股票行情景氣好轉，這也是從衆效應的例子。同樣地，一旦股票行情下跌，就會一發不可收拾，也就是所謂「崩盤」，這在一年內會反覆發生數十次。不只金融經濟，在各個經濟相關領域中，從衆效應都創造出顧客的新需求，或是被視爲強力到讓市場情況變形的有效武器。

從名稱由來就可以知道，從衆效應最適用的正是政治領域。政治人物有時候會在演講會場動員拍手部隊，引起其他人跟隨。政治人物在提出某些意見時，會以某個協會或團體的名義發表聲明，而非以個人名義提出，這也是因爲透過多數人的社會壓力，能引導輿論，輕而易舉改變一般人的想法。所以，如果從衆效應被濫用的話，就能掩蓋事實眞相、操作輿論，或故意將人們引導向政治人物希望的方向，這樣一來將可能對社會有害。

根據美國肯塔基大學蓋德爾（Robert K. Goidel）與席爾茲（Todd G. Shields）博士在一九九四年的研究，人們因爲從衆效應，有時會做出與自己平常的信念完全相反的政治決定。蓋德爾與席爾茲博士將一百八十名受試者分成九組，讓他們聽如下的選舉劇本後再作答。在劇本中，對民主黨候選人的描述中有「當選可能性高的候選人」的資訊，結果在沒有特定政黨喜好的受試者當中，有百分之七十將票投給劇本中指定的民主黨候選人；而當劇本改變成對共和黨候選人有利的時候，票便投向共和黨候選人。甚至曾身爲共和黨黨員的人，只要劇本中出現民主黨候選人當選呼聲高的資訊，就有將票投給民主黨候選人的傾向。

觀察蓋德爾與席爾茲的研究，能輕易了解爲什麼政治人物對民調排名那麼在乎。因爲在報紙或廣播中，被宣傳爲呼聲高的熱門候選人，能改變大部分選民的投票意向，成功拉到選票。參與問卷調查的人與全體選民相比，雖然只是微不足道的一部分，但是看到調查結果的人，會因爲這是大多數人的看法，在從衆效應影響下追隨問卷調查的結果。

參考項目

◆團體迷思：凝聚力強的團體中，為了讓成員間的糾紛減到最少、達到意見一致，不會批評集體決定的現象。

◆虛榮效應（Snob Effect）：與從衆效應相反的現象，如果多數人消費的話，該項商品的需求便會減少。在追求與衆不同之下，所產生的消費現象。企業採取限量販賣，就是利用虛榮效應。

039

我總是很有邏輯，不像別人那麼偏頗

偏見盲點 Bias Blind Spot

定義 本人已陷入偏誤而不自知的現象，也就是「對認知偏誤的認知偏誤」。又稱為「後設偏誤」（Meta Bias）。

「偏見盲點」一詞是普林斯頓大學社會心理學者普羅寧（Emily Pronin）的研究團隊所創造，就像人類在視覺上有無法認知的領域，也就是視覺盲點一樣，偏見盲點指的是認知上的盲點。

二〇〇二年普羅寧研究團隊進行實驗，確認了偏見盲點。他們對實驗參加者說明一般人常犯的認知偏誤，包括：優越感偏誤、月暈效應、自利偏誤等等。之後不動聲色地提出與各種偏誤相關的問題，舉例來說，與優越感偏誤相關的問題中，以「你誠實嗎？」詢問受試者的性格，受試者普遍回答自己比一般人誠實。

在詢問自己是否有負面性格時，則回答比一般人少。雖然已經陷入先前所說的優越感偏誤，但本人卻不這麼認爲。也就是說，雖然理解其他人有這種偏誤，但卻無法認知到，自己也有這種思考偏誤，而無法自行矯正思考。

因爲人們覺得，自己認知到的內容，在任何人看來都會是那樣，無法認知到自己正在偏頗地思考。在別人認爲你的判斷很奇怪的狀況下，比起反思自己的偏誤，更會認爲是對方的想法有偏誤，就算別人動不動就陷入思考陷阱，自己也不會那樣。不過這種想法本身，就是完全陷入偏見盲點，看不見自己的偏誤。

偏見盲點可以算是最糟糕的偏誤，因爲即使理解偏見盲點，一旦陷入後卻難以掙脫。日常生活中，人們認爲其他人根據偏見再做判斷是不對的。例如，某個大學生聽見父母說：「全羅道人都很粗魯。」可能會認爲他們陷入老套的地區情愫中，沒有看到個人的獨特性。但是這名大學生在看到學弟的某項行爲後，認爲：「最近的新生全都一個樣，自私自利。」只是把全羅道人換成新生而已，思想的構造並無不同。不過如果問那位大學生的話，他會說自己和沒有根據就亂說的父母不一樣，是經過充分思考後才這樣講，以各種理由將自己的話正當化。當然，如果去問父母的話，他們也會說自己的字字句句都有理由和根據。用一句話來總結「我做事就是有邏輯，不像別人那麼偏頗」，這就是偏見盲點的核心。

參考項目

◆自利偏誤：以偏向自己、對自己有利的方式曲解資訊。

◆優越感偏誤：認為自己的正面特性，如能力、品性等比一般人多，同時認為自己的負面特性比一般人少。

〔040〕

職業選手出道第二年的魔咒

無視回歸均值 Disregard of Regression toward the Mean

定義 在有好表現之後，期待接下來也會有一樣好的結果，若是接下來的執行成果，沒那麼好的話，人們會試圖說明原因。無視在自然的狀態下，不會持續維持最高值，而是往平均值移動的事實，尋找其他人為的理由作為藉口。

葛爾頓（Francis Galton）是以統計學與遺傳學研究聞名的英國科學家，他在研究兒子與父親的身高有何關聯後，發現兒子的身高有返回平均值的傾向。也就是說，長得高的爸爸，容易生出矮的小孩。葛爾頓認爲，這是因爲自然具有回歸平均值的特性，如果高的爸爸會生出高的兒子，以這種模式持續下去的話，自然狀態下的團體不會以平均爲中心、配置最多人數，而是成爲兩個極端值，也就是分成高的群體和矮的群體。但是如我們所看到的，當前的世界是平均身高的人最多、極端值最少的安定狀態。

從統計上來看大自然，並非持續朝向極端值，而是朝向平均值移動，也就是呈現回歸平均的特性。因此在第一次執行時，即使出現極端值，接下來可能會出現與極端值不同，較靠近平均值的結果。由於第一次與第二次（或第三次等）的結果相比有所差異，很自然地想要找出造成差異的原因，以進行解釋。不過，這只是因爲往平均靠攏的特性所產生的結果，但人們不會從這種統計上的特性判斷情況，反而認爲有某種系統上的原因造成了影響。

舉例來說，棒球選手以職業選手的身分出道，第一年有非常好的成績，第二年卻呈現停滯，被稱爲「第二年魔咒」。但第二年成績並不是眞的很糟，和其他選手差不多，也就是與平均相近罷了，只因爲第一年表現太好，所以才會看起來退步很多。因此會以精神上的問題、太早成功所以精神放鬆，或是幸運女神不再眷顧等，用其他理由來說明第二年魔咒，無視回歸平均的特性。無視自然的統計法則，揑造出無中生有的原因或現象，想藉此解釋自然的變化，從這點來看很明顯是「無視回歸平均」的偏誤。

在日常生活中，不需要因爲自己的幸運或不幸所遭遇的變化，感到太過挫折或心緒浮動，這只是回歸到平均值，而不是人們以爲的「有複雜的原因」。這樣想的話，就能較有餘裕地應對變化了。即使考試完全搞砸，只考了四十分，下次若發揮實力，就能得到好成績，所以不需要以世代遺傳的智商，或是很糟糕的命格等命運論來折磨自己，也不必套用陰謀論來解釋。

也許在股票市場中，被稱爲祕笈的股價衰落與暴漲模式，放遠來看可能只是回歸平均值而已。不過說實話，無視這種統計上的特性，以其他各種複雜的因素加以說明的人更多就是了。

參考項目

◆故事模型偏誤：並非全面考慮複雜的事件與關係後，再說明某個現象，而是相信如果混入自己覺得重要的因素，編織成一個故事，就能夠充分說明的現象。

〔041〕
說什麼機率，光用看的就知道了吧！
忽略可能性 Neglect of Probability

定義 在不明確的情況中做決定時，完全無視機率，或違背預測機率相關規則的現象。

人們在斟酌機率時，比起「發生某件事的可能性有多少」，更喜歡用「某件事會發生」、「某件事不會發生」的方式來理解，這種傾向造成了忽略可能性。雖然計算了機率，但認爲機會不是百分之百，就是零，或者乾脆無視機率。

一九九三年，美國賓夕凡尼亞大學心理學巴倫（Jonathan Baron）教授，進行了無視機率的實驗，研究團隊讓小朋友聽一段故事，問他們應該怎麼做才對。

蘇珊和珍妮佛正在爭論，開車時應該繫安全帶，還是不應該繫安全帶。蘇珊認為應該繫安全帶，珍妮佛則說不應該繫安全帶。珍妮佛說她曾聽過，發生事故時，若車子栽進湖裡或起火，駕駛因為繫了安全帶，所以無法逃離的新聞。對於這一點，各位的想法如何呢？

收到提問的孩子，有些回答要繫安全帶，有些認爲不應該繫安全帶，然後開始搖擺不定、不知所措，沒有考慮事件發生的機率，以及各情況的發生頻率來回答。應該要綜合考慮預想到的危險，根據基本判斷的規則或機率，選擇最佳答案，但是孩子們回答平常如果想要安全的話，應該要繫安全帶，但是發生事故時，安全帶可能會妨礙逃脫，不要繫比較好，輪流選擇了非黑即白的答案，也就是完全不考慮機率。

忽略可能性不只發生在孩子身上。醫生對來看病的老人說：「得到惡性腫瘤的機率是百分之三十。」老人會反問：「所以到底是有病，還是沒病啊？」公司員工衡量各種變數計算出機率，寫在報告上，老闆掃視了報告後追問：「所以要進行新事業比較好，還是不要比較好？」不確定性愈高的情況，反而愈無法忍受機率。在天氣預報中，若降雨機率是百分之五十的話，因爲苦惱到底要不要帶傘出門，無端向中央氣象局發脾氣。

不確定性高的事物，相對意味著機率更複雜。直到發生最終事件爲止，中間會發生各種小事件，因此最終事件的機率必定微乎其微。但是要花心思注意機率低的事件，我們的認知處理容量有限，加上認知深受情緒的影響，增加了忽略可能性的現象。（請參考003情意捷思）另一方面，在預期正面結果之下，我們的認知更容易無視機率。

美國芝加哥大學企管研究所羅騰斯特里奇（Y. Rottenstreich）與西喜（C. K. Hsee）博士，在二〇〇一年的研究中，將實驗受試者分成兩組進行實驗。研究團隊讓受試者在參加心理學實驗的假設下作答，告訴其中一組可能會受到雖然疼痛、但對身體無害的短暫電擊，告訴另一組可能會在實驗中繳交二十美元的罰金。然後問受試者，若給予他們機會，有百分之一、百分之九十九、百分之百的機率，可以避開電擊或二十美元罰金時，對各個機會願意付出多少錢。受試者回答，如果可以百分之九十九避開電擊，將樂意以十美元買單。

然而，當可以避開電擊的機率只有百分之一時，受試者也願意付七美元買機會。事實上，考慮機率的期望值，一美分左右的代價就已經足夠。也就是說，人們無法確實參考機率，做出合理的判斷，只是因爲有肯定的結果就動心。但不管再怎麼好的東西，也要懂得衡量投資與收益是否相符。與其以黑白二分法處理世事，更需要有正確計算機率的生活智慧。

參考項目

◆情意捷思：在情緒影響下，做出判斷的現象。

[042]

那個男的是B型？那我絕對不要跟他交往！

確認偏誤 Confirmation Bias

定義 **接受與自己信念一致的資訊，無視與自己信念不一致的資訊。也就是說，為了證明自己的想法，犯下認知扭曲的現象。不管客觀上什麼是正確的，只堅守自己相信的，因此又稱為「我方偏見」（Myside Bias）。**

掉進確認偏誤時，無視資訊是否為事實，只依據和自己的想法或信念是否一致，來評價與處理資訊的價值。因此就算別人再怎麼指責，支持自己信念的資訊只不過是胡說八道，或者與自己信念相反的資訊明白擺在眼前，還是難以從確認偏誤中脫身。

美國史丹佛大學心理系洛德（Charles Lord）教授，在一九七九年的研究中證實確認偏誤。研究團隊召募實驗參加者，主要是對犯罪處刑有主觀意見的人。實驗將贊成死刑制度與反對死刑制度的參加者，分成人數相同的兩個組，讓他們閱讀兩份研究報告。一份是美國有死刑與沒有死刑制度的州的比較報告書，另一份是研究導入死刑制度之前與之後的比較報告書。研究團隊在參加者閱讀過兩份報告書後，請他們評價這些研究做得好不好、報告書寫得好不好，再以問卷調查他們是否改變了見解。事實上，這些研究報告書不是實際的報告，而是虛構的。

在洛德的研究中，要注意的重點不是參加者閱讀了兩份一樣的研究報告書，而是研究團隊示意他們，兩份報告書中，有一份顯示死刑制度有效果，另外一份則否，之後兩份報告書就對參加者產生不同影響。換句話說，參加者是根據自己對刑罰的主觀意見，來評價研究報告書。與自己主張相符的資訊，很輕易就讓它過關，對相反的資訊則採取極高的判斷標準，試圖找出問題點。結果，即使是同一份報告書，當研究團隊說它是死刑制度有效的報告書時，反對死刑論者便無視內容，而贊成死刑論者則更記得內容，而且愈仔細閱讀報告書，愈會以先入爲主的觀念處理資訊，最終強化自己的態度。所以，確認偏誤和事實與否無關，它不是從資訊的差異中產生的，而是來自最初的信念差異。

美國心理學者蘇瑟蘭（Stuart Sutherland）與齊達（Thomas Kida）分析，美國

遭受日本攻擊珍珠港而無力回擊，就是因爲當時美國的司令官金梅爾（Husband E. Kimmel）的確認偏誤所造成的。當時，日本朝向珍珠港的兵力增加，並進行各種訓練，各處都呈現進攻的徵兆。但是金梅爾認爲日本哪有膽子敢攻擊美國，無視那些徵兆，沒有做出任何防備。最後就如我們所知道的，美國承受了巨大損傷，在歷史上記下一筆。

確認偏誤是創造陰謀論的主嫌。人們不斷提起約翰．甘迺迪（John F. Kennedy）的暗殺謎團，或是關於九一一恐攻的陰謀論，看那些資料會發現，就像已經寫好腳本一樣，前後事件密切吻合，因此容易讓人信以爲眞。但是這些資料排除其他衆多可能性，只將實際發生的事件取一部分編輯而成，或更近似胡亂編排未經確認的事件。掉進陰謀論後難以脫身，就是因爲確認偏誤，會因爲相信那就是事實，而排除或輕視其他資訊。

世界上錯誤的假知識不會消失的理由，也是因爲確認偏誤。舉例來說，雖然血型跟個性的關聯沒有任何科學證據，但人們會根據血型逐條列舉個性，就像重要的心理學理論一樣，說得頭頭是道。相信血型和個性有關係，可以根據血型將人們分類，據以猜測人們的行動，無視其他的可靠資訊。對認爲B型男人個性很差的人來說，即使親眼見到親切的B型男人也沒有用，會認爲他是例外而排除，或是曲解爲他只是偶然親切，最後還是會顯露本性。一邊閱讀血型心理學的書，一邊認爲就是這樣，也是因爲先入爲主認爲血型和個性有關聯，或是期待有關聯，而在這種心態下選擇書的讀者，因爲確認偏誤的作用，所以能在書中輕易發現符合自己信念的證據。

另一個例子是所謂的「滿月效應」（Lunar Effect）。滿月效應會將特定事件與滿月進行連結。例如，相信滿月的夜晚會事故頻發的人，在滿月當天只注意發生的事故，無視其他期間發生的事故，同時更鞏固滿月與事故有密切關係的想法。這種信念會讓人反覆蒐集相關的資訊——滿月時人們的情緒會產生變化、滿月升起時狼人會出現、月光會讓注意力渙散等等。雖然是難以確知是否爲事實，或是難以連結在一起的事情，但對有先入觀念的人來說，看起來都像寶庫一樣，能夠證明自己的信念確實無誤。（請參考097錯覺相關）

產生確認偏誤的根本原因，是人類的認知特性。人類無法同時處理各種資訊，在認知上有局限，無法總是綜合處理全部資訊，所以會在有限的認知容量內，執著於容易處理的資訊片段。（請參考001可得性捷思）然後根據自己既有的習慣，不假思索地處理資訊片段，因此會注意和自己的主見、信念、假設等，沒有衝突的資訊。結果，人們因爲確認偏誤的關係，「以穩固的相信產生穩固的事實」，而不是因爲看到穩固的事實，而產生穩固的相信。

參考項目

◆過度自信謬誤：高估自己的能力、狀態、控制力、事情的範圍、成果等。

◆一廂情願偏誤：沒有具體的根據，只是因為喜歡肯定的結論，所以按照自己相信的肯定結論進行思考。

◆自我應驗預言（Self-fulfilling Prophecy）：周遭的人預言或期待行為者如何行動，對行為者造成影響，結果做出預期般的行動。又稱為比馬龍效應（Pygmalion Effect）、羅森塔爾效應（Rosenthal Effect）、自我預言。確認偏誤是蒐集能強化自己信念的資訊，並相信自己的信念就是現實；自我應驗預言是以自己的信念為基礎，結果造就了現實，兩者是不同的概念。

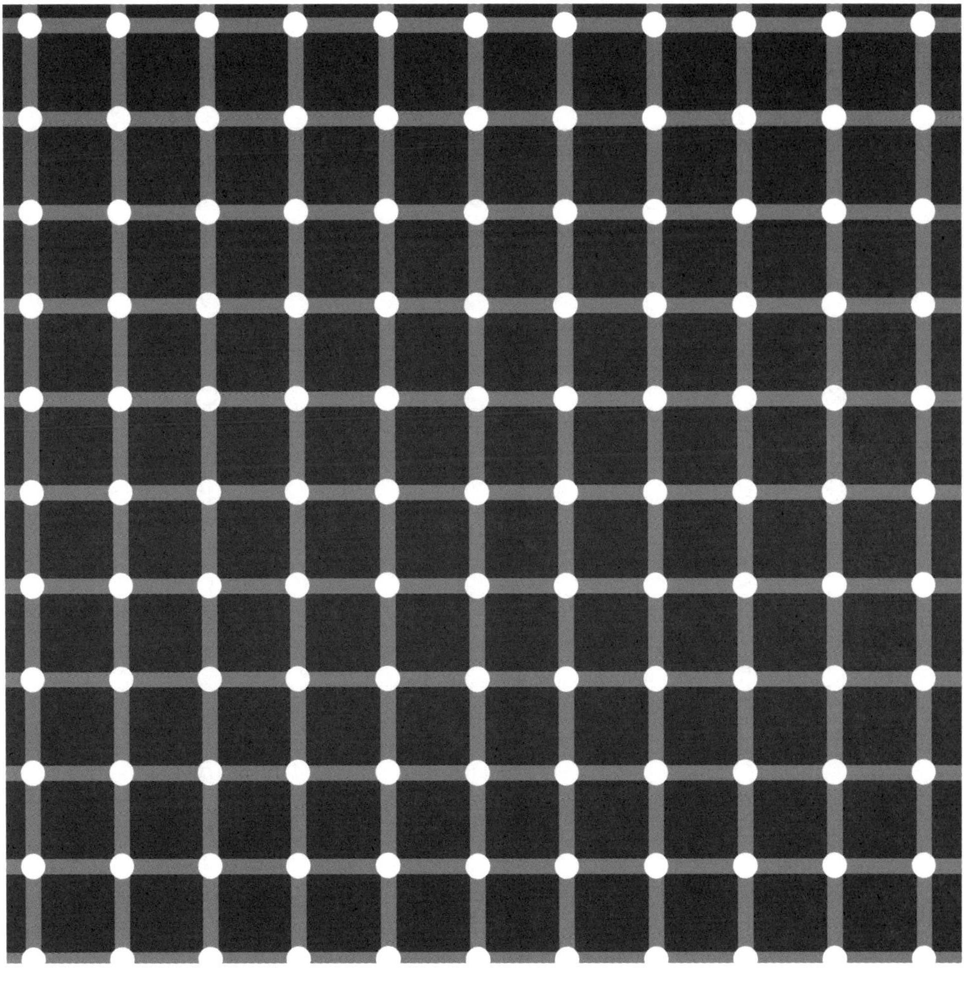

02

影響信念的偏誤

〔043〕

刻板印象 Stereotyping

穿上粉紅色衣服，看起來就像公主

定義 不將個人或單項資訊，視為獨立的個體，而是將其一般化為團體或特定類型看待。刻板印象是以自己的信念為基礎，將現有資訊單純化處理而產生的偏誤。

當對象有明顯的特徵，而這個特徵和自己原有的假設一致時，就會以刻板印象來處理資訊，例如，看到穿粉紅色衣服（特徵）的小孩，就判斷是女生。以這種刻板印象處理資訊的話，速度雖然快，但是犯下單純化或過度一般化的錯，容易引發問題。因爲可能是爸媽覺得粉紅色很好看，而讓小男生穿上。相反地，雖然是小女孩，但是只看了衣服的顏色就說：「眞是個將軍之才啊！」都是刻板印象帶來的尷尬情況。

根據刻板印象的次分類模式（Subtyping Model），在一個刻板印象中，能再放進其他細部的刻板印象。就算新資訊與既有的刻板印象相悖，仍不會改變既有的刻板印象，而是加進新的刻板印象。舉例來說，假設有個美國人懷有韓國人很自私的刻板印象，有一天他造訪了韓國鄉村，感受到濃厚的人情，之後他會做出「韓國的鄉下人，人情味很濃厚」的細部刻板印象，同時加強韓國都市人很自私的既有刻板印象。

如同刻板印象一詞字面上的意義，它是不會輕易改變的。即使接觸到與刻板印象相悖的資訊，也會以選擇性知覺，或是確認偏誤維護刻板印象。但也不是完全沒有改變刻板印象的方法，極具衝擊性的證據擺在面前時，可能改變刻板印象。就像本來認爲戰爭在所難免而參戰的人，在戰場上勉強撿回一條命活下來之後，成了反戰主義者一樣。不過這種極端的事例，在現實中沒那麼多。

比起想一口氣改變全部，更應該使用「分段克服」策略，也就是將刻板印象分成更小的觀念，一點一點地改變。假設有人陷入地區情結，仇視其他地區的男人，那麼告訴他該地區孩童或女人的相關資訊，誘導他產生其他信念，就可以慢慢改變他的刻板印象。與人種、國家、性別、企業、鄰居、自己所屬的團體等相關的偏見也是一樣。

我們會對可以分類的對象產生刻板印象，但因爲偏誤盲點的關係，察覺不到自己陷入刻板印象。刻板印象根源於自己的信念，不想掉進刻板印象中的話，就要檢視自己的信念是否妥當，努力將認知對象視爲獨立的個體，如實判斷個體的本質。

相反地，當有人以刻板印象看待自己時，則必須掌握造成對方有刻板印象的原因，告訴對方自己並不是那樣，強調差異性，才能防止因刻板印象而受害。

參考項目

◆選擇性知覺：不是客觀、如實地接收並處理外部資訊，而是選擇性地接收、處理和自己的信念或想法一致，或對自己有利的部分。

◆確認偏誤：根據自己的成見，按照自己相信的方式處理資訊。

◆偏見盲點：本人已陷入偏誤中而不自知，也就是「對認知偏誤的認知偏誤」。

〔044〕

因爲特價才買的！

過度辨證效應 Overjustification Effect

定義 **對自己的某項行動，不是從內在慾望或個性等當中尋找理由，而是尋找醒目的報酬等外在動機。又稱為「過度正當化效果」。**

根據美國心理學者格林（David Greene）、史登伯格（Betty Sternberg）、列波（Mark Lepper）博士在一九七六年的研究發現，人們從幼年開始便具有過度辨證的傾向。他們在一項實驗中，讓小學生進行平常經常玩的數學遊戲，並在一段時間後，根據遊戲玩得好不好，給予獎勵。結果小學生在得到獎勵後，立刻就不玩了。是因爲突然厭倦遊戲了嗎？

研究團隊說明，是因爲過度辨證效應的關係才不繼續玩遊戲。在拿到獎勵之前，本來是饒富興致享受數學遊戲，但因爲根據遊戲結果得到了獎勵，所以認爲自己的行動，從一開始就是期待回報而進行的行動，因而在得到獎勵後，就沒有繼續玩的必要。也就是說，學生對於行動的原因，不是從內在的樂趣中思考，而是用眼睛可以確認的外在獎勵，將自己的行爲合理化。產生這種扭曲的心理作用，在認知失調（Cognitive Dissonance）偏誤中也能發現。但不同的是，認知失調是從尋找內在理由的變化所產生，而非外在動機。

過度辨證效應在日常中經常發生。舉個簡單的例子吧！A順路去了趟自己喜歡的名牌店，偶然看到了一個廣告，內容是會員限定的特別折扣。A心想這是哪來的鴻運呀！立刻挑選衣服採購，並在結帳離開後（忘記自己當初爲什麼踏進這個地方），認爲是因爲折扣活動的關係才買衣服的。

A將自己的購買行動合理化時，使用了過度辨證效應，這對賣東西的企業來說是非常有效的一張牌，但是這種誘導購買的方式，對企業而言並非萬靈丹。因爲就像拿到獎勵後，立刻放棄遊戲不玩的小學生一樣，它沒有強化對品牌的忠誠度，反而養成只在有折扣時才下手的消費模式，或是乾脆變心到其他給予更多折扣的品牌。

如果各位所處的位置，能給予外在獎勵的話，必須眞摯思考過度辨證效應，因爲它可能反而會使內在動機變得低落。要長期誘導對方的行動時，不一定需要華麗的獎勵，不妨認真考慮對方想要的東西再給予。在前面的實驗中，孩子在遊戲中表現優異時，比起給予獎勵，如果提議一起玩更有趣的遊戲，孩子就不會立刻放棄遊戲不玩了。若能掌握與內在動機相連結的事物，即使不是物理上摸得到的報酬，以微笑之類的抽象反應，甚至只用極小的報酬，就能夠誘導人們的行動。

參考項目

◆認知失調：做了和自己的信念不一致的行動後，為了脫離負面情緒而改變信念。

〔045〕

過度自信謬誤 Overconfidence Bias

爲什麼A⁺巨人也會倒下

定義 **高估自己的能力、狀態、控制力、事情的範圍、成果等。人們對自己實際上具有的事物，有著不正確的信任（過度自信），因此總是陷入錯覺中。**

意指高估自己時，產生了過度的自信感。根據一九六〇年美國心理學者亞當斯夫婦（P. A. Adams & J. K Adams）的研究，人們自認爲沒有拼字錯誤、百分之百正確的文章，分析後發現只有百分之八十是正確的，等於是將自己的能力高估了百分之二十。與此相似的研究案例有很多，例如美國心理學者菲施霍夫（Baruch Fischhoff）在一九七七年的研究，在回答一般常識問題時，認爲自己會獲得滿分一百分的實驗參加者，實際上得分只有七十到八十分。

過度的自信感會對其他偏誤造成影響，如規畫謬誤、控制錯覺等。也就是說，過度的自信感會讓自己高估事情處理速度或分配能力，而把日程訂得太緊迫，即使是自己控制不了的事情，也錯估自己可以控制。

美國心理學者奧斯坎普（**Stuart Oskamp**）博士，在一九六五年的研究指出，擁有愈多資訊，愈容易陷入過度自信謬誤。在參加實驗的大學生中，愈是接觸到更多相關資訊的人，對自己判斷的確信程度，比具有較少資訊的學生更強。在公司中，因爲升遷後比之前接觸到更多資訊，產生了過度自信，一直提出自己的主張，或是勉強推動工作，而傳出「升官之後人就變了」的不滿聲，這都是過度自信謬誤造成的現象。

即使是運氣好而發生的事情，也會因爲過度自信謬誤，錯以爲是自己的能力，得出理所當然的成果。第二次世界大戰時山本五十六突襲珍珠港成功而志得意滿，低估了對手，導致在中途島海戰中大敗，將戰局主導權讓給美國。行事傲慢的他，彷彿認爲自己做任何事都會成功，籌畫了自己無法承擔的大事，結果帶來一場大災難。

一步登天的人在飛黃騰達後一敗塗地，或無法解決問題而跌入谷底，都是因爲過度自信謬誤、誤判情勢的緣故。美國著名的管理諮商專家柯林斯（**Jim Collins**）在《爲什麼A+巨人也會倒下》（*How the Mighty Fall*）一書中批判，企業開始衰落的原因，往往是領導者的傲慢或過度的自信感。

有自信感是件好事，問題出在太過度。過度的自信感會給個人帶來不幸，貸款過多、信用卡刷爆等，都是代表性例子。有時候覺得自己能力過人，認為所有人都會認同自己的能力，在這種錯覺下丟了辭呈一走了之，結果長時間失業，痛苦度日。此外，過度的自信感會消耗大量的情緒，讓人立刻屈膝投降，例如看起來很有自信的人，突然罹患憂鬱症，或變成厭世主義者。

不切實際的自信感並非生命的本錢，而是詛咒，我們必須確實判斷自己的能力。話雖然這麼說，但故意貶低自己，陷入憂鬱中自找危險，也不可取，高估或低估都會產生問題。自我評價容易產生曲解，所以必須努力透過各種管道，傾聽別人的評價與意見，綜合掌握自己的能力、表現和特性等，就能防止過度自信謬誤帶來的損害。

參考項目

◆規畫謬誤：在進行某件事並訂立計畫時，過於樂觀而低估所需時間。

◆控制錯覺：對自己的控制力有不切實際期待的現象。

〔046〕

訴諸權威謬誤 Appeal to Authority Bias

專家說的話，聽起來就是不一樣

定義 光以「權威者的主張」這個理由，就認為內容屬實。權威源自於專業性、知名度、權勢等各種因素，但並沒有讓謊言搖身一變成為事實的力量。不過人們不會仔細檢視權威者的主張是否妥當，而是在權威的影響下進行判斷。又稱為「訴諸錯誤權威謬誤」（**Appeal to Misleading Authority Fallacy**）、「訴諸權威」（**Argument from Authority**）。

有時候，雖然是與自己想法不同而難以贊同的話，但如果那些話出自權威人士之口，便會輕易相信了。朋友或是不如自己的人說出來的話，會認真大加批判，但如果是權威者所說的，卻能輕易接受，這是因爲受權威抑制，沒有好好檢視內容的妥當性。

廣告與電視節目十分活用訴諸權威謬誤。廣告中請牙科醫生代言，鼓吹購買被批評爲對牙齒及下巴不好的口香糖。如果代言的只是該產品的忠誠愛好者，表示「對牙齒眞的有幫助」，觀衆會反駁說：「你說口香糖對牙齒有好處？說得跟眞的一樣。」然後忽略這個廣告。

在電視廣告中，即使不是那個領域的專家，只是某個大學的教授或博士，也能侃侃而談，因爲廣告商知道，觀衆不會先計較對方的專業性後，才接受訊息，而是因爲有權威，所以會輕易接受廣告訊息。因此，有時候內科醫學博士會出現在晨間節目中，大談精神科疾病，甚至評論政治、社會問題。

權威也會基於「知名」這個理由而產生。對於知名人士（特別是藝人）曾去過的餐廳，總之先相信是美食名店，然後就去光顧。甚至在連續劇中飾演權威醫師角色的演員，出現在藥品廣告中推薦藥物，人們也毫不疑心地相信並購買，還眞是奇觀啊。

想擺脫訴諸權威謬誤的話，需要有細心的注意力。第一，必須觀察權威者的權威是否值得認同。相信專家或是看重他的意見，只是因爲他在專業領域中，經過妥當的思考過程而提出意見。但如果不是這樣，意見無法反映專業性的話，也就沒有特別需要尊重的理由了。

第二，專家指的是在特定領域有許多知識與經驗的人，但基本上也是自我主觀非常強烈的人。也就是說，專家很有可能會傾向自己喜歡的特定方向進行論述。此外，他不是代表該領域的專家，他的意見只不過是個人意見。所以比起無條件相信並遵從，更要細心觀察是否有偏誤。

第三，必須由自己決定的問題，是否需要權威者的意見，也需要仔細審視。例如，選擇餐廳填飽肚子一事，是否需要飲食專家或藝人的認證？總統選舉時，是否有必要聽信電視上律師的專業評論等。

〔047〕

因爲我很努力，所以一定會成功

樂觀偏誤 Optimism Bias

定義 **雖然沒有明確根據，但對未來感到樂觀的現象。對於自己計畫的事情，理所當然認為會成功，而不會失敗。比起負面結果，更預想會得到正面結果。又稱為「樂觀權宜」、「樂觀主義偏誤」。**

在樂觀偏誤中，傾向高估正面事件發生的可能性，以及低估負面事件發生的可能性。會這樣曲解處理資訊，是因爲人們陷入優越感偏誤，認爲自己的能力比一般人好的關係。

除了個人，樂觀偏誤也會對團體造成很大影響。在某個事件發生時，盲目認爲事情會往正面的方向進行，給予不切實際的期待感，是造成應對遲緩的原因，進而造成費用與損失增加、利益減少，無法得到本來樂觀期待的正面結果。二〇〇七年美國受到次級房貸風暴的影響，急速遭遇經濟危機，就是樂觀偏誤的受害案例之一。即使當時美國持續經濟不景氣，但別說是儲蓄或其他防備措施，不動產購買與貸款反而增加，因而面臨危機。許多人直到二〇〇七年金融市場沒落之前，都對未來抱有樂觀的想法，但接連發生的各種負面事件，像海嘯般吞噬了華爾街與世界經濟。

一九八〇年，美國亞利桑那大學心理學溫斯坦（Neil D. Weinstein）教授對兩百名以上的大學生進行了實驗。他請學生想出與其他人有區別、只有自己會經歷的四十二種事件，並請他們預測這些事件發生的可能性。大多數學生認為，自己身上發生的好事會比一般人多，不好的事件則比一般人少。

在後續研究中，溫斯坦教授另外選出一百二十名女性實驗參加者進行分析。結果，人們要不是相信自己擁有許多特質，能達到不切實際的成果，就是因為專注在這種想法上，陷進不切實際的樂觀裡。

樂觀是好事，問題出在不切實際。造成樂觀偏誤的問題點，不是因為正面看待生活的視角不好，而是因為期待毫無根據的樂觀成果。想得到正面成果的話，就要付出相對的努力與投資，沒有這麼做就盲目期望能有正面成果，就是不切實際。

樂觀偏誤對我們生活造成的影響，在周遭就能輕易發現。在綜合醫院中很容易聽到患者說：「我不知道情況會變成這樣。」低估了壞事發生的可能性。交通事故的傷者也會說，不敢相信自己居然遭遇事故，就算國內其實交通事故發生率極高也一樣。

人們在貸款時，總是認爲自己有充分能力可以償還，實際上卻有很高的機率在貸款的重擔下掙扎。若能注意到家庭負債持續增加就能客觀醒悟，但人們卻認爲自己不會那麼慘，抱著不切實際的樂觀希望。

在考試之前對成績樂觀的學生，收到成績單後抑鬱寡歡，是因爲高估自己的能力，也低估別人的實力。學校考試成績好的話，也對順利就業抱有期待，但在面試場合中，面試官丟來的突發問題與學校考試，完全是兩回事。

若陷入樂觀偏誤，將日程抓得比實際所需還要短，結果容易陷入規畫謬誤，搞砸事情。必須要確切掌握自己的能力、客觀判斷情況、做出充分的準備，才能得到眞正的好成果。光是努力作夢是沒用的，必須要認眞行動才能實現夢想。

參考項目

◆規畫謬誤：在進行某件事並訂立計畫時，過於樂觀而低估所需時間。

◆優越感偏誤：認為自己的正面特性，如能力、品性等比一般人多，同時認為自己的負面特性比一般人少。

◆悲觀偏誤（Pessimism Bias）：對於發生可能性低的災難或事故等不好的事件，高估發生機率，且低估自己的應對能力。樂觀偏誤和悲觀偏誤都曲解了事件發生的可能性與自己的能力，但曲解方向是相反的。與悲觀偏誤相比，有時候樂觀偏誤帶來的損害更大。

〔048〕

我非常了解自己

內省錯覺 Introspection Illusion

定義 自我評價時，高估自我觀察力的現象。人們因為信賴自己，所以認為即使沒有外在資訊的幫助，透過觀察自己想法的主觀式觀察，在自我評價上便已綽綽有餘。相反地，因為他人不可信賴，所以必須透過客觀資訊（如他人的行動）才能評價。又稱為「自我觀察錯覺」。

基本歸因謬誤（Fundamental Attribution Error）指的是，當自己發生負面結果時，不會反省自己，而是尋找環境因素；如果是他人發生負面結果，便責怪他人有問題。自利偏誤是將事情的結果，往對自己有利的方向解釋；內省錯覺的特徵則是，不管事件的結果是正面或負面，在評價自己與他人的方法上有差異。

內省錯覺產生於判斷自己的想法、感情、動機、意圖等心理時。雖然本人最了解自己，擁有最多與自己相關的資訊，但如果太過執著，認爲自己的內省（自我觀察）最能正確評價自己，就會產生內省錯覺。因爲，我們在自我觀察時，比起洞察全部資訊，更常以部分較突出的資訊爲中心進行判斷。此外，信任自我的內省能力，卻不相信其他人有同樣的內省能力，呈現相斥的矛盾，進而產生嚴重的內省錯覺。內省錯覺只要稍不注意，就會與錯誤的自信感相連結，認爲自己的觀察力比其他人更優越，可能會在人際關係上釀成衝突。

人們認爲直接觀察內心的話，就能好好了解自己的心理，但是根據認知失調理論，人們對於引發自己行動的心理狀態，經常做出與事實相反的結論。美國密西根大學心理系尼斯貝特（Richard Nisbett）與威爾森（Timothy D. Wilson）博士，在一九七七年的研究中，給予受試者各自不同的問題，請他們提出解決問題的點子。在解決問題後，詢問受試者爲什麼會想到特定點子，請他們將腦中浮現的想法誠實地說出來。受試者絞盡腦汁回想，說明想出點子的根據。

研究團隊將受試者說的話記錄下來分析，卻發現他們根本不知道自己的點子從何而來。也就是說，受試者連是否有人給予提示才想出點子都不確定。所以究竟是外界的提示刺激思考，還是自己本來就知道的點子，受試者都無法確實區別出來。研究團隊如此說明實驗結果——人們對於自己腦袋中發生的事情，不像自己所想的那樣，可以清楚確認。

二〇〇六年倫敦大學學院認知學系約翰生（Peter Johansson）博士與同事，從尼斯貝特與威爾森博士的研究中得到靈感，進行了選擇盲視（Choice Blindness）的實驗，這也是內省錯覺的一種。比如說，本來想要的是A，可是當別人給了你B之後，就找各種理由說B更好，然後認爲自己本來就想要B。

研究團隊讓受試者看了兩張女子的照片，請他們判斷誰比較有魅力。然後請他們更詳細觀察自己選擇的照片，並立刻說明選擇的理由。實驗中更換不同照片，反覆進行了十六次。但其實在這十六次當中，研究團隊有三次偷偷地將受試者選擇的照片掉包。也就是說，受試者手上拿到的是當初捨棄的照片，卻要說明選擇的理由。

實驗結果非常有趣。大多數受試者連照片被調包了都不知道，振振有辭地舉出理由，說明自己爲什麼選了那張照片。比如說出：「我本來就喜歡金髮，所以中意這個女生。」其實受試者本來選擇的是黑髮女性，卻捏造理由說明自己的喜好模式，而且本人也相信，自己是因爲喜歡金髮才選擇的。

我們總是認爲如果發生這種變化的話，自己立刻就會察覺。約翰生博士等人在實驗結束後詢問受試者，如果實驗中照片被掉包的話能夠察覺嗎，有百分之八十四的受試者回答當然會發現。但實際上絕大多數的受試者（百分之七十五）沒有察覺自己選的照片，被掉包了這件事。有趣的是，讓他們再次觀看照片，給他們更多時間說明理由的話，受試者愈能提出詳細的中意理由，即使他們手上的是當初本人捨棄的那張照片也一樣。

受試者本人認爲，自己很明確知道選擇照片的理由。不只對獲選對象（事實上是自己捨棄的對象）喜愛的情緒狀態，甚至連爲什麼討厭落選對象（事實上是自己一開始選的對象），都能清楚說明。以結論來看的話，相信自己的內省能力導致了偏誤。

心理學者透過問卷、實驗或訪談，進行各種心理調查，請受試者透過內省陳述自己的心理狀態。如果內省這麼無法相信，那麼對於以內省爲基礎所得出的研究結果，就務必要小心了。即使自己的內省是正確的，基本上還是有局限。內省只能接近意識領域，對於心理邊界的無意識領域，或已自動化的心理資訊處理領域，是無法認知到的。

所以，在日常生活中詢問對方心理狀態時，不要太依賴對方的回答會比較好，因爲對方可能在連自己都不清楚的狀態下，做出回答。

參考項目

◆基本歸因謬誤：別人犯錯時，責怪對方的個性（內在因素），自己犯錯時，則責怪情況（外在因素）的心理現象。

◆自利偏誤：以偏向自己、對自己有利的方式曲解資訊。

◆認知失調：做了和自己的信念不一致的行動後，為了擺脫負面情緒而改變信念。

049

其他的都不重要，只要這個好就夠了

單純思考效應 Mere Thought Effect

定義 **在單純的思考下，感覺特定對象更有意義和重要。對特定對象的思緒愈集中，其他對象相對而言變得愈渺小，提高了極端行動的可能性。**

單純思考效應指的是，光是透過反覆思考，就對特定對象的態度變得更極端。不過之後若經過長時間的深思熟慮，會領悟到該對象並沒有那麼了不起，甚至多少會反過來將感受降到比實際還低，改變原本極端的態度。

美國喬治亞大學心理系泰瑟（Abraham Tesser）教授，在一九七八年進行了實驗，將實驗者分為兩人一組，請其中一方想著夥伴的優點，另外一方想著夥伴的缺點，證明了單純思考效應。實驗結果發現，想著夥伴優點的一方會對夥伴表現出善意，相反地，想著缺點的那方會對夥伴極有敵意。

研究團隊說明，單純思考是讓思緒集中在特定對象上，產生特別的認知，進而喚起對對方的極端情感。也就是說，透過單純的思考，也能形成極端的態度。比如說，曾經要死要活地迷戀特定藝人或物品，經過一段時間後，也會歪頭困惑自己爲什麼會那樣，之後就不再特別關心。

單純思考效應經常被用在行銷或政治標語上。平常沒什麼特別想法的事情，透過廣告或宣傳反覆聽到：「您對這個問題（服務或產品）是怎麼想的？」開始認爲該問題（服務或產品）很重要，反應也變得更極端。

在日常生活中，想說服對方時，只要一直拋出疑問或訊息，讓對方想起各位想表達的主題就可以了。如此一來，可以減少對方想起其他事物的機會，變得只專注在特定事物上，就像被什麼迷住一樣，能夠引導出扭曲的反應。電視購物廣告中，不給人想起其他事物的空檔，不停強調商品的特點或購買優惠，也是因爲單純思考效應的關係。

企圖使用單純思考效應的人，會將對方推到隧道的入口，這樣才能讓兩側被牆壁擋住，只能往前走，導向極端的情況。所以如果不想因單純思考效應而受害，最好有時間深思熟慮後，努力尋找其他方案或對象。養成追求多樣性、深思熟慮的習慣，就能防止因單純思考效應而受害。

參考項目

◆單純曝光效應：反覆曝光、累積熟悉度後，對對方更有好感的現象。簡單來說，就是愈常看就愈喜歡的現象。巴黎的艾菲爾鐵塔就是個很好的例子。艾菲爾鐵塔的高度達三百公尺高，在巴黎市區內任何地方都看得到。一八八九年發表建設計畫時，因為鐵製建築物與巴黎的氛圍不合，而遭到嚴重反對。但是在艾菲爾鐵塔建造完成後，反應就變了。因為一睜眼就能看到鐵塔，巴黎市民漸漸產生好感，開始極力稱讚，因此這個效果又稱為艾菲爾塔效應。

[050]

特例假設 Ad Hoc Hypothesis

本來是要去跟算命師理論的，爲什麼反而又付了算命費

定義 為了迴避和自己的信念或理論相悖的事實，臨時做出煞有其事的假設。意指為了讓自己既有的理論合理化，不斷修補假設以對應現實。**Ad Hoc**在拉丁文中是「為了特定目的」的意思，衍生意指發生某件事時，根據當時的情況變化，做出反應的臨機應變。又稱為「臨時假設偏誤」、「臨時變通假設」、「臨時權宜假設」、「補救假設等」。

特例假設經常可在僞科學家的理論或前科學的研究中看到，代表性的案例是生理

節律理論（Biorhythm Theory）。生理節律理論指的是，人體有身體、情感、智力三個週期，以出生那天爲起點，身體的週期是二十三天、情感的週期是二十八天、智力的週期是三十三天，產生上升或下降的波動。

實際觀察後發現，雖然有人符合生理節律的週期，卻有更多人與週期節律不相符，但生理節律理論者不肯承認這個事實，只將與節律不符的人另做分類，不在生理節律理論範疇中討論。

甚至還有研究人員宣稱，可以透過生理節律預測胎兒的性別。美國華盛頓大學社會系班布里奇（William S. Bainbridge）教授，比較生理節律專家的預測與出生胎兒的實際性別，得出預測準確度只有百分之五十。比起研究生理節律的複雜模式，以丟銅板看是正面還是反面來預測，結果也差不多。班布里奇教授一發表這個研究結果後，生理節律專家開始納入其他變數，例如不知道小孩是否有同性戀傾向等，然後主張自己的理論是對的。以這種方式巧妙減輕反對證據的效果，將理論正當化，這就是特例假設的特徵。

在生活中，最常看到特例假設的地方就是算命占卜。算命師說得好像知道所有事情一樣，但如果他們預測錯誤，便開始找誠心不足、有不淨的邪氣、沒有祭拜凍死的祖先等各種藉口，爲預測失靈開脫。或是用煞有其事的說明，創造出新的假設，絕對不會承認是自己預測錯誤。如果可以這樣自圓其說，那在預測走偏之前為什麼不先說呢？如果這樣質疑的話，算命師便會說：「天機不可洩漏。」並再找一個相符的藉口。這樣的話，自己的信念既穩固又堂而皇之，一有破綻的地方就可以立刻修補。

參考項目

◆確認偏誤：根據自己的成見，按照自己相信的方式處理資訊。

〔051〕

報紙上的今日運勢，好像就是在說我

巴納姆效應 Barnum Effect

定義 將人們普遍擁有的心理或性格，認為是自己獨有的特性。簡單來說就是主觀驗證（**Subjective Validation**，或稱個人驗證效應）。巴納姆效應一詞源自美國馬戲團經紀人兼演出者巴納姆（**P. T. Barnum**）的姓氏，實際上他與這個效應並沒有關係，只是心理學者米爾（**Paul Meehl**）借用他的名字，介紹這個效應，後來才沿用下來。學者佛瑞以實驗證明了巴納姆效應，因此又稱為佛瑞效應（**Forer Effect**）。

一九四九年，美國心理學者佛瑞（Bertram R. Forer）利用性格檢測結果進行了一項實驗，讓我們來看看以下的性格檢測結果：

> 您希望別人喜歡您並尊敬您，至今仍傾向自我批判和審視。雖然個性上有缺點，但能夠克服缺點。具有潛藏的優秀能力，外在看起來有節制力，並能自我克制，不過內心仍會擔心與不安。有時候也會深深苦惱：「我做出了正確的決定嗎？我的行動正確嗎？」喜歡某種程度的變化與多元，討厭被規則或規定綁住。別人的主張沒有充分證據時，自己不會接受，自豪是個獨立思考的人。個性有時候外向，人緣很好，但有時候內向且沉默寡言。懷抱的希望中，有一部分不切實際。

在說明實驗內容之前，有一件事要先澄清。筆者無意在本書中對各位做性格檢測，但讀了上面的內容之後，一定有人覺得和自己的性格十分相符，而這正是巴納姆效應。因爲根本沒有讓各位進行性格檢測，所以不可能有準確度。

佛瑞以學生爲對象進行了性格檢測後，不論實際的結果爲何，都告知所有學生上面的內容，並請他們以零到五分評價符不符合自己。計算後平均爲四點二六分，反映出受試者覺得內容確切指出自己的性格。

巴納姆效應在一般性的資訊上，尤其常見。換句話說，這是在內容上沒有什麼特別可以反對時產生的現象。對於曖昧不清的資訊，也會產生巴納姆效應，因爲讀者會主動詮釋內容，賦予不明確的內容意義，以便符合自己的理解。

看到報紙上的今日運勢，覺得對自己特別有意義，也是因爲巴納姆效應的關係。只要想想讀者當中同年出生的人有多少，就能輕易知道，閱讀那種文章後認爲正好完全命中自己的命運，是件多麼荒誕的事了。

參考項目

◆確認偏誤：根據自己的成見，按照自己相信的方式處理資訊。

052

天使般的行動背後隱藏的壞本性

社會期許偏誤 Social Desirability Bias

定義 人們在行動或表達意見時，不會直接誠實表現，而是配合社會期許的價值，加以調整後再表現出來，也就是會往讓他人有好感的方向回應的傾向。

「社會期許」指的是社會上認爲值得讚美，鼓勵個人去做的想法或行動。人們總是想得到他人的正面評價，因此誇張地表現社會所期許的行動或意見，對於不好的行動或意見則乾脆不談論，或減少談論。社會期許偏誤在使用自我報告（Self-reports）方法的研究，特別是各種問卷調查研究中影響極大，讓有關社會現象的輿論調查預測失準，代表案例是布萊德利效應（Bradley Effect）。

布萊德利效應是源於美國選舉民調的用語。一九八二年在美國加州州長選舉中，當時身爲洛杉磯市長的布萊德利（Thomas Bradley）以民主黨候選人身分參選。他在輿論調查與出口民調中，都領先共和黨候選人杜美金（George Deukmejian），但最後卻在選舉中落敗。學者從各個角度，分析這個始料未及的結果。

美國加州大學柏克萊分校亨利（Charles Henry）教授，透過一九八三年的研究做出結論——民主黨候選人布萊德利身爲黑人這一點，影響了選舉結果。也就是說，有部分白人爲了隱藏自己的人種偏見，在投票前的各種調查中，表示支持黑人候選人，做出假的陳述。另有相當多的白人，雖然對選舉民調人員說還沒決定，或是會不分人種地支持候選人，但實際投票時卻投給白人候選人。在投票後的出口民調中，也可能難以對調查員說，自己是根據人種來投票。因此選舉前後的各種調查中，本來預期會勝出的候選人，實際上卻敗選。換句話說，因爲種族歧視主義者在社會上帶有負面評價，擔心被視爲種族歧視者，不想誠實表達自己的意見，因而造成了民調失準。研究團隊將這種現象根據候選人的名字，命名爲布萊德利效應。

另有主張認爲，布萊德利效應是因爲當時的民調方式不正確而產生的現象。當時共和黨候選人，也就是選舉策略負責人哈契金（Ken Khachigian）批評，進行民調的時間點選在人們想擁有個人時間的週末，或是選舉活動白熱化、顯示出效果之前，所以發生誤差的可能性很高。至於出口民調未考慮到「不在籍投票」，只是單純做統計，當然會發生誤判。

進入二〇〇〇年，美國政治因爲民調方式的進步，布萊德利效應也減少了。特別是二〇〇八年的大選中，民主黨候選人歐巴馬（Barack Obama）如同各種民調的預測，當選成爲美國第一位黑人總統，從這個例子看來，布萊德利效應現在有可能成爲無效的概念。

不過在其他地方，社會期許依舊有影響力。舉例來說，人們在回答與性相關的調查時，若被問到：「您有以賣淫／嫖妓的方式，解決性需求的經驗嗎？」容易迴避作答，或是做出假回答。因此，把這種問卷調查的結果，作爲買春、賣春實態的統計資料，極有可能無法反映實際情形。

容易引發社會期許偏誤的有墮胎、宗教、愛國、個人所得、自己的過失、暴力等各種主題。透過問卷對這類敏感的主題進行研究，研究結果容易失準。因此研究人員會使用補救措施，例如能分辨受訪者是否有根據社會期許回答的MCSD（Marlowe-Crowne Social Desirability，馬洛—康納社會期許量表）等檢查標準，此外，還有BIRD（Balanced Inventory of Desirable Responding，平衡式期許作答調查量表）、PDS（Paulhus Deception Scales）等量表。

參考項目

◆沉默螺旋：認為自己的意見屬於少數意見，害怕被多數給予負面評價或孤立，因此乾脆不陳述意見的心理。

053

購後合理化 Post-purchase Rationalization

雖然我買貴了，但是很値得

定義 **買了昂貴的物品、有缺點的物品，或者買錯東西後，將自己的購買行動合理化。**

某個東西買貴了，或是買回去之後發現有缺陷，後悔是難免的。但對自己做了後悔的決定這件事，很多消費者覺得很彆扭，因此會自我安慰，自己比便宜買到的人，受到了更好的待遇，或是這種程度的瑕疵，自己寬廣的雅量能夠忍受等，在事後合理化自己的購買決定。因爲這麼做，就可以不用承認自己做出錯誤的決定。

買東西時，在情緒亢奮的狀態下，昂貴的價格或瑕疵都入不了眼，一心只想快點得到手。但是買完帶回家，拿起發票來看時，心理亢奮已經冷卻許多，感情的認知消退，理性的認知被喚醒。追究經濟性後，後悔就悄悄襲來，這時為了壓抑負面的情緒，購後合理化便會開始作用。

購買行為已然發生，不可能改變。相反地，對購買行為的評價，現在仍可以改變。因為評價能夠改變，所以會讓評價符合已然發生的認知與行動。簡單來說，人們在認知與行動不一致的情況下，會想改變認知，盡量合理化。

舉例來說，買了最新型的手機，打電話向朋友炫耀，但朋友說自己用更便宜的價錢，買到了更新的手機，反過來向自己炫耀。聽了雖然覺得朋友賺到了，但因為自己的手機已經啓用，別無辦法，只好把自己的購買決定合理化。

然後自己會貶低地想：「你的東西雖然便宜，但一定有便宜的理由。」或是：「我的東西雖然貴，但是貴得有理。」又或者翻找在購買時，來不及考慮到的微妙設計差異、詳細功能等，認為自己做出更優越的選擇。甚至為了尋找商品的相關資訊，逛遍各個網站並留下留言，誘導其他人的附和，這正是購後合理化。

不想掉進購後合理化的陷阱並不難，事前努力以合理的方式購買就行了。不要被感情蒙蔽，比較各種方案並花時間考慮，就能做出不會後悔的決定。又或者，比起購後合理化，承認自己的錯誤決定，並把這些做成一個檢查清單，下次購買時好好活用，也是個明智的方法。

參考項目

◆認知失調：做了和自己的信念不一致的行動後，為了脫離負面情緒而改變信念。

〔054〕睡眠者效應 Sleeper Effect

廣告、宣傳人員必修！

定義 **隨著時間經過，訊息的說服效果沒有減少，反而增加的現象。特別用來說明，從信賴度低的地方發出的訊息，隨著時間說服力愈來愈高的現象。**

在不景氣持續的狀況中，政府發言人爲了提倡政府政策，表示：「經濟重振政策呈現效果，未來的經濟展望一片光明。」這些話能相信嗎？政府發言人既不是經濟專家，也沒有提出具體的數值與根據。這種發言隨時都有，所以說服力似乎很弱，但是現實中並非如此。雖然像是從信賴度低的地方發出的訊息，但是隨著時間經過，非但不會忘記那些話是從哪裡聽來的，而且記得更長久，同時訊息的信賴度也提高。十分了解這種特性的發言人，只要一有機會，就忙著宣傳對自己組織有利的話，以及放出對競爭者不利的消息。

最活用睡眠者效應的是廣告領域。連擔心有副作用的製藥公司廣告中，都會請藝人（而不是醫生）或一般消費者，現身說法藥品效果。這樣的話，經過一段時間後，消費者只會記得藥品效果的正面訊息，這是廣告裡面隱藏的策略。有些廣告比起傳遞訊息，乾脆將訊息內容本身設計得更令人震驚，以留在人們記憶中，反正資訊出處又不重要。如果比起訊息，廣告的出處更讓人印象深刻的話，就達不到廣告本來的目的。與其記得廣告模特兒、但不記得到底在廣告什麼，不如忘記廣告模特兒、但記得廣告標語，這才是廣告客戶想要的效果。

如果各位要做出某個重要的決定，就有必要搞清楚判斷的根據是什麼。不要只蒐集有魅力的資訊內容（最終結果），出處也要仔仔細細地審視，然後你就會發現，裡面包含信賴度低的訊息，乾脆無視比較好。對於社會上流傳的藝人緋聞、陰謀論等，也就是俗稱的神祕檔案，許多人一開始雖然覺得懷疑，但時間經過，也就當成眞實性好像很高的資訊接受，這也可以說是睡眠者效應的例子。

然而，有許多學者對睡眠者效應提出異議。雖然有各種生活案例及廣告案例，但在學界中，支持與反對睡眠者效應的實驗結果，兩者都有，因此一直有爭論。特別是，訊息的說服力隨著時間經過會受到各種因素影響，在沒有嚴格控管這些因素的情況下驗證效應，這種研究方法論正受到強烈批判。根據美國心理學者庫克（Thomas D. Cook）博士等批判論者的主張，睡眠者效應只在滿足下列四項條件時才會發生。

一、有足以對態度立即造成強烈影響的訊息。

例如：這個學期結束後就要畢業的A，正因日漸嚴重的失業率而苦惱，他聽到有人說明年景氣會好轉，就業率也會急增。

二、訊息中含有讓人無法正面評價訊息價值的打折線索（信賴度低的出處等），即使接觸到訊息也不會立刻產生變化。

例如：A知道關於明年景氣有光明展望的文章，是來自笑話版。

三、隨著時間經過，打折線索與訊息間產生中斷。

例如：因爲學期正式開始，A爲了準備多益、選修學分、作品展等而忙碌不已，沒有時間擔心就業。

四、打折線索與訊息間的中斷，持續時間不長，相對來說留下較多的訊息印象。

例如：學期結束後，A參加了朋友舉行的飲酒聚會。在互相分享對就業問題的苦惱後，A想到明年景氣會變好、就業率也會提高的言論，順口說了出來。朋友問：

「你是從哪裡聽來的？」A已經不記得從何得知，脫口說是滿不錯的機構發表的未來展望，所以應該可以相信。

參考項目

◆敵對媒體效應：在特定議題上持相反立場的兩個團體，對於大眾媒體的中立報導，會互相扭曲認為，該報導敵視自己的這一方。

〔055〕

信念偏誤 Belief Bias

只要結論合我的意，怎樣都對

定義 不是以邏輯分析（如三段論推理等，有一定形式的推論）或規則，而是以自己的一般知識或信念，進行評價的現象。也就是說，不是檢視做出結論的過程是否妥當，而是如果結論與自己的信念一致就判斷是對的，不一致的話就判斷是錯的。

三段論法是一種代表性的推論方式，以一定的邏輯形式進行推論。

一、所有人都會死

二、蘇格拉底是人

三、因此，蘇格拉底會死。

從大前提出發，經過小前提，達到結論的過程，從邏輯上來看沒有問題，所以上述的命題結論是眞的。但如果是下面的命題又怎麼樣呢？

四、所有人都是善良的

五、希特勒是人

六、因此，希特勒是善良的。

首先，大家可能很容易就認爲，從第四項的大前提起便難以評論眞僞。但「前提不是追究眞僞的對象」是三段論的基本主張。也就是說，從一號大前提出發的推論，達到三號結論的過程，在邏輯上是妥當的；而從四號大前提出發的推論，達到六號結論的過程一樣，因此評價也必須一樣。如果看到第二組三段論的結論時感到猶豫，或認爲該推論有錯的話，各位就是陷入信念偏誤。

三段論的構造在第一組和第二組推論中，並無二致。但是平常擁有的知識，也就是希特勒是冷酷屠殺猶太人的獨裁者，是引發世界大戰的主犯之一，這個信念與「希特勒是善良的」結論衝突，因此無法決定這個命題是不是眞的。另一方面，如果認爲希特勒是偉大的領導者，就會覺得六號的命題爲眞，但這種情況也不是根據三段論的構造得出，而是以最後的命題是否符合自己的信念來評斷，犯下了謬誤。

人們經常跳脫這種邏輯過程的妥當性，只以結論是否與自己的信念相符，就認為該結論是眞或假。「不管橫著走還是斜著走，只要到達首都就行」（比喻不管過程如何，達到目標就可以），只要結論合乎自己心意，就一定是眞理，這種想法是非常危險的偏誤。如同獨裁者無視過程、強求結果，並強調自己的信念是眞理。也就是說，信念偏誤是內心的獨裁者。獨裁者的結局是悲慘的，一定要努力將它趕出內心。

信念偏誤在生活中造成許多影響。看到經過邏輯驗證後撰寫的報告書，組長回應「這與我的想法不同」，表示無法接受報告書的結論。這不是以邏輯根據進行批判，而是因為與自己的信念不同，不願意接受。此時若是組員不去追究組長的話中達到結論的邏輯推論是否妥當，只因組長的結論與自己的結論不同而產生抗拒心理，這樣的話，組員自己也陷入了信念偏誤。

因為信念偏誤的關係，我們很難以邏輯方式，說服持不同立場的人。不管中間的推論過程再怎麼妥當，只要結論與信念相反，很容易就心生抗拒。舉例來說，因為信念偏誤的關係，很難向其他宗教的教徒宣教。對於宗教信徒來說，教義是合理又完美的邏輯，但對非信徒來說，教義邏輯無關緊要，結論（信不信教）才最重要。

然而，偶爾也會有傳教成功的時候。明智的傳教士不會急躁或是提高嗓門，比起互相確認不同的信念，他們會邀請對方一同參加活動，以對話和溝通，共同分享與信念無關的知識和經驗。之後，在想法漸漸從「對方與我」進入「我們」時，一點一點地展示理論。不是站在自己的立場傳述理論，而是逐步展示與對方的信念不同的事例。也就是說，不是表現自己的結論是對的，而是顯示對方的結論可能是錯的。這樣的話，對方的信念就會逐漸改變，然後在內心的天人交戰後，抗拒的高牆就會倒下。

避免信念偏誤而進行的說服過程，不只適用於宗教，在其他領域也可以活用。人們雖然會頑強抵抗外部的變化要求，但對發自內心的說服之聲，卻會無力地降服。

參考項目

◆結果偏誤：不是分析過去決策的妥當性，而是以當時的決策帶來了怎樣的結果為標準而判斷事情。

◆心理抗拒偏誤：若有外部的壓力，反而會更頑強抗拒。

〔056〕實用謬誤 Pragmatic Fallacy

我喝了紫菜蛋花湯後頭痛就好了，你頭痛時也喝喝看吧

定義 由於某件事順利解決，或讓自己很滿意，即主張其為事實。陷入實用謬誤的話，不在乎主張內在的原理或根據是否屬實，也不追問運轉機制，僅以最後的表面結果進行判斷。

在哲學中，實用謬誤是邏輯謬誤的代表性例子。舉例來說，「因爲自然很美，所以神一定存在」這種描述，是以實用性推測本質問題時所產生的實用謬誤。「依照生理節律調整行動的話，心情會變得輕鬆，所以生理節律理論是事實」，也是一種實用

謬誤。

沒有確實經過科學驗證的所謂替代療法，被認爲有效果，是典型的實用謬誤。舉例來說，若接受某種治療後疼痛消失，很容易會認爲治療產生了效果。但這跟喝了紫菜蛋花湯後頭痛就好了，在缺乏適當驗證的情況下，就認爲紫菜蛋花湯可以治療頭痛是一樣的。

頭痛可能是自然減緩，所以即使當時看起來有效果，究竟是不是治療發揮作用，仍然值得懷疑，而自己的經驗或別人的經驗談，也不等於就是眞理。以看到了效果爲理由，未經深思就認爲是事實，就陷入了實用謬誤。

廣告會呈現產品的卓越效用，助長實用謬誤。將維他命包裝成可以治療癌症，擦了化妝品皺紋就會消失、立刻年輕十歲，讓人們打開皮夾掏錢買單。打開產品後，雖然附有說明書，寫著警告副作用的內容或成分、效用等，但購買者根本不太會去看，或是即使看了也不會受內容影響，因爲購買者只關心有沒有效用。

莎士比亞曾說過：「結局好，一切都好。」如果把這句話改成符合實用謬誤的話，就會變成：「結局好，一切都能成爲事實。」例如，雖然對量子物理學不太清楚，但聽話使用量子物理學進行的核能開發與各種機器很有用，所以很多人認爲量子物理學的理論是事實。但在量子物理學中，理論持續在受檢驗，不斷地修改。實用與本質雖然有關係，但兩者是不同層次，請不要忘記這一點。

參考項目

◆一廂情願偏誤：沒有具體的根據，只是因為喜歡肯定的結論，所以按照自己相信的肯定結論進行思考。

〔057〕

影響力偏誤 Impact Bias

當初說沒有我的話會死，現在卻寄喜帖給我

定義 過度高估情緒事件，認為影響力比實際更強、更持久。影響力偏誤會出現在正面事件和負面事件上。又稱為「衝擊偏誤」。

以幸福研究者而聞名的美國心理學家吉爾伯特（Daniel Gilbert）教授，透過長期的研究發表了影響力偏誤。根據他的研究，從事業成功、陷入愛情、買到想要的物品、前往嚮往的地方旅行等當中，人們預期會感受到很幸福。實際上，這種正面事件帶來的情緒，比想像中的變化幅度小，且持續時間短。升遷失利、落選、家人死亡等負面事件，情緒變化幅度與持續時間也一樣。也就是說，人們無法預測自己的感情變

化，並且往往過度高估。

人們開始談戀愛時會非常喜悅，認爲這份感情會永遠持續。但人類的感情並不像想像中那麼偉大，可能會短暫湧現後消失。在與深愛的人離別後，似乎會陷入痛苦中，很長時間沒辦法好好吃飯，但幾天後飯還是吞進肚裡，這就是人。就像流行歌的歌詞一樣，因爲太愛了，離別後本以爲會因挫折與失落而步履蹣跚，但卻「不過是一瞬間的事，飯就吃得下了，也不要死要活了」。根據吉爾伯特教授的研究，在關係結束的兩個月後，人們大致上就不會在不幸的情緒中掙扎。

當自己支持的運動隊伍獲勝時，人們以爲會高興很久，但高興的強度與想像中不同，很難超過一星期。以爲找到工作後會天天沉浸在幸福中的無業人士，在就業一段時間後，就會因壓力而低頭。並不是說不會從正面事件中感受到快樂，或是不會從負面事件中感受到痛苦，只是程度不如預期而已。也就是高估事件對自己情緒造成的影響，產生了偏誤。

影響力偏誤有時也會成爲力量，讓辛苦過活的人們堅持下去。因爲，如果發生了負面事件，並與原本預想的一樣，長時間無法從強烈的悲傷中脫身的話，人們可能會做出極端的選擇。然而託影響力偏誤的福，我們才能夠快速從情緒的傷口中復原。

吉爾伯特教授認爲，產生影響力偏誤的理由是因爲資訊集中。由於將思緒專注在特定的未來事件上，同時無視其他事件的變化，所以才高估特定事件的影響力。

人生是由眾多大小事件串連而運轉，某個事件一口氣改變一切的可能性很低。活著活著會發現，有開心的事，也有難過的事，而這些事件的影響力，經常比我們預期的還要小。因此沒有必要太過擔心未來會遇到的不幸，當然反過來也是一樣。

參考項目

◆ 情意捷思：在情緒影響下，做出判斷的現象。

058

我的長相算是平均以上吧

優越感偏誤 Better-than-average Bias

定義 認為自己的正面特性，比一般人多，同時認為自己的負面特性，比一般人少。兩種特性上，都認為自己高於平均水準，也就是比一般人好，因此稱為優越感偏誤。又稱為「優於平均效應」(**Better-average-effect**)、「自我肯定偏誤」、「優勢偏誤」（**Superiority Bias**）、「烏比岡湖效應」（**Lake Wobegon Effect**）、「虛幻的優越性」（**illusory Superiority**）等。

一九七六年，在美國一項對一百人進行性向測驗的結果中，不多不少正好有百分之七十的人回答，自己的領導能力在平均以上。以此為契機，引發了對優越感偏誤的關注。正確來講平均是百分之五十的這個分界點，卻有百分之七十回答在平均以上，可以解釋爲，人們傾向肯定自己在平均以上，比一般人優秀。在性向測驗的人際關係相關問題中，受試者有百分之八十五回答，自己與人相處和諧。更令人驚訝的是，有百分之二十五的受試者認爲，自己在待人接物方面，屬於最優秀的前百分之一以內。

受過邏輯思考訓練並得到博士學位的大學教授，優越感偏誤反而更嚴重。根據美國內布拉斯加大學克勞斯（Patricia Cross）教授，在一九七七年進行的研究，大學教授有百分之九十五認爲自己的授課能力高於平均，且有百分之六十八認爲自己排名前百分之二十五以內。

還有其他研究，如根據瑞典斯德哥爾摩大學心理系史溫森（Ola Swenson）教授在一九八一年的研究，美國大學生有百分之八十八、瑞典大學生有百分之七十七，認爲自己比一般人更安全駕駛，且美國大學生有百分之六十，認爲自己的駕駛實力在前百分之二十以內。關於開車技術，美國大學生足足有百分之九十三認爲自己的水準在平均以上。

美國心理學者普瑞斯頓（Caroline Preston）與哈里斯（Stanley Harris）在一九六五年進行了訪談，對象是五十位曾因自己的過失而引發交通事故的駕駛。結果，他們也跟其他駕駛一樣，認爲自己的安全駕駛水準在平均以上。即使事故原因已經釐清，被認爲明顯是這些駕駛的過失，而訪談是在因這場事故住院的期間進行的也一樣。對他們來說，安全守則是爲了那些駕駛能力不足的人定的，不適用於像自己一樣有能力的駕駛。

這種傾向在一般駕駛的日常對話中，很容易就能聽到。有很多人提高嗓門宣稱，路上到處都是白痴駕駛，但幸好有像自己一樣，很會開車的人機靈應對，才能防止事故。在汽車事故發生率極高的國家，經常可以在路上看到因不注意而引發追撞事故，卻在路上高聲爭執的駕駛人。

優越感偏誤也會影響社交生活的判斷。根據埃里克（Mark Alicke）等人在二〇〇一年的研究，讓學生進行共同作業時，學生各自傾向於認爲自己做得更多。但實際上，進行共同作業的同組學生，都被限制參與作業的次數，因此每個人的參與量都一樣。在公司中也會發生相似的狀況，雖然在同一組工作，但每個人都認爲自己做了更多工作，並要求獎勵。如果這個獎勵要求不被接受的話，就想跳槽到其他公司，認爲那邊才能給出與自己相稱的待遇，並認爲自己在那裡也能發揮實力。

優越感偏誤在家庭中也很普遍。有很多丈夫覺得，自己做得比一般丈夫好，爲什麼太太仍然不滿意，眞是無法理解；自認爲很有才能的小孩，覺得只要有適當時機，就能發揮自己的眞正實力，埋怨不了解這點的媽媽，只會嘮叨個沒完；覺得自己的料理水準在平均以上的妻子，對於嫌菜不好吃的丈夫與小孩，認為他們身在福中不知福。就這樣互相忍耐後怒氣爆發，比一般家庭更常大鬧一番，但卻相信自家的吵架頻率比一般家庭少。

參考項目

◆自利偏誤：以偏向自己、對自己有利的方式曲解資訊。
◆控制錯覺：對自己的控制力有不切實際期待的現象。

〔059〕

故事模型偏誤 Story Models Bias

這麼一說，好像真的是這樣

定義 並非全面考慮所有複雜的事件與關係後，再說明某個現象，而是相信混入自己覺得重要的因素，可以編織成一個故事的話，就足以充分說明。

二〇〇二年，美國加州大學柏克萊分校語言學系萊考夫（George Lakoff）教授對一百二十八名有虔誠宗教信仰，且進行政治活動的成人進行訪談。結果發現，受訪者分成保守與開放兩派，各自帶有一種如家庭情節般的信念。比如說，認爲政治領導者就像是父母，政治家的政策如同父母養育孩子的方針。因此若是符合自己的家庭故事模型，也就是能成爲父母一般，把小孩養好的政治家，就會將票投給他。

保守陣營的政治領導者被認爲是嚴格的爸爸，擁有制定政策並實施的權威，以及保護家人的責任，其他家人則必須對他表示尊敬和服從。與此相反，進步陣營的政治領導者被認爲是自由、慈祥的爸媽，重視愛與同理心，尊重並照顧其他家人。

這種家庭比喻模型十分有模有樣，因此在理解政治立場的差異時，似乎很有幫助。但在現實中，政治家更常做出與這種模型不相符的行動，這種比喻將複雜的政治情況，描述得非常簡化，所以與事實不符，可能會陷進謬誤。即使如此，人們還是無法從故事模型偏誤中脫身，認爲用說故事的方式就能夠解釋，這就是故事模型偏誤的作用。

美國科羅拉多大學心理系潘寧頓（Nancy Pennington）與海斯蒂（Reid Hastie）博士，在一九八六年的研究中，讓實驗受試者看一部法律電影，受試者爲了理解電影中出現的各種情節，會以脈絡來連接故事，以便記憶。

在潘寧頓與海斯蒂博士進行的其他實驗中，愈是以容易編成故事的順序提供資訊，受試者編出一模一樣故事的機率就愈高。將證明有罪的法律證據，按照故事的順序流暢提出時，有百分之七十八的受試者判斷被告人有罪，相反地，當證據不依照故事的順序，混在一起出現時，只有百分之三十一的受試者判斷有罪。也就是說，根據編出故事的容易度，判斷也會大幅改變。

上述的研究結果告訴我們一件事——想要說服人的話，按照容易編成故事的順序，提供資訊的話將會更有利。相反地，如果聽到很自然的故事，就輕易判斷是事實的話是不行的。騙子的話滔滔不絕，串成了動聽的故事，但裡面幾乎沒有任何事實。

參考項目

◆無視回歸均值：在有好表現之後，期待接下來也會有一樣的結果，若是接下來的執行成果，沒那麼好的話，人們會試圖說明原因。無視在自然的狀態下，不會持續維持最高值，而是往平均值移動的事實，尋找其他人為的理由做藉口的現象。

〔060〕

今天地球沒有滅亡，都是因爲那一位改變心意

認知失調 Cognitive Dissonance

定義 做了和自己信念不一致（失調）的行動後，為了合理化自己的行動，而改變信念。為了強調與過度辨證效應（過度合理化）是不同的概念，又稱為「最小合理化」（**Minimal Justification**）。

當人們想正當化自己的行動，卻沒有足夠根據，也就是缺乏合理性時，愈是想以邏輯解釋自己的行動，前後論述愈不一致。因此乾脆改變自己的信念，相信自己本來就有所本，一開始就有那些行動的意志或想法等。

美國心理學者費斯廷格（Leon Festinger）透過一九五九年的研究，證明了這種認

知失調。他讓實驗受試者接受很無聊的課程，然後拜託受試者幫忙向等待室中的女子說明課程多麼有趣，以讓那位女子想參加課程，並給了受試者報酬謝謝他們的幫忙。他給了其中一部分的人一美元，給了另一部分的人二十美元。最後再讓受試者回答問卷調查，詢問他們對自己進行的無聊課程有何感覺，調查結果十分有趣。

拿到二十美元的人回答課程很無聊，認為研究團隊故意進行無聊的課程，因此拿到二十美元理所當然。值得注意的是，拿到二十美元的當下，即使獲得這極大的報酬，也沒有改變自己的想法，仍然抱怨不已。與此相比，僅拿到一美元的人，卻在問卷中回答課程真的很有趣，就像自己向等候室中的女子說明的一樣，他們根據自己的行動改變了想法。為什麼拿到二十美元報酬的人，即使做了相同的行動（說謊），也沒有改變信念？因為他們認為自己說謊的理由是報酬，產生了「過度辨證效應」。至於拿到一美元的人，因為只是一點小錢，不足以將自己的說謊行動合理化，因此扭曲為是因為課程真的很有趣，自己才會向女子實話實說，將自己的認知變成與行動相符。

費斯廷格以實驗結果為基礎，主張報酬愈少，認知失調的情況愈強，愈能改變自己的信念。認知的不均衡狀態會誘發心理上的緊張，因此人們即使強迫形成均衡，也想找到心理上的安定。觀察說出世界末日論的邪教團體，能驗證費斯廷格的主張。例如，在教主預告世界末日的那天，地球並沒有滅亡，但信徒不認爲被騙了，反而更深信不疑。因爲已經以信徒自居，所以無法接受被欺騙，只能更執著於宗教信仰中。

日常生活中也能找到認知失調的例子。爲了某個政策的提案，參與了街頭連署活動，收到紀念用的宣傳貼紙或徽章，會覺得很自然，但如果連署的代價是給錢的話，就會變得忌諱連署。參加志工活動，收到經過路人的道謝問候，或是收到一件T恤，都會覺得幸福，並且認眞撿垃圾，但如果說要給予豐厚的日薪，就會乾脆不做，或是嚷嚷不喜歡。

報酬不一定要很高才會有效。在職場中也是，不一定要痛快給獎金才能讓員工幸福，有時候上司眞誠的稱讚或關心就很足夠。雖然高額獎金可以展現上司的實力，或讓員工變得順應，但小小的報酬也能讓員工的心自行產生變化。致力讓組織成員的心靈產生變化，才是賢明的領導者。

參考項目

◆過度辨證效應：對自己的某項行動，不是從內在慾望或個性等當中尋找理由，而是尋找醒目的報酬等外在動機。

[061]

知道更多的話，就能做出更好的判斷

資訊偏誤 Information Bias

定義 認為資訊愈多愈能做出好的判斷。即使是在有更多資訊，也不會對下結論有什麼幫助的情況中，也認為資訊比實際上更有價值的現象。

資訊偏誤經常在醫療診斷中發現。醫生問診時，雖然有百分之八十以上的機率，知道病症是什麼，但爲了愼重起見，會建議患者進行血液檢查、電腦斷層攝影、磁振造影等各項檢查。甚至以聯合會診的方式，參考其他專科的檢查結果，但最後做出的診斷，仍然是在主治醫生的專業領域內，也就是一開始問診時的結論。

一九八八年美國心理學者巴隆（James Baron）與共同研究者一起進行實驗，找出隱藏在醫生診斷中的資訊偏向。在實驗中，即使已經有足以做出診斷的症狀、檢查結果、疾病資訊，許多醫生還是認爲有必要追加檢查。

即使是已充分了解的市場，企業也會向各種顧問公司，委託進行相關的分析調查，這都是因爲相信，資訊愈多愈能做出好判斷的資訊偏誤。個人在做人生的重大決定前，會找各種書來看，並與許多人商談，也是因爲同樣的理由。其實有時候，當已經有充分了解時，不再浪費時間、立刻著手進行，可能才是最好的時機。

如果各位是必須提供資訊的人（顧問、撰寫報告者等），必須努力賦予自己提供的資訊新的形象。如果讓收到資訊的人覺得，和已經蒐集到的資訊一模一樣或雷同，會讓想要有更多資訊的委託者失望。相反地，各位如果是接收資訊的立場，認爲報告者（或是網站、書等資訊來源）的資訊，和已有的資訊相比毫不新穎，那麼比起浪費時間和力氣，以既有的資訊爲基礎，專心做出正確的決定，會是更明智的選擇。

參考項目

◆確認偏誤：根據自己的成見，按照自己相信的方式處理資訊。
◆一致性偏誤：看到某人現在具有的特性，認為對方從以前開始便是如此。

062 正常化偏誤 Normalcy Bias

這種危機不會降臨到我身上

定義 過度低估災害發生的機率，以及災害對自己的影響。在正常化偏誤之下，人們無法做出適當的應對，而使損害加重。

發生災害或重大事故後，人們接受訪談時，經常會出現「不知道會發生這種事」、「沒想到我會遇上這種狀況」。這兩句訪談內容，準確地呈現正常化偏誤的兩個主要特性。

具有正常化偏誤的人，在事故發生之前，總認為自己會平安無事，所以沒有特別做防備，因此真的遇上事故時會措手不及，無法及時躲避因而遭遇危機，或是因為對應不恰當，甚至失去了寶貴的性命。

當電視或廣播播放警告時，總是有人認爲自己沒問題，只有運氣很差的人才會遇上，苦撐到最後而受到傷害。比如暴風雪之後，硬是要登山結果遇難；暴風雨之後，試圖橫越溪谷，或是在溪谷旁搭帳篷而發生意外等，都是陷入正常化偏誤，無法適當應對情況而遭遇悲劇。

有時候政府或組織也會陷入正常化偏誤，做出錯誤的判斷。吞噬美國紐奧良一帶的卡翠娜颶風（Hurricane Katrina），由於政府官僚認爲不是強烈的風災，而掉以輕心，市民也認爲就像普通的颶風一樣，不會發生什麼大事，低估災害發生機率與受害規模。結果到最後都沒有去避難的數千名市民，只能束手無策地遭遇颶風。

不只自然災害，我們也應該好好思考，社會問題的對應是否也陷入正常化偏誤。美國在二〇〇七年因次貸問題而遭遇經濟危機前，很多國民都認爲美國正氣勢如虹、所向披靡，即使遭遇不景氣，也會在短時間內恢復，認爲不會影響到自己。但現實卻不是如此，現在的世界經濟與政治版圖，仍然遭受這波經濟危機的影響。德國在希特勒掌權後，充斥著明確的反猶太主義氛圍，有相當多猶太人離開了德國。不過有約四百五十萬名猶太人留了下來，特別是富裕的猶太人，他們認爲將自己的財產當成賄賂獻出，在遭遇危機時就能安然度過。愈是在德國安居已久、屬於主流社會的猶太人，愈認爲自己非常了解德國人，在對應上磨磨蹭蹭。結果，被認爲發生機率極低的殘酷遭遇，發生在這四百五十萬人身上，成爲不論如何努力都無法抹滅的歷史傷痕。

對我們來說，一定也有陷入正常化偏誤、低估危機的情況。觀察經濟、政治、道德等領域，並事先做足準備的話，即使遇到不曾經歷過的情況，也能夠明智應對。就像雖然同樣經歷了卡翠娜颶風，但事先進行避難減少受損的紐奧良市民，在颶風過後狀態安定時，能將飲水、食物等分給鄰近受害者。

沒有人期望壞事發生，但不能忽視會遭遇壞事的可能性。故意高估發生機率低的問題，做出杞人憂天的舉動固然愚蠢，但低估發生機率高的災害、不事先做好對應措施，更愚蠢。

參考項目

◆鴕鳥效應：就像鴕鳥認為把頭埋進沙子中，危險就會消失一樣，乾脆阻絕風險資訊以試圖解決問題。也指因為阻絕資訊，無法適當應對危機的現象。

〔063〕

我眼中只有他

注意力偏誤 Attentional Bias

定義 **對特定對象或特性，貫注更多注意力的傾向。就像熱中和專注會引發注意力偏誤一樣，注意力偏誤也會引發其他偏誤。**

人們在做判斷時，會將注意力放在特定要素上，觀察因果關係或關聯，無視其他要素產生影響的可能性。

舉例來說，研究者想要找出與交通事故增加趨勢相關的理論。他確認了事故車輛駕駛的訪談，以及實際的道路工程紀錄，在觀察了數據後發現，最近道路的路面狀況不平整，駕駛爲了避開不平處而發生事故，因此他發表了交通事故與不平路面有關的論文。在這裡他犯了無視其他可能性的偏誤——路面狀況會因高溫天氣、集中降雨、各種工程、之前的事故等，各種理由產生變化。加上駕駛的訪談內容也不能保證都是實話，可能為了掩蓋自己的過失而扭曲事實。然而陷入注意力偏誤的研究人員，卻看不到這些，只認為自己關心的幾個特性與事實明顯相關。

注意力偏誤會對精神健康造成傷害，因為只以自己所想的來理解生活周遭，必然會產生問題。根據英國南安普敦大學心理系史寇斯（Daniel E. Schoth）與萊歐斯（Christina Liossi）教授，在二〇一〇年的研究，慢性疼痛患者會特別注意痛症和相關的刺激，無形滋長擔憂的情緒，持續執著於憂慮的事物上，精神健康會陷入惡性循環的迴圈，狀況變得愈來愈差。

人們本來就傾向將注意力放在自己關心的事物上，而不是集中在強烈的刺激上。根據二〇〇八年美國俄亥俄州立大學特雷斯勒（Deborah Tressler）博士的研究，有進食障礙的人在閱讀單字的課題中，讀到與飲食或體型相關的單字時，反應更敏感。寫在單字表上的文字大小和字體，雖然全都一樣，但有進食障礙的人，集中注意吸引他們的單字。

在日常生活中也能輕易發現注意力偏誤。為了減肥而挨餓的人，眼裡只看得到食物，在路上也特別聞到食物的味道。與其他人聊天時，還會將冒出的單字誤聽成食物的名稱，做出高興的反應。因爲他們陷入了注意力偏誤，無法均衡處理資訊，只集中在與飲食相關的事物上。因此，注意力偏誤也能成爲一種指標，確認自己將著眼點放在何處。

064

差異偏誤 Distinction Bias

放在一起看，真的不同耶

定義 相較於將事物分開獨立評價，同時放在一起比較時，即使是小小的差異，也會認為是明顯的差異。又稱為「區別謬誤」、「差異識別偏誤」等。

根據美國芝加哥大學企管系奚愷元（Christopher K. Hsee）與張嬌（Jiao Zhang）教授在二〇〇四年的研究，個別評價的結果，與一起進行判斷的聯合評價結果，兩者具有差異。也就是說，人們不是根據絕對性的評價標準，任何時候都做出同樣的判斷，而是根據評價方式的不同，做出不同評價。與個別評價時不同，在聯合評價中特性間的些許差異會顯得擴大，並被作爲選擇的參考。然而這種選擇，會影響事後的滿意度。

在選擇時，從聯合評價來看覺得很好，才雀屏中選，但因爲每個選項都是各自體驗，所以一定會產生差異。因此期待自己在選擇後，能享受到的利益或滿意度（預測效應），與實際選擇後體驗到的利益或滿意度（經驗效應），產生了差異。也就是說，最棒的選擇不一定保證最棒的效果，差異偏誤正說明了這個現象。

差異偏誤在購買電子產品時可以輕易發現。舉例來說，有反應速度三毫秒（一毫秒＝一千分之一秒）的高價電腦螢幕，與反應速度六毫秒但稍微便宜一點的螢幕。消費者直接觀看螢幕，體驗螢幕反應速度對整體有多少影響，結果對低價產品和高價產品，消費者的滿意度相似。因爲三毫秒只是技術上的差異，不是人們可以實際感受到的差別。但是將重點擺在反應速度上，比較兩個產品時，六毫秒是三毫秒的兩倍，所以差異感覺起來更顯著。因此，會有消費者願意花更多錢，買下性能看起來比較好的螢幕。不過人們不會同時將兩台不同的螢幕放在家裡，所以買走便宜產品的人，以及買走昂貴產品的人，從結果來看，實際上體驗的效用並沒有太多差異。

此外，以數值表現特性的差異、以數字無法表現的質感滿意度，從一開始就是不同性質。但是人們聽到數量化後的價值——反應速度快兩倍後，與兩倍的滿意度產生連結，正是因爲差異偏誤的緣故。

差異偏誤不只出現在購買產品時，在人生的重要轉捩點上也會發生。人們在選擇職業時偏好高額年薪，但不是年薪高就會深愛自己的職業，從此滿足無憂；也不是年薪低就會每天詛咒自己的生活。年薪高的人也經常夢想離職，或是眞的轉職，但是在決心離職時，人際關係等品質的部分無法確定，所以只好用可以數值化的年薪來比較，預測自己之後的滿意度。舉例來說，年薪升到一點五倍的話，預測會有一點五倍的滿意度。但是實際上體驗到的現實，卻是不滿意的日常，讓人再次夢想跳槽到其他職場，或有更高機率，滿意度永遠達不到一點五倍。

關於品質部分的預測，因爲無法數據化而難以比較，所以會莫名認爲正面的事物非常好，並莫名將負面事物評價得極差，這種傾向也助長了差異偏誤，例如將高額年薪想得比實際更好，認爲不高的年薪非常悲慘。從偏好特定高額年薪的職業來看，雖然競爭激烈，但詢問突破競爭而被錄用的人，卻沒有人滿意自己的工作，事實上，覺得失望的人反而更多。

在現實中，差異偏誤最常出現的地方是廣告。比較特定競爭公司的產品與自家公司產品的廣告，刺激了差異偏誤。有時甚至乾脆將各種項目，做成一目了然的比較表提供給顧客，在沒有這種聯合評比資訊的狀態下，單獨購買產品使用時沒什麼不滿的消費者，在看到比較資訊後，會產生購買競爭公司的產品不怎麼明智的感覺。並不是實際體驗效用後覺得不同，只是改變了評價方式，所以在預測效用時形成了差異，如果消費者沒有意識到這點，按下自己心中購買的開關，那麼就是陷入差異偏誤。

避免因差異偏誤而產生損害的方法很簡單。差異偏誤來自聯合比較事物、或同時進行評價，所以不妨將方案一個一個分開來，各自評價。若想做出正確的判斷，不要只執著在數據上做定量評價，基本上定性評價會有幫助。

然而，避免差異偏誤的策略並非萬靈丹。人類的滿足感本身，有很多時候來自與其他人的比較，或方案間的比較。女性在穿上鞋子感到滿足，並不只是因爲看起來漂亮而已，而是因爲自己穿著別人沒有的鞋，讓別人羨慕，所以感到滿足。也就是說，有愈是直接進行比較，滿足感愈高的面向在，所以上述的策略參考就好。未來對個人差異或不同情況的研究增加後，避免差異偏誤產生的策略也會更精確。

參考項目

◆稟賦效應：人們在評價某個物品或狀態（財產、地位、權力、意見）時，與未持有時相比，實際上持有時，會將價值評價得更高。

〔065〕只要這樣做不就可以了嗎

一廂情願偏誤 Wishful Thinking Bias

定義 **不是根據證據做邏輯推論，而是比起負面想法，更喜歡正面想法，因此判斷正面想法為事實的現象。簡單來說，從自己的立場來看是正面的話，就接受為事實，這是一廂情願偏誤的特徵。**

根據美國康乃爾大學心理系季洛維奇教授在二〇〇二年的研究，人們傾向將自己期望的（正面的）結論當作事實。研究團隊向第一組實驗受試者提出負面的結論，並向第二組受試者提出正面的結論，然後詢問受試者覺得提示的結論有多麼值得信賴。結果第一組受試者回答，必須要有強烈的支持證據才能夠相信，而第二組的反應則是，只要有一點點證據就足以採信。

比起在專家預測股票市場未來看好時，股票散戶更會在預測悲觀時，逐條追究可能性。在企業或組織中進行會議時，以肯定的結論爲前提，檢討各種提案，能輕易得到人們的同意。因爲大部分人都帶有一廂情願偏誤，認爲會議提案可以相信，並且理所當然地接受。在廣告中傾注各種正面價值，傳達出只要買了那個產品，就會變成那樣，人們不會一一追究可能性，而是陷入一廂情願偏誤，被廣告台詞勾走了心思。

但是廣告中如果帶有負面內容，情況就改變了。在大笑有益健康的廣告中，只要呈現幾個人笑的模樣，再放上健康指數上升的形象就可以了。但在禁菸廣告中，只主打「抽菸的話會死」的訊息，是得不到效果的；人們會要求各種疾病發生率數據、因抽菸而受害的當事者與家人的生動訪談等各種證據，才會採信廣告訊息。

如果現實實際上就是正面的，如實以正面的方式看待，這樣並不是偏誤。但如果事實並非如此，只是因爲自己喜歡就認爲是事實的話，很明顯就是偏誤。

參考項目

◆確認偏誤：根據自己的成見，按照自己相信的方式處理資訊。

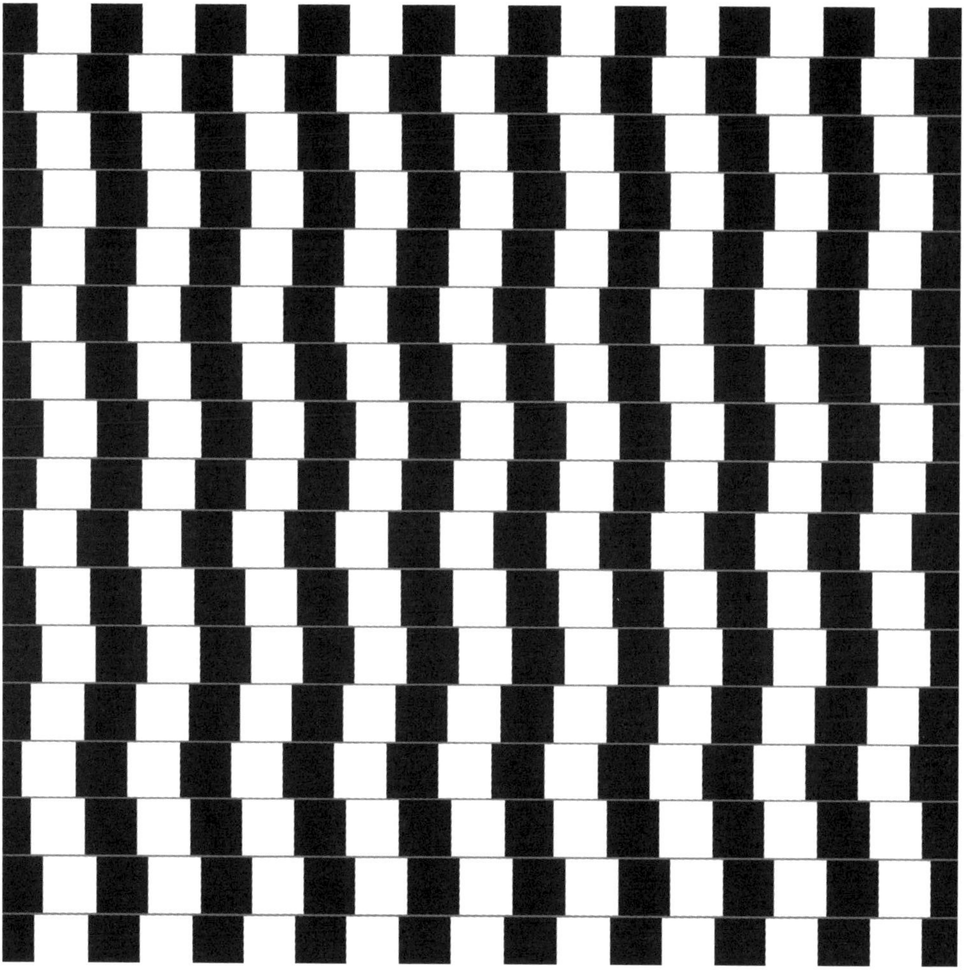

03

影響人際關係或組織行動的偏誤

〔066〕
結果依賴偏誤 Outcome Dependency Bias
正面的行動會帶來正面的結果

定義 在期待未來會有好結果之下，對眼前的判斷造成影響。認為事情進行之前，即使看起來不太樂觀，但為了成功而努力後，一定會產生好結果的現象。

一九七六年，美國明尼蘇達大學心理系柏斯雪德（Ellen Berscheid）教授，以男女學生各二十七名，共五十四名為對象做了實驗。他對受試者說明，將進行「盲目約會」（互相不認識的男女進行約會），讓他們看未來可能約會的對象和其他兩個人在聊天的影片。然後請受試者評價，對影片中出現的三個人的好感度。結果，受試者對可能約會對象的評價，比對其他兩個人還要好。

該不會是因爲可能約會對象的外貌，扭曲了實驗結果吧？但可能約會的對象，是以輪流的方式，事先指定影片中登場的三個人物之一，因此不能解釋成是特定人物的外貌出衆，扭曲了實驗結果。相對地，可以解釋爲因爲期待未來會有好事（實際約會）發生，而對現在的判斷造成正面影響。也就是說，受試者參考未來可能發生的正面結果，做出了判斷。

必須注意，結果依賴偏誤與結果偏誤不同。結果偏誤指的是，不深究達到結果的決策過程品質如何，只專注在結果本身，做出自己的判斷。換句話說，「結果偏誤」是以現在的結果判斷過去，「結果依賴偏誤」則是預期未來面臨的正面事件，左右了現在的判斷。

專案開始的時候，雖然對新進組員不滿意，一起爲了做出好成果而努力後，新組員看起來也挺不錯的，這也是結果依賴偏誤的關係。結果依賴偏誤雖然是扭曲現象，沒有正確、客觀解讀資訊的偏誤，但只要好好活用，也會有所助益。比起隱藏正面的希望，與他人一起分享會更好，這樣的話，別人會對你更有好感，並且幫助你實現那份希望。

在全球暢銷書《祕密》（*The Secret*）中，描述許多因爲期望正面結果、以正面方式行動，結果夢想成眞的案例。許多人都依賴肯定結果進行判斷，活用這個正面的力量，是明智之舉。

參考項目

◆結果偏誤：不是以過去下決定的過程，而是以最終結果進行判斷。

067

我的失誤是情非得已，別人的失誤是自找的

基本歸因謬誤 Fundamental Attribution Error

定義 評價他人的行動時，高估他人的性格要素、低估情況要素。相反地，評價自己的行動時，卻以情況要素來說明的現象。由於作為觀察者觀察他人，與作為行動者觀察自己時，對行動的詮釋有所不同，因此又稱為行動者—觀察者效應（**Actor-observer Effect**）。

某個人走在路上被石頭絆到而跌倒，人們會認爲是他太不小心才會跌倒，但當自己走在路上跌倒時，卻怪起了石頭，也就是環境的錯。同樣地，別人進行的專案結果不好時，歸咎於他人不夠用心，但自己的專案結果不好時，卻責怪環境，認爲組織沒

有給予適當的資源、同事沒有協助自己等等。這種對其他人的行動與對自己的行動評價不一的案例，在生活中經常看得到。所以，基本歸因謬誤是了解人類的重要線索。

美國心理學者瓊斯（Edward E. Jones）與戴維斯（Keith Davis）博士，透過一九六七年的研究，發現基本歸因謬誤（但基本歸因謬誤一詞，是後來的研究員羅斯〔Lee Ross〕博士創造的）。這個謬誤後來成爲社會心理學研究的重要概念，占據重要地位。但是這個用語在說明他人的行動時，概念上更強調心理機制，可能會產生誤會，因此有使用其他詞彙來替代的趨勢。舉例來說，後來的研究人員以對應的行動原因，如「他人—內在特質」、「自己—外在情況」等配對，各自強調不同重點，因此又稱爲「對應偏誤」（Correspondence Bias）。或是在包含行爲者與觀察者在內的立場上，簡單以「歸因效應」（Attribution Effect）說明。

導致基本歸因謬誤發生的原因有很多，例如：

第一，行爲者明顯的行動。我們在觀察某人的行動時，會將注意力集中在他身上。也就是說，不是以情況背景爲重點，而是以對方爲重點進行判斷。以行爲者本身爲認知重點，很容易浮現對方的性格，並作爲行動的原因。

第二，受到公正世界謬誤（Just World Bias）的影響。人們認爲世界是公平的，應該受到符合自己的待遇。也就是說，如果有人具有不好的成分，就應該得到不好的結果，這才是正義的世界。問題是，這種偏誤會扭曲看待對壞結果毫無責任的無辜者。例如，認爲被霸凌的孩子，是因爲個性上有缺陷，所以本該如此被對待，或是認爲露宿街頭的街友，是因爲天性懶惰等，這些都是公正世界謬誤所造成的。認爲被強姦的被害人，做出引誘犯罪的行動，所以才會受害，也是因爲公正世界謬誤。有些情況是人們無法控制，或是不得已的情況，所以最重要的是，該受批判的不是被害者，而是加害者，基本歸因謬誤會讓人忘記這一點，請各位務必警戒。

想脫離基本歸因謬誤，只要想想陷進裡面的理由就能找到方法。第一，在觀察其他人的行動時，養成連情況背景一起均衡考慮的習慣，這樣能跳脫只專注認知行爲者的錯誤。做出檢查清單，將自己排除的資訊，詳細確認也是個好方法。第二，不要以公正世界的假設，輕易推論壞結果的原因是個人不好的行動或心態，而是要努力找出各種可能性，特別是外在情境因素。第三，換個立場設身處地思考：「如果是我的話會怎麼樣？」努力看清楚對方的情況，就能跳脫基本歸因謬誤，遠離輕率斷定的弊端。

參考項目

◆公正世界謬誤：認為世界上所有事情都是公正且公平地運行，如果有人遭受不好的待遇，一定是罪有應得的心態。

〔068〕

群內群外偏見 In-group-out-group Bias

那一隊的啦啦隊，都是沒教養、不知羞恥的傢伙！

定義 對自己所屬的內團體（群內）過度給予好評，對自己不屬於的外團體（群外）或屬於該團體的人，給予壞評價或低估的現象。又稱為「團體間偏誤」（**intergroup bias**）。

心理學者認爲，群內群外偏見助長團體間的糾紛與誤解。以衝突理論（Conflict Theory）爲例，兩個團體爲了有限的資源而競爭不下，會將內團體的要求視爲理所當然，外團體的要求則是貪婪或不合理，增強了敵對感。

移民者匯聚而誕生的美國，之所以出現反對包容移民政策的人，是因爲只將現有的移民者視爲眞正的美國人（群內），將希望移民過來的人視爲另一個種族（群外）。九一一事件後，因爲群內群外偏見，對本來當作朋友般相處的阿拉伯人鄰居，表現出露骨的反感，甚至發生多次暴力事件，原因正是不承認這些阿拉伯人是居住在美國、對九一一事件同樣感到心痛的鄰居，反而曲解他們是與恐怖攻擊事件相關的外團體（群外）。

群內群外偏見會影響已知的資訊。人們會對內團體及外團體間的差異，做細微的觀察與區別，甚至在第三者眼中，兩個團體看起來沒什麼差別的情況也是。例如，西洋人分不太出韓國人、中國人、日本人，但東方人混在一起時，有自信能輕易找到屬於自己內團體的同胞。找出實際上很微小的差異，會對內團體的成員感到熱愛與同志意識。不過這種過程並不一定都是正面效果，因爲可能會滋養選擇性知覺，只關注自己想相信的事物。也就是說，比起內團體、外團體都有的共通點，更會集中在兩者的差異點，成爲敵對感的根據。地理上即使沒有相隔很遠，人們還是會產生地區情感，也是基於這個理由。

另一方面，群內群外偏見也會扭曲對人的評價，誤以爲內團體由多樣特性的人組成，外團體則都是性格相似的人，無視外團體也是由各式各樣的人，聚在一起而形成的事實。這又稱爲外團體同質性偏見（Out-group Homogeneity Bias）或外團體同質性效應（Out-group Homogeneity Effect）。

將「那一隊的啦啦隊，都是沒教養、不知羞恥的傢伙！」等，貶低對方的語句，公然上傳到網站，吸引許多人同感的留言，也是因爲群內群外偏見的關係。人們到國外去，與幾個當地人接觸過後，很容易就做出「這個國家的人都很〇〇」的判斷，基本上就是認爲外團體成員都有相似的性格。在人種、經濟／政治階級、社團、學校、教育水準、性別、地區等可以區分的範疇內，群內群外偏見便會發揮作用，並因此產生偏見與糾紛。

外團體同質性偏見會產生，是因爲想區分外團體與內團體，肯定自己所屬內團體的慾望。對內團體的正面判斷，會延續成對自己的正面判斷，讓自己心情更好。從這點來看，群內群外偏見與對自己有利的自利偏誤相似，兩者都是無法輕易擺脫、極具魅惑力的思考陷阱。

在韓國，談到政治時無法拔除固執的地區情感，但遇到世界盃等國家級的活動，便將團體的範疇放寬到全韓國人，地區情感類的言談一掃而空；平常將外籍勞工視爲外團體的韓國人，甚至還與上街加油的外籍勞工，一同親密高呼「我們」。了解這種群內群外偏見的產生原理後，就能找出與此相應的各種解決對策。

參考項目

◆選擇性知覺：不是客觀、如實地接收並處理外部資訊，而是選擇性地接收、處理和自己的信念或想法一致，或對自己有利的部分。

◆自利偏誤：以偏向自己、對自己有利的方式曲解資訊。

〔069〕

多數無知 Pluralistic Ignorance

你其實沒那麼特別

定義 **實際上，自己的想法和其他人差不多，卻認為自己的想法與大多數人不同。又稱為「多元無知」、「團體誤會」等。**

「多數無知」是美國心理學者卡茲（Daniel Katz）和奧爾波特（Floyd H. Allport）在一九三一年創造的用語。「錯誤共識效應」指的是，認爲自己知道其他人的想法，認爲自己的想法和其他人的想法一致，而產生的偏誤；「多數無知」則是相信自己的想法與多數的意見不同，而產生的偏誤。也就是說，多數無知的特徵是，認爲自己的意見與團體意見不同，擔心被視爲「強出頭」。簡單來說，錯誤共識效應認爲多數意見和自己相同，多數無知則相信兩者間有差異，在這一點上，兩個理論成對比。

另一方面，錯誤共識效應和多數無知的共同點是，兩者都認爲自己清楚知道其他人的想法，實際上卻不是這樣。

生活中能輕易發現多數無知。在青少年時期舉辦喝酒派對，明顯是不可取的逾矩行爲，但有很多人因爲「被氛圍影響」，甚至「無法抗拒其他朋友的眼神強迫」而開始喝酒。也就是說，他們認爲聚在一起的其他朋友，都贊成喝酒這件事，所以隱藏自己的反對意見，贊成開喝酒派對。其實大多數的學生也反對喝酒派對，只是沒有公開表態而已，互相被多數無知給影響了。

美國普林斯頓大學心理系普藍汀斯（Deborah Prentice）與米勒（Dale Miller）教授，在一九三三年的研究中闡明，大學生過度飲酒的文化是受到多數無知的影響。回答問卷調查的學生表示，參加飲酒派對可能會受傷甚至死亡，所以個人反對飲酒派對，但因爲大多數人贊成，所以自己也繼續參與飲酒文化。此外，問卷調查結果顯示，大部分的受訪者都反對飲酒派對，也就是說，贊成飲酒派對的「多數」從一開始就不存在，只是在腦中推測其他人是這麼想的而已。

除了前面所舉的生活逾矩行爲以外，在正面的事件中也能發現多數無知的例子。

對於外國援助一事，有時候輿論傾向給予幫助，有時候傾向不援助，搖擺不定。如果平常就有人道主義的明確信念，或以計算經濟效果後的個人信念，選擇贊成或反對，輿論就不會在短時間內如此動盪。但是即使自己的想法不同，人們也會配合「自己認爲是多數意見」的社會標準，再公開表現出來，所以根據民調時期或社會情況的不同，結論也會不同。

對有機農栽培、環境保護等，會因費用增加或生活不便等各種理由，而有不同想法。但是即使人們這麼想，也會自行做出符合公共利益的判斷，而無法公然反對。觀察輿論調查結果會發現，雖然贊成環境保護理念的人占壓倒性多數，但是在現實中卻不太遵守環境保護行動。在調查結果與行動產生差異的背景中，多數無知可能占有一席之地。

課程結束後，老師問「沒有問題嗎？」大部分的學生會沉默不語。就算不理解內容想提問，因爲大多數學生好像很理解而一片寂靜，所以自己也不說話。然而這麼做是放棄自己必須了解的課程內容，很明顯是個錯誤。請各位一定要記得，與其跟隨根本就不存在的多數意見，自己不知道的東西就說不知道，會更有助益。

參考項目

◆錯誤共識效應：自己認為是這樣，所以判斷別人「這種時候也是這麼想」。

〔070〕

達克效應 Dunning-Kruger Effect

為什麼初生之犢不畏虎

定義 愈是實力不足的人，愈會高估自己，自信滿滿地向前想解決問題，有實力的人反而會低估實力，消極地應對的現象。就像俗諺「初生之犢不畏虎」一樣，達克效應指的是，不熟練的人有自信地躍躍欲試，結果做出錯誤的判斷或產生壞結果。全名為鄧寧—克魯格效應，簡稱達克效應（**D-K Effect**）。

新手的經驗與洞察力不足，客觀評價自己實力的能力也不足，因此無法領悟自己會犯下何種失誤，盲目認為自己很優秀，強出頭而導致損失。與此相比，老手的經驗與洞察力充足，知道哪些人比自己有實力，也知道自己哪些地方不足，必須更努力才行，副作用則是低估自己的實力，被自卑感所苦，即使別人客觀來看是個強大的實力者也一樣。

根據美國康乃爾大學心理系達寧（David Dunning）與克魯格（Justin Kruger）博士，在一九九九年的研究，新手的失誤發生在對自己的錯誤評價上，相反地，老手的謬誤發生在錯估別人時。也就是說，新手因爲後設認知（metacognition，超認知，指個人對自己認知能力的認知）能力不足，而「半瓶水響叮噹」。剛出社會的菜鳥毫無畏懼地提出事業企畫，或評價上司並提出建議，就是因爲達克效應。

達寧與克魯格博士對文法實力、推理能力、幽默能力等各種問題情境，進行了數年研究，證明了老手與新手都有達克效應偏誤。他們的研究發現，不論是老手或新手，都沒有認知到應該客觀地執行評價標準，因此犯下錯誤。也就是說，專業的老手會立下很高的執行評價標準，和其他人做比較，陷入了自卑感中；新手則根本不知道有執行評價標準，只是盲目相信與其他人相比，自己的水準在平均以上，陷入偏誤中。然而，這個效應是以美國人爲對象，進行實驗後證明的結果，是否能適用在亞洲、歐洲等地，還有一些疑問。因爲美國文化是鼓吹積極宣傳自己，亞洲文化則是強調謙遜的美德。

不想陷入達克效應，因自卑感而吃虧，或因草率的決定而受損，不管是老手還是新手，都需要從偏誤中脫身的方法。老手在評價他人時，必須冷靜地立下客觀的標準，不要高估別人。以高標準評價自己的成果與能力，雖然的確有助於精進、不怠惰，但請注意不要因此產生自卑感，甚至喪失自信。

新手則必須了解自己盲目的自信感有何根據，例如，與現在想進行的事情有關的過去經驗爲何，爲了這件事情做了多少準備等，找到具體的根據後，才能客觀看見自己的實力，避免落入達克效應。

參考項目

◆優越感偏誤：認為自己的正面特性，如能力、品性等比一般人多，同時認為自己的負面特性比一般人少。

〔071〕

面談錯覺 Interview Illusion

啊，原來他還有這一面

定義 和某個人談話後，覺得好像完全了解對方，並錯覺認為在未來發生的各種情況中，自己能預測他會做出怎麼樣的行動。在面談時，就算只了解對方極微小的一部分，也認為彷彿已經理解全部，甚至覺得連對方未來的行動都能看穿，而扭曲了事實。

人們在與他人談話後，會連對方未來的行動都進行預測。不過這個預測一定會錯，因爲只是稍微聊過天，並不能蒐集到足以預測的資訊。即使資訊很多，要預測也是很吃力的。就算自己很了解和自己相關的所有事，但我們也不知道在未來的各種情況中，自己會做出何種行動，不是嗎？

面談錯覺有循環反覆發生的特性，也就是說，對話後覺得充分了解對方，但再次見面聊天後，發現「啊，原來他是這種人」，心裡會責備自己性急，並改變對那個人的想法，同時以爲自己完全理解他。下次再見面談話時，察覺「啊，原來他還有這一面」，又再次認爲自己明白了，同時會繼續預測對方如何行動。雖然承認自己的理解不足，但面談錯覺卻讓自己停不下來。

甚至還會扭曲記憶，覺得從以前開始到現在，自己都有同樣的見解。相信自己透過各種對話，從以前開始就一直很了解對方，所以能充分預測對方的行動。但是就像前面所說的，人們連自己本身的行動都難以準確預測。再加上，只能蒐集到關於對方的部分資訊，對話上也有時間限制，所以要做出正確的預測幾乎不可能。連幾乎每天都和小孩對話的父母，大多數都不能預測孩子的行動，也能說明面談錯覺會扭曲記憶。

如果覺得對方一定會用面談錯覺來看自己，那麼乾脆直接給對方重點資訊，幫助對方正確理解自己，當然這是在對方是好人的情況下。

參考項目

◆內省錯覺：自我評價時，高估自我觀察力的現象。人們因為信賴自己，所以認為即使沒有外在資訊的幫助，透過觀察自己想法的主觀式觀察，在自我評價上便已綽綽有餘。相反地，因為他人不可信賴，所以必須透過客觀資訊（如他人的行動）才能評價。

〔072〕富蘭克林效應 Ben Franklin Effect

爲什麼我總是被「壞男人」吸引

> **定義** 對某人施予善意的話，就會更喜歡對方，相反地，自己傷害了某人，就會更討厭對方的現象。這個效應源自於美國政治家、發明家暨作家富蘭克林（**Benjamin Franklin**）所說：「對你親切的人，會為了給你其他好意而做更多準備。」

人生在世，最煩惱的事之一就是人際關係，但是再怎麼煩惱，人際關係都不是簡單的事。我誠心誠意親切對待的人，毫無感謝之意，對我根本不太理睬。神奇的是，自己愈是繼續對那種人示好，愈是有好感。另一方面，有時候就算自己不在乎，也沒有報答別人的好意，對方卻會繼續釋出好意。人際關係不論何時都是困難的，心理學者以富蘭克林效應，說明人際關係中出現的這種現象。

一九六九年，美國德州大學心理系傑柯（Joe Jecker）與藍迪（David Landy）博士透過實驗，證明了富蘭克林效應。研究團隊將實驗參加者分成三組，讓他們參加一項可以拿到高額獎金的比賽。之後，研究人員親自走向第一組參加者，說明因為研究經費用完了，請他們歸還獎金，同時派助教去向第二組傳達同樣的內容。對最後第三組，研究人員和助教沒有任何行動。實驗結束後，研究團隊進行了問卷調查，詢問參加者對研究人員的好感度，然後出現了有趣的結果。

比起沒有任何人接觸的第三組，由助教過去說明的第二組，對研究人員的印象最不好，也就是好感度評價最低。但是第一組卻比第三組參加者，給了研究人員更高的好感度評價。第一組和第二組的差別，在於是由研究人員親自說明，還是派助教說明，歸還獎金的要求是一樣的。也就是說，這個實驗證明人們直接（即使是強迫的）給予其他人好意（實驗參加者把獎金歸還給研究人員），會對接受好意的對象產生扭曲現象，將其評價得更好。

人們無意識地受到富蘭克林效應影響，正當化自己的行動，以為從一開始就是因爲自己喜歡才給予好意，因此富蘭克林效應是在行動後進行合理化的偏誤之一。此外，人們更討厭自己所傷害的人，例如在戰爭中殺死敵人的士兵，很多人在戰爭結束後，反而更討厭敵人，同時將厭惡合理化——因爲敵人是壞人，所以自己只是做出應有的行動而已，這都是因爲富蘭克林效應。

若好好活用富蘭克林效應，稍微努力一下就能締結圓滿的人際關係。如果想要獲得別人的好感，最好誘導對方向自己釋出小小的善意，並且在對方準備釋出其他善意以前，沉著地等待。這樣的話，就像心地善良的女子對「壞男人」感到好感，並被吸引的現象一樣，對方有很高的機率對你也有好感。就像戀愛關係中，先告白、先開始示好的那一方，就像脫了韁的野馬，也就是說對方愈釋出好意，對你的好感愈會增加，各位就等於掌握了主導權。但是拖太久的話反而有害，對方釋出好意的對象如果不是只有你一人，拖拖拉拉太久，可能會被其他競爭者奪走關注。

相反地，如果某人過度誘導你，希望你給予好意，那麼最好仔細觀察他的企圖——是因爲想締結眞誠的人際關係，所以希望有善意的交流，還是想玩弄你的感情。不只對方的意圖，也要好好觀察自己的感情變化，是因爲眞的有喜歡的理由，所以才喜歡，還是只是因爲富蘭克林效應，扭曲了自己的感情。

參考項目

◆出醜效應：對於做出失誤或出問題的人，覺得更有人性而產生好感。

〔073〕我當然比其他人更有眼光

認知不對稱錯覺 Illusion of Asymmetric Insight

定義 **比起別人對自己的了解，認為自己更了解別人。也就是說，認為自己比對方更有洞察力，所以擁有更多知識。**

美國史丹佛大學心理系普羅尼（Emily Pronin）教授等人，在二〇〇一年的研究中，證明了認知不對稱錯覺。在實驗中，研究團隊要求受試者比較自己與室友，評價誰的內在洞察力比較好。結果學生回答，自己的自我認識不只比室友多，對其他人的了解也更多。有趣的是，室友很有可能也這麼想。

這種傾向在個人當中根深柢固。根據二〇〇一年發表的論文實驗結果，受試者認爲，與其他團體相比，內團體（自己所屬的團體）成員充分了解自己和組織，且對其他團體的洞察力也非常卓越。相反地，受試者評價，外團體不只不太了解別的團體，甚至對自己的組織也認識不足。

認知不對稱錯覺是從扭曲的認知中產生，認爲自己觀察他人的行動後，看破了對方的特性，至於自己的行動，並沒有那麼多能讓別人看穿的地方；或是別人的自我洞察力不足，自己的自我洞察力就是比別人好，甚至好到可以客觀地看透對方。也就是說，我們在某個程度上受到優越感偏誤影響，認爲自己擁有平均以上的認知能力。

然而從邏輯上來看，人們隨時都用自我意識來處理資訊，所以與其他人相比，對自己的理解當然比較多。但就算洞察力特別卓越、比一般人好，也不代表更了解自己。可是人們大部分都會有錯覺，以爲自己洞察力不同凡響，所以很了解自己，對於其他人，甚至也認爲自己比當事人還了解。

如果陷入認知不對稱錯覺，就會認爲別人的建言是無知之言，反駁說：「你可能會那樣想，但你還是這樣做比較好。」或是：「你可能不太了解，但其實你是這樣那樣的。」這種心態會導致上司與下屬間、同事與同事間、小組與小組之間，動輒發生糾紛。在上司與同事指責自己的錯誤時，立即產生反駁心，覺得：「你又懂我什麼？居然這樣對我指手畫腳？」一旦發生糾紛，這種認知偏誤會讓雙方無法共享正確的資訊，使紛爭更難以化解。解決方法是，承認有「你很了解你自己，但你根本不了解我」這種偏誤，試著從對方的立場思考。

簡單來說，若掉進認知不對稱錯覺，會錯以爲很了解別人，所以做出冒失魯莽的建議，或是想利用對方，在人際關係上容易產生裂痕。結論是，在確信自己很了解別人的瞬間，反而應該更小心；相反地，如果有人說他很了解你，並說出令你不快的建言，也沒有必要太敏感或是發火，浪費精神。因爲那只是他撲通掉進了錯覺裡，以爲自己非常懂你罷了。

參考項目

◆優越感偏誤：認為自己的正面特性，如能力、品性等比一般人多，同時認為自己的負面特性比一般人少。

◆洞悉錯覺：過度期待別人了解自己的心思，與認知不對稱錯覺相反的概念。

074

有點美中不足的金課長，看起來更漂亮了

出醜效應 Pratfall Effect

定義 **對於做出失誤或出問題的人，更有好感。**

美國加州大學心理系愛洛森（Elliot Aronson）教授在實驗中讓受試者聽錄音帶，內容是某個人在猜謎的情景。但是有一組的錄音中，主角在作答時出現的一些失誤狀況，如打翻了咖啡等，都一起被錄進去，而另一組則只錄了回答題目的狀況而已。在聽完後，請受試者評價對答題者的好感度，結果聽到翻倒咖啡聲音的受試者，評價的好感度較高。兩組錄音解題的能力一樣，但有沒有失誤決定了好感度。從理性上來看，人們偏好能帶給自己利益、更聰明且完美的人，但事實上，有點不足的人似乎更

讓人覺得有魅力。看電視猜謎節目時會發現，迅速準確答題的人，雖然會得到觀衆的掌聲與稱讚，但讓人忐忑不安、勉強答對的人，會得到觀衆眞心的聲援與歡呼。美女做出一些小失誤時，看起來更美麗可愛。動物也是，走路歪歪斜斜的動物，比活蹦亂跳的，看起來更可愛。過猶不及這句話，也適用在人際關係或形象經營上。

但即使這麼說，從一開始就失誤連連也不好。首先要營造出很有能力的印象，之後有小失誤或小缺點時才會有效果，如果從一開始就持續出錯，那麼被正面評價的機會就很渺茫。此外，大失誤也是問題，因爲人們討厭有問題的人。

出醜效應有時可以視爲，因爲偶爾的小失誤增加各位的魅力。因此，與其想要變得完美而努力，讓我們保有餘裕吧，允許在小地方發生失誤，這樣的話會有更多人在你身邊。山頂上獨自佇立的巍然松樹，雖然高雅，但身邊沒有朋友必然寂寞。

參考項目

◆富蘭克林效應：對某人施予善意的話，就會更喜歡對方，相反地，自己傷害了某人，就會更討厭對方的現象。

〔075〕

自我監控行為 Self-monitoring Behavior

我的髮型燙壞了！我無法出門見人了！

定義 **即使別人對自己毫不在意，也很操心別人會怎麼看自己的現象。特別是會自動監視，是否給別人留下好印象。**

美國波爾州立大學心理系懷特（Michael J. White）與葛斯泰因（Lowenstein Gerstein）博士，在一九八七年的研究中，證明了自我監控行爲。研究團隊對一半的參加者，講述許多人對眼前發生的事故袖手旁觀的案例，並對另一半參加者，說了幫助別人後得到社會性報酬，如得到認同與名聲等案例。接著進行測驗，了解受試者進行自我監控的程度。研究團隊詢問受試者，是否願意參與幫助視障人士的志工服務。

實驗結果如下：聽了袖手旁觀故事的那一組，自我監控程度高的人當中，有百分之四十同意參與志工服務，同一組內自我監控程度低的人當中，有百分之六十八同意。聽了得到社會性報酬故事的另一組，則呈現相反的模式，自我監控程度高的參加者，有百分之八十同意參與，而自我監控程度低的人只有百分之四十八同意。比較兩組中自我監控程度高者的反應結果，出現了兩倍的差異。換句話說，與聽到對別人的行動不關心的案例時相比，人們在聽到別人因行動而受到稱讚或認同的故事時，自我監控行為更活化，結果因為想要留下好印象，因而同意參與志工服務。

會監控自己給別人留下什麼印象的人，雖然認為別人在看著自己，卻因為自己想要確定結果，反而更常觀察別人。因此，在觀察中能夠對於變化的情況盡快做出回應，可以說是個優點。

但是，如果別人根本就沒有將注意力放在自己身上，自己卻緊張不已，毫無意義地浪費心思，就會產生許多缺點。例如，換了新髮型、買了新衣、打扮一番才出門，對方卻沒發現；認為捷運上坐在對面的人盯著自己，翻開書假裝用功，結果悄悄瞄了一眼，卻發現對方閉著眼睛休息等等。就像剛剛說的，事實上，人們在多數情況下是不關心其他人的。即使如此還是繼續自我監控的話，會因為人類的認知容量有限，導致應該用在其他地方的認知資源無謂耗損，或是自找壓力、蒙受損害。

廣告領域充分活用自我監控行爲。例如，比起認眞說明產品本身的特性，有更多廣告想植下「買下這個，別人將會對你另眼相看」的印象。公寓廣告中，呈現住戶享受生活、其他人羨慕的模樣；高價服飾廣告中，旁人不只打聽購買者的流行品味，也探聽衣服的價格而驚歎不已；汽車廣告中，則以「品味不凡的車」爲形象，訴求路人全都看著駕駛者的幻想；有些電信業者打出「號碼的自尊心不同凡響」，從手機很昂貴的初期就一直使用昂貴號碼的人，就很可能注意到這則廣告。

參考項目

◆鎂光燈效應：以為自己就像舞台上鎂光燈聚焦的演員般，受到其他人的集中關注。

◆社會期許偏誤：人們在行動或表達意見時，不會直接誠實表現，而是配合社會期許的價值，加以調整後再表現出來。

〔076〕

做得好是我的功勞，做不好是祖先的錯

自利偏誤 Self-serving Bias

定義 將成功歸功於自己，同時不想為失敗負責的現象。人們喜歡肯定自我，對於成功，有提高自己的「自我拉抬偏誤」（**Self-enhancing Bias**），對於失敗，則有「自我保護偏誤」（**Self-protective Bias**）。又稱為「利己偏誤」、「自我服務偏差」等。

美國俄亥俄州立大學心理系格林華德（Anthony Greenwald）教授評論，社會心理學的最大功績之一，正是發現了自利偏誤。終極堅守自我防禦信念的人，認爲自己事情做得好且有能力，因此將成功歸功於自己，卻否認失敗的責任。格林華德教授以

Beneffectance這個合成的單字說明自利偏誤，Beneficence（好事）＋Effectance（效能）。舉例來說，某個運動選手說：「今天我隊會勝利，是因爲身爲隊長的我很努力。」「今天我隊會輸，是因爲裁判偏心且運氣不好。」都是陷入自利偏誤。

自利偏誤的例子在社會各處都看得到。得到好成績的學生，認爲是自己認眞又聰明，拿到高分理所當然，但成績不好時便抱怨教授討厭自己，給出這種不像話的分數。人們在看到交通事故報導時，會認定原因是受害者不注意，或是疏忽事前準備，但如果是自己遭遇交通事故，受傷躺在醫院的話，會覺得自己沒有錯，將責任轉嫁到其他原因上。

不只個人，在團體層面上也以團體偏誤（Group-serving Bias）的方式發生。在運動比賽結束後的教練訪談中，如果贏了，教練會說「因爲我們是很棒的隊伍」，如果輸了，則說因爲比賽場地狀態不好，或是天氣惡劣之類的緣故。

自利偏誤的優點是保護自我，但如果程度太嚴重，在別人眼裡看來，可能會被當成隨心所欲扭曲事實，所以必須警惕。有時候爲了保護自我，甚至在事情開始之前，便會從外部尋找藉口，以應付失敗時湧入的責怪，這又被稱爲自我設障（self-handicapping）。運動選手說：「今天狀態不是那麼好，但我會認眞去跑的。」或是學生在考試前說：「我不知道，昨天晚上沒有睡好，所以頭腦有點昏沉。」這些都屬於自我設障。

產生自利偏誤的背景中，除了自我防禦以外，也包含想維持好印象的慾望。人們想在別人心中留下好印象，因此會在成功時強調自己的功勞、失敗時徹底否認。

在肥水不落外人田的私心之下，自利偏誤有時會妨害協商進行。美國麻省理工學院經濟系羅文斯坦（George Loewenstein）教授，在一九九七年進行的共同研究中，將實驗參加者分爲兩組，一組扮演假想的汽車事故被告人，另一組扮演提起訴訟的原告。假想的汽車事故估價約爲十萬美元，但在實驗過程中，原告推測的賠償金額與被告人的預想值相比，平均高出一萬四千五百美元。實驗雖然是模擬法庭，但是爲了引導受試者的眞實反應，將現金放在面前進行。

研究團隊明確告訴受試者，如果雙方協商不成的話，會由第三方（類似陪審員）做出判決，並向雙方要求法定費用。然而，受試者還是認爲，對方爲了把狀況引導到對自己有利的方向，誇大或扭曲事實，應該要受到僞證罪處罰才對，拒絕與對方和平協議。即使這只是模擬判決，加上還要付法定手續費，自利偏誤還是發揮了強烈的影響。

自利偏誤是「只想到自己」的利己性偏誤，想避免的話，就需要有跳脫自我，從更大的框架觀看情況的智慧。就像羅文斯坦教授的實驗一樣，在達到雙方最終都受損害的情況之前，要懂得如何用客觀且寬廣的視角，思考眼前的狀況。想像如果站在對方的立場上，將會怎麼樣看待情況，或是尋找與問題相關的客觀案例，努力去分析思考會比較好。

參考項目

◆內省錯覺：自我評價時，高估自我觀察力的現象。人們因為信賴自己，所以認為即使沒有外在資訊的幫助，透過觀察自己想法的主觀式觀察，在自我評價上便已綽綽有餘。相反地，因為他人不可信賴，所以必須透過客觀資訊（如他人的行動）才能評價。

〔077〕

自我中心偏誤 Egocentric Bias

我的錯，全都是我的錯！

定義 對於和別人一起處理的事情，超越了客觀評價他人的程度，認為自己有更多責任的心理現象。不論是負面事件還是正面事件，都主張自己應該承擔更多責任。

一九七九年，加拿大滑鐵盧大學心理系羅斯（Michael Ross）與希克里（Fiore Sicoly）博士，對團體內的相互作用與影響，進行了五種實驗。實驗對象是自由討論小組的本科系生、夫婦、籃球隊男女選手、造訪實驗室的本科系學生等，十分多樣。

研究團隊在各項實驗中，都要求受試者與其他人一起進行共同任務，做出成果後，再進行問卷調查。結果，各類的實驗參加者都表現出自我中心偏誤，都認爲自己對共同成果最有貢獻、責任最多。在共同成果遭受研究團隊負評時，也會出現這種傾向。也就是說，受試者認爲不管成果的品質如何，在進行過程中自己比對方努力，因此必須負起更多責任。

根據一九八三年美國心理學者朱克曼（Miron Zuckerman）教授等人的研究，人們希望自己是別人做某種行動的原因與目標，因此產生了自我中心偏誤。研究團隊在實驗受試者不知情的情況下，在受試者中安插實驗協助者，讓他們進行簡短的討論。討論的目的在引出對特定主題的共識，但研究團隊刻意在實驗協助者簡述意見時，中斷了討論。結果，受試者普遍認爲身爲自己夥伴的實驗協助者，最後的發言是受到自己的影響，並且認爲協助者很重視自己的意見。

會陷入這種自我中心偏誤，是因爲即使是共同任務，比起自己的行動，他人的行動難以完全得知，或者充分了解。因此在結果出來以前，會以自己的行動爲中心做判斷，不管是正面事件還是負面事件，都判斷自己的責任最大。

但共同進行的任務，不可能每次都只有自己最用心。如果在各種共同任務中，每次都覺得自己的責任最大的話，就有必要觀察是否陷入自我中心偏誤。如果不這麼做，那麼很容易被評價爲，在正面結果中搶功勞、不知羞恥的人，或是在負面結果中負起無用的責任，讓自己處於困境的愚蠢之人。

在進行共同任務時，撰寫日誌或報告書，以便日後能客觀確認工作分配與進行狀況，就能避免掉進自我中心偏誤。和同伴進行互評、互相傳閱結果，也是好方法之一。除了一起進行任務的同伴，邀請周遭可以觀察你們的人一起評論，就能更客觀確認自己有沒有陷進自我中心偏誤。必須承認與責任相稱的過失，或是享受與責任相符的功績，才能得到別人正確的評價，所以這種努力非常必要。

參考項目

◆自利偏誤：以偏向自己、對自己有利的方式曲解資訊。

◆控制錯覺：對自己的控制力有不切實際期待的現象。

〔078〕

鎂光燈效應 Spotlight Effect
怎麼辦？大家都看著我

定義 以為自己就像舞台上鎂光燈聚焦的演員般，受到其他人的集中關注，實際上卻完全不是這樣。認為其他人關注自己的外貌與行動，就連細小的變化也會察覺。

一九九八年，美國康乃爾大學季洛維奇教授，透過共同研究證明了鎂光燈效應。研究團隊請實驗參加者穿上「令人尷尬的T恤」，也就是繪有不討喜圖案的T恤。然後請穿了這件T恤的學生，進到有其他學生在的實驗室裡稍微坐一下再出來。穿了T恤的學生預測，有百分之四十六的學生盯著自己，並覺得很糟糕。但眞正察覺到學生穿了令人難爲情T恤的，只有百分之二十三的人而已。

在日常生活中也經常出現跟實驗案例相似的狀況。身上的衣服被食物噴濺到，覺得很難為情，急急忙忙想掩藏起來，但別說是食物的痕跡，甚至連穿什麼衣服其他人都毫不在意。在路上碰一聲摔倒了，擔心別人看到臉漲得緋紅，但路人大部分連看都沒有看一眼。

人們是各自人生舞台上的主角，但是別人並沒有隨時都在注視這個舞台，因為大家都是自己舞台的主角，為了扮演主角已經忙得不可開交。也就是說，自己在別人的舞台上做得再好，也只是配角，大部分甚至不過是背景的一小角而已。如果情緒上過於興奮的話，就無法做出理性的判斷，錯以為自己不論走到哪裡，都是鎂光燈聚焦的主角。

引發情緒興奮的情況有很多，包括在陌生人面前演講，受到目光聚集的公眾情況，或是衣服沒有乾，只好穿著令人尷尬的衣服出門的私人情況等。有時候在說謊時，因為擔心被其他人發現，情緒上也會亢奮起來。其實大部分的謊言都不會被發現，只是在鎂光燈效應下，人們誤以為自己的一舉一動或話語，都逃不過對方的注視，高估了謊言的影響。

事實上，季洛維奇教授以謊言進行實驗，證明了鎂光燈效應。研究人員將受試者分成兩人一組，一個人說話、另一個人傾聽。提問卡片上寫有祕密指示，說話者要根據指示，對提問做出或眞或假的回答。舉例來說，在問到：「昨天見到誰？」時，提問卡上只有說話者看得到的那一面寫有「說謊」時，此時就要回答假的答案，寫有「實話」時，就要說出眞正見到的人。這時，扮演傾聽者的人要判斷，說話者的回答究竟是眞還是假。

陷入鎂光燈效應的說話者，在說謊話時，認爲自己說的話、身體動作和氛圍等，在對方的注視下都會被看穿。事實上，扮演傾聽者角色的受試者，卻分辨不出謊言，即使研究人員告訴他們，發現多少個謊言就可以得到多少報酬也一樣。說謊者認爲謊言被拆穿的機率有百分之五十，但統計結果只有這個預測值的一半——百分之二十五而已。鎂光燈效果與洞悉錯覺有關，洞悉錯覺指的是，認爲別人能輕易了解自己的想法。（請參考083洞悉錯覺）

認知他人、從對方的視角反過來觀察、檢驗自己，對共同生活的社會來說，某種程度上非常必要。但是鎂光燈效應若給心理帶來過度緊張，就會變得如履薄冰，愈來愈不安，造成日常生活的不便。如果我們在他人面前感到緊張，或過度在意他人的視線時，要記得這是因爲鎂光燈效應的關係，努力讓心情穩定下來，這樣才是明智之舉。

參考項目

◆自我監控行為：即使別人對自己毫不在意，也很操心別人會怎麼看自己。

◆社會期許偏誤：人們在行動或表達意見時，不會直接誠實表現，而是配合社會期許的價值，加以調整後再表現出來。

〔079〕

我們什麼都做得好，他們只有那一項做得好

團體間的描述偏差 Linguistic Inter-group Bias

定義 內團體好的一面與外團體壞的一面，描述得含糊籠統；內團體壞的一面與外團體好的一面，能更具體地描述。人們在聽到籠統的說明時，有誇大推論的傾向。

人們在講到內團體（自己所屬的團體）好的一面時，說得含糊其辭，談到外團體（他人的團體）好的一面時，會具體地描述。相反地，在談到內團體壞的一面時頭頭是道，對外團體壞的一面則含糊籠統。這種描述的差異，來自平常區別內團體與外團體的信念，也就是從內團體比外團體優秀的想法中產生。這種團體間的描述偏差，被

用來維持自己的既有成見。

爲什麼會產生具體描述內團體負面事件的傾向呢？這是因爲，具體的案例容易被視爲例外事件。也就是說，具體地凸顯內團體的負面事件，把它包裝得像是一種例外，以這種方式維持對內團體的正面信念。具體描述外團體的正面事件，也是因爲想強調，這種正面性是例外事項。舉例來說，在談到競爭組織時，指出「這點還是值得學習的」，這句話的背後是「整體而言沒什麼可學習處」的既有成見。

二〇〇五年，美國雪城大學傳播學系葛翰（Bradley W. Gorham）教授進行了實驗，證明團體間的描述偏差。葛翰教授給白人受試者看了新聞，內容與正在搜捕殺人事件的嫌疑犯有關，其中一組看了畫有黑人嫌疑犯的新聞，另一組看了畫有白人嫌疑犯的新聞。白人受試者看了新聞後所做的嫌疑犯描述，出現了很有趣的結果。

看了畫有白人嫌疑犯新聞的受試者表示：「（白人嫌疑犯）很可能傷害了被害者。」並具體描述嫌疑犯的行爲。然而，看了畫有黑人嫌疑犯新聞的另一組受試者表示：「（黑人嫌疑犯）可能是暴力的。」並多少有些抽象地描述嫌疑犯的品性。受試者在描述視爲內團體的白人嫌疑犯時，使用了具體的單字，但是在描述視爲外團體的黑人嫌疑犯時，使用了更多抽象的形容詞。葛翰教授分析，實驗參加者隨著所屬團體不同，使用不同性質的用語，選擇抽象單字或具體單字。

在日常生活中仔細觀察人們說的話，就能知道什麼人被歸入內團體、什麼人被歸入外團體。例如，籠統地說：「A這個人事情處理得很好。」或是以：「上週A只有在某件事上與C作法不同，處理順序不一樣（為什麼會這樣？）。」給出具體的負面評價時，就是將對方視為內團體。相反地，說出：「A這個人不會處理事情。」或是「A上週只有在某件事上與C不同，分成三個階段好好地處理了（做得很好！）」就是被當成外團體了。

不管職場上司再怎麼跟各位強調「我們是風雨同舟的命運」，只要觀察他話中的微妙差異，就能讀懂對方的內心。當然，反過來自己也有可能被看破。因此在談論到他人時，最好不要輕易顯示這種特徵。如果對方感受到被歸入外團體的話，關係就會變得疏遠。

參考項目

◆群內群外偏誤：對自己所屬的內團體（群內）過度給予好評，對自己不屬於的外團體（群外）或屬於該團體的人，給予壞評價或低估，呈現出喜好差異的現象。

〔080〕

團體極化現象 Group Polarization Phenomenon

就算刀架在脖子上，也要貫徹我們的意志

定義 **懷抱相同想法的人，聚集形成同質團體後，個人本來具有的想法，往極端方向傾斜的現象。**

團體極化現象的特徵是，成員原本持有的態度經過團體討論後會更強化，理由是想讓自己的意見在團體中更突出。在團體討論中，如果有某人的意見與各位想法類似，就算各位的意見沒有改變，也很容易誇大原本意見的程度，想強調自己的意見與那個人有區別——如果本來想做保守的決定，就會提出更保守的意見，如果本來想做有挑戰性的決定，就會提出更冒險的意見。

美國哈佛大學心理系梅耶斯（David G. Myers）與必許（George D. Bishop）教授，在一九七〇年進行了實驗，以種族歧視偏見強烈的團體與偏見少的團體爲對象，讓受試者對種族問題進行討論，之後進行調查。結果，在偏見本來就強的團體中討論的受試者，偏見變得更強烈，相反地，在偏見少的團體中討論的受試者，偏見減少。也就是說，身處與自己的想法類似的成員組成的團體中，會讓自己的立場變得更極端。

之後在對美國法庭陪審員進行的各種研究中，也證明了團體極化現象。陪審員在決定有罪或無罪時，大家的想法如果都類似，會讓原本的想法變得更極端。如果覺得無罪的話，甚至會認爲嫌疑犯一點錯都沒有，更強化自己的判斷，努力讓嫌疑犯減輕刑罰；如果認爲有罪的話，則要求處以更嚴苛的刑罰。

團體極化現象最讓人印象深刻之處是網路。在網路留言中，會爭相辱罵或讚美特定人士。在網路上傳惡意的文章，釀成社會問題而被逮捕的人，在訪談中說：「不知怎地就留了這種留言。」或是：「原本並沒有那麼討厭那個人。」雖然可能是爲了推卸責任而說的話，但可以反映團體極化偏誤。也就是說，在網路上看到與自己想法相似的留言，爲了想讓自己的意見看起來更突出，所以更刺激且強硬地表達自己的意見，結果可能越過不該超越的線。不只惡質的留言，在推特或網路留言版上傳文章時，可能會隨著推特追隨者的喜好或留言版的風氣，而上傳比自己原有的想法更強烈的意見。

政治活動也深受團體極化現象影響，在示威活動現場與同性質的人聚在一起時，會做出比自己平常所想更強烈的主張。比起自己一個人在家收看電視時，對反對派的反感，此時的反感會變得更強烈。有政治家巧妙地運用這種團體極化現象煽動群衆，對於墮胎、安樂死、課稅、開發問題等，動員各種團體，舉辦活動聚集想法相似的人，然後在自己站上前演講後，讓參加者互相討論，最後蒐集討論者與旁聽者的意見，當作團體成員的共識對外發表。

有時候團體極化現象也會強調團體特有的事物，對其他團體進行攻擊。德國人在第二次世界大戰時，因納粹的煽動而認爲自己是「日耳曼民族的榮光」，造成夢想消滅其他民族的極端心態，甚至從未想過要殺害無辜人民的平民百姓也不例外。

將個人的思考配合團體而趨向極端的話，之後經常後悔爲什麼會做出這種判斷。因此在團體討論後，必須有意識地省思，不要忘記自己最初的想法與初心。我們必須省察自己的想法改變了多少，依據什麼明確的根據而改變，是否只是因爲與同伴產生相互作用才改變。同時，比起只在同質性的團體內思考，也必須努力刻意接觸其他性質的團體，讓自己的想法找到平衡。

參考項目

◆團體迷思：凝聚力強的團體中，為了讓成員間的糾紛減到最少、達到意見一致，不會批評集體決定的現象。

081

我們喜歡全體一致

團體迷思 Groupthink

定義 欲使團體成員間的糾紛最小化，並做出全體一致的決定。如同字面上的意思，不是獨立進行個人思考，而是以團體脈絡進行思考。

團體迷思概念最初由美國社會心理學者詹尼斯（Irving L. Janis）提出，用詞則來自歐威爾（George Owell）的小說《一九八四》。根據詹尼斯的研究，愈是具有凝聚力的團體，產生團體迷思的可能性愈高。理由是因爲，組織間的關係良好，即使不明確說出具體意見，也堅定相信彼此都充分了解，所以不需要提出疑問。又因爲不想破壞彼此良好的關係，會壓抑可能引發不快的批評意見。

綜合探討社會心理學者的研究結果，發現下面五種因素愈多，愈容易陷入團體迷思中。

一、權威式領導
二、團體成員有同質性的社會背景和理念
三、對外封閉與禁止批評內部
四、受時間壓迫的決策期限
五、決策案件的重要性

團體迷思會決定對外界刺激的反應方式。被團體迷思包圍的組織，會致力於阻絕對立的外界影響力，例如盡力避免外團體的人來訪問，即使處在同一個空間，也會徹底警戒等，封閉式地維持內部網絡。簡單來說，如果陷入團體迷思，會變得敵視外界，平常會徹底檢閱外部的資訊，將資訊扭曲到對內團體有利的方向。這種情形不只發生在小規模的組織，也會出現在國家單位中，其中最具代表性的就是北韓。北韓的資訊無法自由地內、外流通，維持內部團結與支持組織決定，是政府最優先的課題。

團體迷思雖然重視組織的決定，但是大部分的決定品質與結果都不好。因爲只要有特定案件出現，就會以堅若磐石的信念進行判斷，而不是廣納各種意見，而且一旦做出決定，就會爲了堅守決定而無視周遭的意見，傾注能量攻擊反對意見，徒然浪費資源。

美國的豬灣事件（Bay of Pigs）是最好的案例，呈現發生團體迷思的原委及盲點。這個案例極具代表性，甚至成爲詹尼斯等學者研究團體迷思的線索。

一九六一年一月，約翰・甘迺迪一當選美國總統後，就面臨了古巴卡斯楚（Fidel Castro）政府的問題。當時ＣＩＡ依據前總統艾森豪（Dwight David Eisenhower）政府的命令，擬定推翻卡斯楚政府的祕密計畫。在這個計畫中，古巴亡命者進攻古巴本土後，直到與在山地的古巴內部抵抗勢力會合前，由美軍提供空中支援及空運部隊等，在軍事上進行援助。

甘迺迪雖然對卡斯楚沒有特別壞的評價，但是身爲當時美國政府的首長，面對古巴政府共產化的問題，他稍加修改計畫強力執行。甘迺迪爲了全面消除美國介入的疑慮，將戰線定調爲古巴人爲主體，傾注心血決定的地方正是豬灣。美國將四散的古巴人聚起來，組織了民兵隊，並在接受ＣＩＡ訓練後進攻豬灣，但美國沒有考慮到，讓這些民兵部隊與卡斯楚的正規軍隊對戰，是多麼無謀的作戰。

一九六一年四月四日作戰開始，甘迺迪政府信心滿滿，卻隨即在悲慘的結果前跪倒。作戰計畫事前就已經外流，軍事作戰內容也不符合當地情況，投入戰爭的一千四百名民兵在舉棋不定後，四天內全被殺害或俘虜。甘迺迪雖然費盡心思，全面否認自己樹立計畫、由美國介入的事實，但爲了釋放生存者，不得不進行公開協商。結果，甘迺迪政府的決定在軍事上還是政治上，都造成不可抹滅的巨大損害。

會發生這麼荒唐的事，是因爲剛上任的甘迺迪總統和核心幕僚，都被急功近利的想法（團體思考）迷惑，聽不進軍事專家的批評，只將重點放在政治上「全面否認」的可能性，強行進行作戰。美國雖然有衆多專家及將軍，但沒有人阻擋得了甘迺迪政府荒唐的作戰決定，因爲核心幕僚陷入團體迷思中，只與CIA進行溝通，徹底阻絕外部意見。

在生活中也有許多團體迷思的案例。新聞上反覆出現的宗教團體世界末日論，就是典型的例子。雖然從外界的觀點來看，陷入世界末日論的宗教團體成員，他們的理論十分荒謬，他們卻堅信世界末日一定會發生，做出各種對應計畫，甚至認爲不相信的人都是可憐的笨蛋。政治立場極端的團體，毫不遲疑地做出過激的行動，也是因爲團體迷思的關係，因爲這種行動在一般人眼裡看起來如何、會如何影響社會等，他們毫不在乎。

團體迷思雖然是群體中容易發生的現象，但是也有避免的方法。詹尼斯提出，有七種方法可以預防團體迷思：

- 創造成員能自由批評的氛圍。
- 團體的指導者在處理組織事務時，不表達自己的意見。
- 團體分成各個獨立的組織處理業務。
- 檢視所有好的反論、值得參考的地方。
- 向值得信賴的外部人士徵詢意見。
- 招聘外部專家進行會議。
- 每次開會時選定特定人士作爲反論者（Devil's Advocate），在會議進行時，刻意提出各種批評。

參考項目

◆從衆效應：讓自己的意見符合大多數人的決定。

〔082〕

閉上嘴巴，或是向主流靠攏

沉默螺旋 Spiral of Silence

定義 認為自己的意見屬於少數意見，害怕被多數給予負面評價或孤立，因此乾脆不陳述意見的傾向。相反地，如果認為自己的意見與多數意見吻合，就會積極提出。

沉默螺旋概念最初由德國的政治學家諾艾爾—諾依曼（Elisabeth Noelle-Neumann）博士提出，她在一九七四年的研究中，讓實驗受試者看了一部影片。影片中的主角用生氣的表情發表意見，反對抽菸者在公共場所抽菸，因爲會讓其他人受害。影片結束後，她請受試者以明確的語句，表達觀看心得。研究團隊在受試者發表意見時，故意在附近安排了其他人，結果受試者中本身有抽菸的人，在周遭有不抽菸人士時，公然主張抽菸權的機率減少。

諾艾爾－諾依曼博士認爲，人們不會誠實發表自己的意見，而是受自己相信（或推測）爲多數的意見影響，決定自己的揭露程度。因此，愈是認爲自己的意見遠離多數，沉默的程度就愈大，彷若螺旋狀的軌跡。

沉默螺旋只發生在主觀的想法上，如對倫理問題或公共事件的意見。在可明白區分眞假的事件上，不會產生沉默螺旋。例如，以紅色顏料畫成的畫，如果有某人宣稱它是藍色的，此時看到這幅畫的大部分人，都不會同意。在無法明確知道多數的意見是什麼，必須依靠自己主觀以爲的多數意見，並猜測情勢如何發展的情況下，才會出現沉默螺旋。

人類是社會性動物，先天上害怕被隔

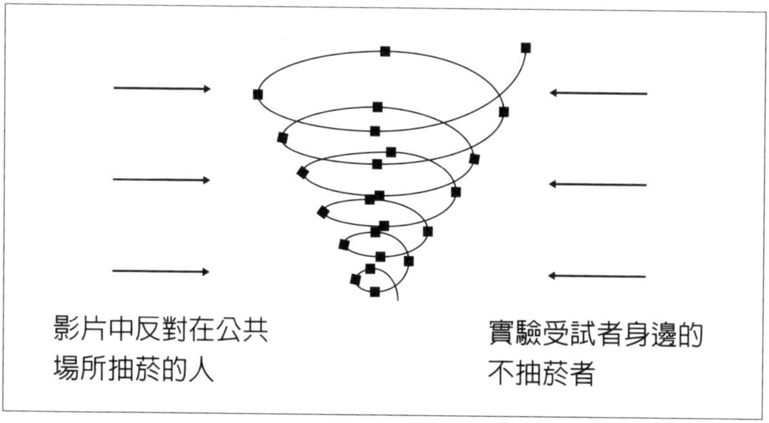

發表贊成抽菸意見的受試者人數

離，因此會盡可能與他人好好相處，圖謀自己的社會安全。因為人們相信，公開發表與大多數人一致的意見，自己才會受到正面的評價，不會被排擠，所以產生了沉默螺旋。

如果自己實際上相信的，被認為與多數意見不同，那麼為了說出自己真正的意見，需要相當大的勇氣。此外，一旦鼓起這種勇氣，就不會再輕易地沉默下去。就像過去默默贊同組織胡作非為的人，在作為內部舉發者公開組織的弊端後，會提高音量是一樣的。

沉默螺旋也可以說明內部舉發者的後續行動。內部舉發者過去感受到組織內多數意見的壓力而沉默，但某個瞬間產生社會上有更多人期望正義的信念時，就可能開始陳述自己的意見。他們為了想直接確認多數人的想法，積極地陳述意見，並為了引導社會的反應，不論是民調訪談、演講等都來者不拒。就像前面說的，不管某人怎樣把紅色的畫宣傳成是藍色的，也沒有用一樣，沉默螺旋不會作用在確切的事實上。因此，不是主觀相信曖昧模糊的多數意見，而是具體確認許多人和你有同樣的想法，就能得到勇氣，從沉默螺旋中脫身，堂堂正正發表自己的意見。

沉默螺旋最常活用的地方是政治領域。政治家引用各種民調結果與統計數據、操弄輿論，相信自己是為多數人代言，同時宣傳競爭者的意見只不過是少數人的想法。

代表性的案例爲「大勢論」，在選舉前若得到大勢論的力量，則其他反對言論是否爲客觀事實都無關緊要，都會被認爲是少數意見。因此即使自己不同意大勢論，但會忌諱公開反駁，陳述自己意見的次數與強度也會減低，這是活用選民的沉默螺旋偏誤的政治策略。

不只是政治，各位在日常生活中也可以使用沉默螺旋。在組織中，如果各位希望自己的提案被採用的話，就必須宣傳那代表了主流意見。相反地，不能因爲其他人沉默，就認爲所有人都贊同自己；而在某人陳述意見、其他人沉默時，也沒有必要認爲那個人的意見是大勢、無條件順從。因爲，人們有可能只是錯以爲那是多數的意見，所以忌諱公開表示反對而已。

參考項目

◆多數無知：實際上，自己的想法和其他人差不多，卻認為自己的想法與大多數人不同。

〔083〕

洞悉錯覺 Illusion of Transparency

到底爲什麼這麼不懂我的心！

定義 認為其他人能了解自己的內心，而過度期待。誤以為自己的心意明白地表現在行動上，任何人都能輕易了解的過度評價。

一九九〇年，史丹佛大學心理系紐頓（Elizabeth Newton）博士，透過實驗證明了洞悉錯覺。她將實驗參加者分成兩人一組，讓一個人用手敲桌子，並在心裡想著歌曲進行演奏，讓另一人聆聽節奏。指定的敲打曲目是生日快樂歌，或是與國歌同樣廣爲人知的歌曲。實驗內容爲一人按照曲目順序敲擊節奏後，另一人猜該節奏是什麼歌，因此又稱爲「敲擊者與聆聽者」實驗。

因爲是廣爲人知的歌曲，實驗團隊也確認敲擊者確實知道節奏，認爲應該能輕鬆猜出曲名，預測約有一半的參加者能猜對，但實驗結果的正確率卻未超過百分之二點五。人們雖然認爲行動中表現出了意圖，但就像這個簡單的實驗結果所顯示，完全不是如此。

人們在沒有明確說明，只以行動表示後，經常會怪罪：「我爲什麼這麼做，你難道看不出來嗎？」太太期待生日禮物，埋怨老公說：「我早上有唱歌暗示，你爲什麼不懂呢？」或是員工對進行到很晚的公司聚餐不滿，所以在KTV故意選了冷場的歌來唱，結果上司反而爲了再次炒熱氣氛，不可理喻地說要帶大家去酒店喝酒；老闆因爲員工不懂自己的想法，而悶悶不樂；作家在描述中隱藏特別含意，或巧妙設計幽默的橋段，讀者卻沒有發現，覺得很惋惜。這些反應就像上述實驗所顯示的，認爲自己的行動可以傳達意圖與想法，高估行動對象的觀察能力，產生了洞悉錯覺。如果不想因爲洞悉錯覺而受害的話，傳達訊息時讓對方能確切了解比較好。如果不用話語直接說出來，對方只能從行動間接推論，這樣的話，可能會受本書介紹的其他偏誤影響，而扭曲各位的訊息內涵。

【084】

你沒有的東西我有！

性格歸屬偏誤 Trait Ascription Bias

定義 覺得自己的性格、特性、氣質等，相對來說更多元，其他人的特性較不多元，所以容易分類或預測。又稱為「特性歸因偏誤」。

人們相信自己的特性很多樣，所以會將其他人的特性，想成自己多樣特性中的其中一項，並認爲可以充分預見及分類。也就是說，把其他人的特性比擬爲自己的特性之一。加上別人的特性資訊不容易取得，而自己的特性，自己能夠充分觀察和理解，更容易拿來作爲判斷的根據，因此陷入性格歸屬偏誤。

若陷入性格歸屬偏誤，比起如實觀察對方的個性，更會誤認對方的特性，也就是刻意拼湊成自己知道的個性。因此不只與對方的現實不符，甚至會強化對對方的成見或偏見，導致負面的結果。

舉例來說，第二次世界大戰時，納粹巧妙利用了特性歸屬偏誤，強化人們的成見。納粹散布傳單，宣傳納粹軍隊和德國人擁有各種特性，相反地，敵方國家的人民或猶太人，只有一個特性。不是一味貶低對方，而是刺激人們內在的特性歸屬偏誤。傳單透過各種角色與情境，表現出德國人的多樣特性，誘導德國人自行差別化看待其他民族。這種策略在南韓或北韓散布的傳單中也能發現。

產品廣告會描寫自家商品的特性非常多樣，相反地，攻擊競爭公司的產品，只有一、兩種相似的特性。這種比較性廣告，也是試圖以特性歸屬偏誤強化既有觀念，意圖讓消費者持續購買自家產品。

參考項目

◆群內群外偏誤：對自己所屬的內團體（群內）過度給予好評，對自己不屬於的外團體（群外）或屬於該團體的人，給予壞評價或低估，呈現出喜好差異的現象。

085

剛才組長不想付錢，假裝綁鞋帶的樣子你看到了嗎

錯誤共識效應 False Consensus Effect

定義 相信其他人的想法和自己一樣的現象。在沒有根據或客觀證據下，認為其他人和自己有相同的想法，是將自己的想法投射到他人身上。又稱為「錯誤的一致性效益」。

美國史丹佛大學心理系羅斯（Lee Ross）教授，在一九九七年進行的實驗中，發現了錯誤共識效應。羅斯教授讓實驗參加者閱讀描寫糾紛情況的文章後，告訴他們兩種解決方案，接著讓參加者回答下面三個問題：

一、推測其他人會選擇哪個方案。
二、回答自己選擇的方案為何。
三、描述選擇兩個方案的人，各自的特性。

實驗結果顯示，大部分受試者認爲其他人也選了自己選擇的方案。這個結果與受試者選了兩個方案中的哪一個無關，出來的結果都是一樣。也就是說，不是因爲兩個方案中，有哪一個特別合理，所以才出現特定的模式，而是因爲受試者認爲自己選了合理的方案，推測其他人也應該如此。而在回答第三個問題上，對於選擇自己捨棄方案的其他人，傾向於評價性格有問題，或是不適應社會生活，做出極端的評價，這都是錯誤共識效應的主要特徵。

錯誤共識效應認爲自己的想法和別人一樣，過度高估自己。因此，與其他人的多寡無關，並不是認爲能投射自己想法的人很多，心理感受到的負擔就較少、錯誤共識效應就較低，也不是認爲自己是少數，錯誤共識效應就會較高。因爲比起實際情況，人們認爲大部分的人和自己擁有同樣的想法。

錯覺以爲自己和他人之間有許多心理共通點，所以產生了錯誤共識效應。因此，如果在現實中發現，有許多人和自己的想法不同時，比起認同想法的差異，更會尋找其他外在理由來解釋。

舉例來說，爲了慶祝專案順利完成，A組和B組一起去聚餐。吃完飯要結帳時，A組組長突然說肚子痛要去廁所，以吝嗇鬼聞名的B組組長便認爲，A組組長耍手段不想付錢，這就是錯誤共識效應。

根據研究者後續的研究，錯誤共識效應雖然會出現在各個年齡層，但是年紀愈大，這種傾向愈強烈。經常基於自己的經驗，認爲其他人也跟自己想得一樣，其實，這些經驗只是因爲錯誤共識效應而被扭曲的事實罷了。雖然年輕人因爲經驗不多，比較沒有錯誤共識效應傾向，不過年紀愈來愈大，累積許多經驗後，下面這些話就會自然而然地出現在日常對話中，例如：「其他人應該也都這樣」、「我們覺得」、「如同各位知道的」等等。即使說的是個人想法，也會使用指稱他人的單字，以爲自己的想法是正確且普遍的。

在現實中，最能發現錯誤共識效應的就是選舉活動。積極支持特定候選人的人，如果意志十分堅定的話，就會認爲其他人當然也這麼想，甚至認爲反對支持的人，一定有問題。如果自己支持的候選人落選，就會歸咎於黑箱作業、買票、作票等外在因素，甚至提起陰謀論。他們會致力於尋找理由，解釋爲什麼結果會與自己的預測不同，而沒有思考其他人的想法從一開始就不同的可能性。

參考項目

◆多數無知：實際上，自己的想法和其他人差不多，卻認為自己的想法與大多數人不同。

〔086〕月暈效應 Halo Effect

長得漂亮的女生，個性也很好吧

定義 對某人的特定評價，受到對方的其他特性影響。舉例來說，在評價知識程度時，受到對方身體魅力的影響，認為長得好看的人頭腦也很好。又稱為「光環效應」。

美國行動心理學者桑代克（Edward L. Thorndike）在一九二〇年的研究中，首次提出月暈效應。桑代克請軍隊指揮官評價他們的士兵，結果正面性格與正面性格、負面性格與負面性格之間，呈現很高的關聯性。也就是說，指揮官在評價士兵的特性時，不是針對個別項目，給予正確的評價，而是整體上將士兵分爲好人、壞人，特定的評價間會互相影響。之後，社會心理學者阿希（Solomon Asch）、狄翁（Karen Dion）等在後續的研究中，確認各種特性裡外貌的魅力值影響最大。

人們認爲外表有魅力的人有智慧、寬容、個性好、家境也好。與此相比，認爲外表沒有魅力的人愚笨、自私、個性不好、家境也差。因此人們努力想和擁有各種正面特性（事實上是眼睛看得到的身體魅力）的人交朋友。結果，身體上有魅力的人，相對而言人氣較高，與人在一起的機會也變多，又因爲身邊有許多人，所以給人個性好、爲人寬容的印象，形成了良性的循環。

根據社會心理學者尼斯貝特（Richard E. Nisbett）一九七七年的研究，人類的判斷受到月暈效應的影響，就算先教導實驗受試者知道什麼是月暈效應，但緊接著評價他人時，受試者仍然沒有警覺自己陷入月暈效應。也就是說，月暈效應是在無意識中產生的。

月暈效應被活用在企業中，在企業衆多特性中，強調主要優點的部分進行廣告，則其他特性有很高機率在月暈效應之下，也得到高評價。另一方面，即使是顧客滿意度第一名的企業，也不代表經營透明度或員工滿意度也高，不過人們仍然認爲對社會來說是好企業，形象非常良好。擁有許多品牌的企業在推出新品牌時，比起爲了賦予全新的形象而隱藏母企業，有時候爲了享受月暈效應，反而會全面強調母企業。即使是技術上或設計上完全一樣的產品，以OEM（委託代工製造）的方式，貼上大企業標誌，或是印上中小企業的開發公司標誌的商品，相比之下，前者會得到更高的評價，這也是因爲月暈效應的關係。

參考項目

◆偏見盲點：自己已陷入偏誤而不自知，也就是「對認知偏誤的認知偏誤」。

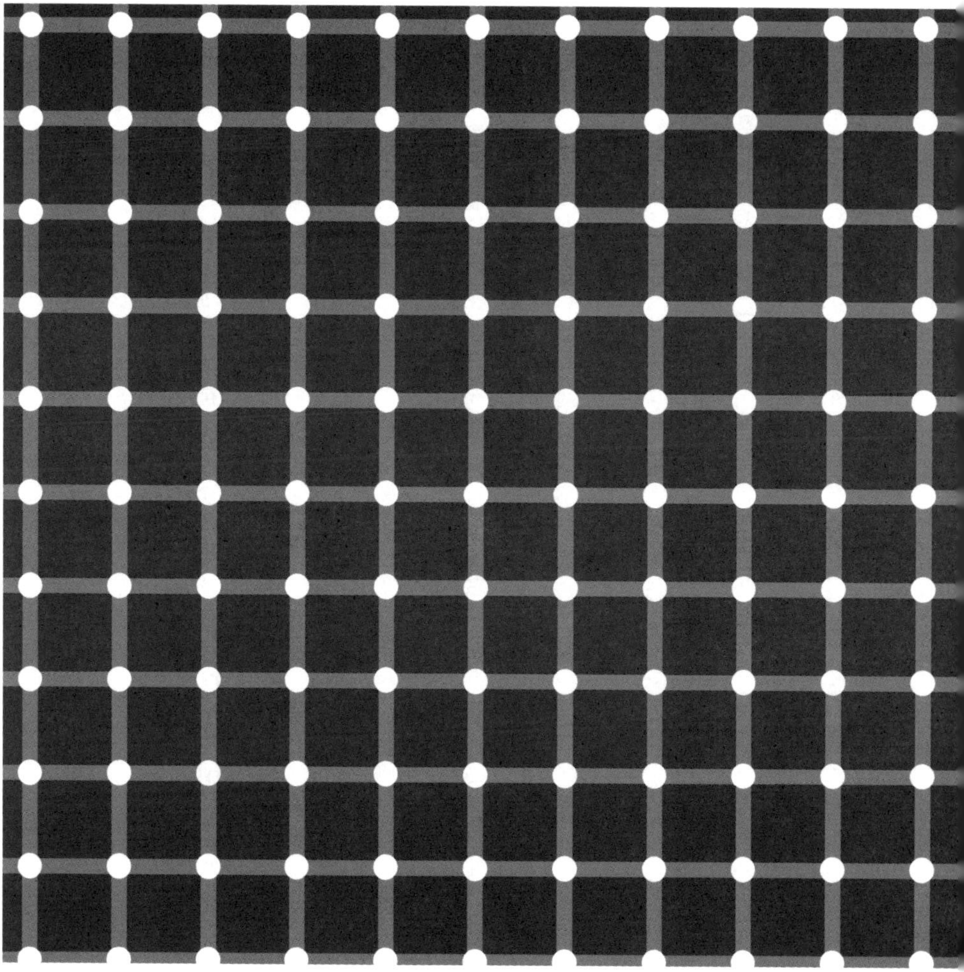

04

記憶偏誤

〔087〕

我的朋友會做壞事，是環境所逼

正面效應 Positivity Effect

定義 認為自己喜歡的人所做的負面行動，是因為外在因素所導致；做出正面行動時，則是本身的個性之故。

美國哈佛大學心理系泰勒（Shelley E. Taylor）與科夫麥奇（Judith H. Koivumaki）教授，在一九七六年的研究中證明了正面效應。他們以八十五對夫婦爲對象，進行了「對人知覺實驗」（認知他人的性格或慾望、感情、思考等，形成某種印象）。首先，他們請受試者寫下自己的行動中，正面與負面的部分，然後把這個清單交給朋友，請他們評價該行動是情況的錯，還是自己個性的錯。結果，朋友們大多將正面行動歸爲內在個性的關係，負面行動則是環境因素的影響。

研究團隊發現，和評價對象愈不熟或愈討厭對方，正面效應的效果就愈弱。此外，他們也較少受到基本歸因謬誤影響，或試圖將對方的行動正當化。研究團隊透過這個實驗結果解釋，基本歸因謬誤的情緒性、動機性因素，會作用在正面效應上。

就像前述實驗結果所示，正面效應是作用在有好感者身上的偏誤。也就是說，這個偏誤會將認知往正面扭曲，喜歡的人更喜歡。相反地，如果是自己討厭的人做出負面行動，就會責怪對方的個性使然，而做出正面行動時，則認為是外在環境所導致。為什麼會產生正面效應這種特性？這是因為，如果我喜歡的人做出負面的舉動，若因此認為是他個性差的話，會造成心理負擔，所以扭曲自己的認知，以便能繼續喜歡對方。

舉個簡單例子吧。一個人在辱罵某個人，我們發現正在罵人的是自己的朋友。這種情況下，我們會解釋為因為外在情況的因素，讓朋友不得不發火，或許對方做出該罵的行動，或是朋友那天心情不好，又或者情況太過危急，所以只能做出衝動的反應。但是，如果自己被不認識的人罵，則會輕易認為是對方本來就脾氣不好，所以才會隨便罵人。這個瞬間，我們已經掉進正面效應。

正面效應產生在「我喜歡的人」或至少「我不討厭的人」身上。如果是不喜歡的人，就會因為基本歸因謬誤，容易將負面事件歸咎於對方的個性。因此，根據對方如何評價自己的行動，就能知道對方喜歡自己，還是討厭自己。例如，如果在自己做出正面行為時，表示「你果然是個善良的孩子」，在自己做出負面行為時，以「那種情況下本來就會那樣，是那個人活該，你做得好」來支持自己的話，就可以判斷對方喜歡自己。然而，這裡的喜歡，不必然就是好的意思。有時候，在自己做出負面行為時，狠狠地指責自己個性不好的人，更可能是真正的朋友。

參考項目

◆基本歸因謬誤：別人犯錯時，責怪對方的個性（內在因素），自己犯錯時，則責怪情況（外在因素）的心理現象。

〔088〕

我就知道是這樣！・馬後炮

後見之明偏誤 Hindsight Bias

定義 某件事情發生後，就像事情發生前已經看穿情況般，進行思考與說明的現象。為了強調人們認為「我一直都知道」這一點，後見之明偏誤又稱為「始終都知道效應」（**Knew-it-all-along Effect**），或是因為以必然的因果關係說明事件，所以也以「潛在認定論」（**Creeping Determinism**）一詞來表現。另又稱為「事後想法偏誤」、「事後諸葛偏誤」、「事後偏誤」、「事後認知偏誤」、「事後解釋偏誤」等。

後見之明偏誤由卡內基美隆大學菲施霍夫（B. Fischhoff）教授，在一九七五年的心理學研究中打下基礎。菲施霍夫教授先在一九七二年的實驗中，請受試者預測尼克森（Richard Nixon）總統在即將進行的北京訪問中，會取得怎樣的外交成果。

當時美國在外交上仍未承認中國，且尼克森是強硬的反共主義者，所以社會輿論普遍沒有太多期待。但是尼克森的造訪達成預料外的成果，緩和了冷戰時代的緊張。在尼克森總統回國後，菲施霍夫教授請同一批受試者，回想之前他們預想的外交成果內容。受試者都說自己先前就做了準確的預測（例如：「我早就知道會這樣」），即使實情並非如此。作爲參考，一九七五年菲施霍夫教授發表了I Knew It Would Happen（我就知道會發生那件事）論文。

產生後見之明偏誤的理由很簡單。因爲人們在事件發生後，重新構築了記憶，彷彿過去就預知現在所發生的事情（結果），因此說得好像過去就預測到現況（對當時來說是未來）一樣，將現在的情況描述成因爲過去的某件事，造成了因果關係，所以不得不發生。聽陷入後見之明偏誤者說的話，會覺得他彷彿是該事件的專家，不論他個人實際的知識能力或洞察力如何。

後見之明偏誤一定包含兩種要素。第一，扭曲事件發生的機率；第二，扭曲自己對事件曾做過的判斷內容記憶。也就是曲解爲特定事件的發生機率本來就很高，而且自己早就預測到了。

後見之明偏誤是算命師經常活用的伎倆，也是一般人或專家常常陷入的思考陷阱。舉例來說，沒有人事先預知二〇〇七年美國的經濟危機，但是危機發生後，許多人開始侃侃而談爲什麼危機註定會發生，甚至解釋爲什麼非得在那個時期發生。如果他們本來就未卜先知並堅信不移的話，早就會投資期貨、股票商品，大賺一筆了。

在日常生活中，經常有人嚷嚷：「我早就知道會這樣！」然後跳進後見之明圈套中的案例。如果想從圈套中脫身，需要對過去的正確記憶。但是記憶儲存於時時刻刻變化的腦中，隨時根據不同脈絡重組，這種特性使得「正確的記憶」在一開始就不存在。因此，在關注任何事件時，都不能將視線放在事後了解到的單一因果關係，而是應該努力一邊觀察，一邊考慮各種可能性。

參考項目

◆可得性捷思：因為認知處理的容量有限，無法均衡地探索所有資訊，只在可得的情報內進行判斷的現象。

◆代表性捷思：推測某件事發生的機率，或某個對象屬於特定範疇的機率時，根據該事件或對象有多能代表母團體，或與母團體的特性有多近似來推測。

089

這種事情是生平第一次

潛隱記憶 Cryptomnesia

定義 不記得過去發生過的事情，覺得是嶄新經驗的現象。在腦中回想某件事物時，自然的記憶過程是回想之前的經驗，並記得該事物過去曾經看過；潛隱記憶則是沒有認知到這種明確的記憶，在忘卻的記憶下，判斷該事物是生疏的。英文字根**crypto-**有「祕密的、隱藏本體的」之意，所以又稱為「潛伏的記憶」。但是潛伏一詞給人只是潛藏在那裡的感覺，因此為了強調體驗起來很生疏的意義，又稱為「生疏記憶」。

美國心理學者布朗（Alan S. Brown）與墨菲（Dana R. Murphy）博士，在一九八九年的實驗研究，證明了潛隱記憶。研究團隊將實驗參加者分成四人一組，請他們在特定範圍內舉出事例。舉例來說，如果範圍限定是「鳥」，受試者就要舉出「鸚鵡」、「九官鳥」等例子，一個人舉出例子後，同一組的其他三個人按順序舉出不同的例子。在舉完例子後，請受試者回想自己舉出的例子，寫在紙上。然後根據自己回想的例子個數，再想出一樣多的新例子。但受試者沒有意識到，自己寫下的是其他人已經舉過的例子，把那些當成是新例子寫成清單。該比例約占整體新例子約百分之三到百分之九，也就是在非故意的情況下剽竊。

即使不是實驗情境，我們也很容易發現因潛隱記憶造成的剽竊情形。作家有一天腦中浮現一句絕妙的語句，覺得很棒所以寫了下來，結果被發現那個句子是知名書籍中的一句，而淪落爲抄襲者。如果該作家沒有抄襲的意圖，那麼他就是陷進潛隱記憶。也就是說，他沒有認知到腦中浮現的，是過去曾經看過的，誤認該語句是新的創作，所以才失手犯錯。又或者作曲家想起了很久以前自己作的曲子中的一小節，卻以爲是新的靈感而喜孜孜；搞笑藝人或主持人說了笑話，站在眼前的正是當初告訴他那個笑話的人，雖然是過去從對方那裡聽來的，卻以爲是自己新想出來的橋段，而被對方翻白眼，這些都是潛隱記憶的案例。

因爲認知記憶對象來源的能力受損，才產生了潛隱記憶現象。也就是說，如果沒有意識到來源是別人，或是自己以前創造的，就會產生潛隱記憶。即使是正常人，如果壓力太大，或是課題太複雜，導致認知負荷超載的話，因爲探索來源爲何的認知資源所剩爲零，就會陷入潛隱記憶。不只認知負荷超載，在時間經過太久、無法確認出處的情況下，也會產生潛隱記憶。培養注意點子出處的習慣，或是有意識地努力分辨，都能改善潛隱記憶的發生。

近來網路的搜尋引擎十分發達，能夠在網路上確認自己的靈感與別人的靈感有沒有重複、新點子是不是之前看過的東西等。活用網路的話，就能避免捲入非本意的剽竊危機中。

參考項目

◆虛假記憶：過去沒有發生的事件，卻認為曾經發生，並從記憶中擷取的現象。也就是說並不是實際的記憶，只是相信自己記得的錯覺。

〔090〕

我總是做最好的選擇

選擇支持偏誤 Choice-supportive Bias

定義 **在做出決定後，扭曲自己的記憶，認為該決定是最好的選擇，或是將自己沒有選擇的選項，曲解為更不好的東西。**

生活是選擇的連續，雖然會有不得不接受唯一方案的時候，但大抵上都是從各種選項中選出一個。當然，無法保證哪個選項最好。不過在時間經過後，回首過去的決定，不知爲何總覺得那時所做的決定是最好的，這正是因爲選擇支持偏誤。

如果陷入選擇支持偏誤，會滿足於自己的選擇，認同做出決定的自己，不會因爲做出壞決定而悔恨。因此，人們即使知道這是一種偏誤，但因爲它在心理上的利益更多，依然無意識地陷進去。

購後合理化是在購買某個物品後，將自己的決定合理化，放寬來看的話，是一種選擇支持偏誤。不過差別在於，購後合理化來自對負面結果的防禦，而選擇支持偏誤在比較中立一點的選擇結果中也會產生。

舉例來說，某人在美妝店中買了普通水準的化妝品。回家使用後，既對價格感到滿意，品質與價格相比也很棒，且與自己的皮膚很合，彷彿在各個標準中都合格，所以自己才買下這個化妝品一般，那麼就是掉進選擇支持偏誤。因爲他既不是爲了買那個化妝品才去美妝店，在環顧各種化妝品時，也沒有設下現在所感到滿意的標準、逐項審視，只是自己事後扭曲記憶，以爲自己過去好像曾經這麼做。

選擇支持偏誤在人際關係或印象評價中，也有很大的影響。美國普林斯頓大學梅德（Mara Mather）、夏菲爾（Eldar Shafir）、喬森（Marcia K. Johnson）博士進行了實驗，讓受試者假扮面試官，進行假想的新進員工選拔，從兩人中選出一人。在各個申請者的申請文件上，各寫了四個優點與缺點。之後請受試者回想對申請者的記憶時，他們對自己選擇的申請者，記得更多的優點，相反地，對自己沒有選擇的申請者，記得更多的缺點。

根據他們的研究，選擇支持偏誤呈現年紀愈大、效果愈強的特性。年紀愈大的人，愈擅長合理化自己的選擇，相信自己做出最佳選擇的傾向也愈強。交往時雖然看起來有明顯的缺點，一旦結婚成爲夫婦、產生感情之後，就會以各自的方式幸福地生活，這種老一輩間的建言並非毫無根據，因爲人們會扭曲記憶支持自己的選擇。

參考項目

◆購後合理化：買了昂貴的物品、有缺點的物品，或者買錯東西後，將自己的購買行動合理化。

(091)

虛假記憶 False Memory

我不記得去年夏天做過的事

定義 過去沒有發生的事件，卻認為曾經發生，並從記憶中擷取的現象。也就是說並不是實際的記憶，只是相信自己記得的錯覺。

記憶中的某件事栩栩如生，細部內容記得很清楚，連記憶出自哪裡都十分確信，愈是如此，愈容易相信自己的記憶爲事實。但是根據虛假記憶的研究，就算滿足了上述所有條件，自己記得的東西也有可能不是眞的。

一九九〇年代，童年時期的記憶問題在法律訴訟上受到關注，造成虛假記憶的研究開始蓬勃。一九八〇年代與一九九〇年代向心理醫生求助的女性中，有許多人表示困擾自己的心理問題根源，來自於年幼時期被父母或親戚性侵的記憶，極爲生動且詳細的記憶，使她們的情緒大受衝擊而告發加害者。恢復記憶與治癒相關的書籍進入暢銷排行榜，影響所及，發現童年時期創傷的人們，紛紛提出訴訟。甚至不只童年記憶，連前世治療——挖掘上輩子的記憶，試圖尋找心理安定——都引發人氣。

但在尋找心理治療師之前，一次都不曾想起的記憶，爲什麼會湧現呢？

根據美國加州大學爾灣分校洛夫特斯（Elizabeth F. Loftus）教授，數十年間的研究結果，人類的記憶相當不可靠。她認爲心理治療師在推動「恢復被壓抑的記憶」過程中，引發複雜的社會問題，有必要提出正確的科學解決辦法，因此投身研究相關問題。

一九九三年，洛夫特斯教授進行了簡單的實驗。她首先讓受試者閱讀以童年時期的三項記憶編寫的小冊子。童年時期的記憶事先由受試者的家人提供，但裡面有兩個眞正記憶（童年時期實際遭遇的事件）與一個假記憶（在購物中心迷路的記憶）混在一起。之後，洛夫特斯教授請受試者詳細寫下自己記得的內容，不記得的就不要寫。從邏輯上來想，受試者應該會寫下對眞實事件的記憶，不會寫下研究團隊故意捏造的購物中心迷路記憶才對。

然而在整體受試者中，約有百分之二十五表示記得自己在購物中心迷路，做出詳細描述，並談起情緒上的衝擊，例如「媽媽要我不要再那麼做」、「那天我實在嚇壞了，以爲再也見不到家人，我也知道事情很嚴重啊」、「進到玩具店後迷路了，我左顧右盼，心想事情不好了，好像再也見不到家人一樣，眞的好可怕。那時有某位穿著藍色衣服的爺爺走向我，是一位年紀很大的爺爺，頭髮花白而且稀少，爺爺戴著眼鏡」。

生動且詳細的描述，加上情緒衝擊，很容易就相信是實際發生過的事情。但這都是根據研究團隊捏造的假事件，自己再編造出來的記憶，也就是虛假記憶。研究團隊注意的是，在實驗室中閱讀分發下去的小冊子前，這些記憶一次都不曾浮現。就像尋求心理醫生協助的女性，想起了生平從來沒有想過的性侵記憶一樣。洛夫特斯教授沒有做任何誘導提問，甚至提醒想不起來的記憶就不必寫，但還是出現如此驚人的結果。

不過，如果是心理治療師的話，會因爲要找出被壓抑的記憶，所以先丟出與幼年期記憶相關的線索。接受治療者，如果將電影或新聞報導中看過的兒童性侵畫面，與自己的經驗結合，覺得會不會自己也是那樣的話，漸漸就會製造出記憶。

洛夫特斯教授在其他研究中，讓童年時期曾去過迪士尼樂園的學生看了廣告照片，照片中迪士尼樂園裡賓尼兔牽著一個小孩的手。研究團隊請那些看過照片的受試者，具體描述童年時期在迪士尼樂園內遇見賓尼兔的畫面。參加實驗的學生中，有百分之六十二記得與賓尼兔握手，有百分之四十五記得與賓尼兔擁抱。有些學生則記得摸過賓尼兔的耳朵或尾巴，甚至還有學生生動地記得，自己給賓尼兔胡蘿蔔。雖然這些學生可能有非常卓越的記憶力，但問題是，賓尼兔並不是邦尼兔，也不是迪士尼樂園的角色，所以在那裡絕對遇不到他。那張廣告照片是假的，實驗學生的記憶自然也是假的。

雖然我們認為，如果能仔細描述情況（別人或是自己），就愈接近事實，但實情並非如此。我們的記憶，並不是被動複製外在環境，再「擷取出來」，而是一直主動重組意義，不管要多少生動的記憶都能「做出來」。不只洛夫特斯教授，另有許多認知心理學者說明，記憶的特性不是像蜜蠟一樣，一旦複製後就會留有確切的型態，而是像「變化無常的黑板，不斷地用粉筆與板擦塗寫又擦掉、擦掉又塗寫」。

洛夫特斯教授在一九九六年發表的《記憶VS.創憶：尋找迷失的眞相》（*The Myth of Repressed Memory: False Memories and Allegations of Sexual Abuse*）一書中，介紹了理所當然的虛假記憶案例，例如威爾科默斯基（Wilkomirski）將幼年時期遭遇的大屠殺經驗，傳神地呈現在書中，獲得讚譽，但事後被揭露所有的記憶都是假的；還有宣稱自己被外星人綁架、九死一生逃脫出來的故事等等。

最令人印象深刻的案例，是一九八八年冷血的殺人犯，因爲性侵家人、崇拜撒旦，被兩個女兒告發的英格拉姆（Paul Ingram）。警察採信女兒被父親虐待的證詞，逮捕了英格拉姆。警方爲了讓他招認罪行不斷審問，他最終屈服了。長久受到審問的他心神虛弱，按照警察的誘導審問，創造了自己的記憶。當然，因爲十分模糊，本人也分不出到底是事實、是夢、是電影，還是新聞報導中的內容。

洛夫特斯教授拜託暗示感受性（suggestibility，可受暗示性）專家，訪問英格拉姆。暗示感受性專家向英格拉姆表示，他的女兒對他提起告訴，罪狀是強制性侵。英格拉姆一開始否認犯行，但是在暗示感受性專家催促他「你回想看看那個場面」後，隔天他就承認了犯行。

但是，上述告訴內容是假的，是暗示感受性專家杜撰的故事。專家主張，英格拉姆之前的所有自白，都是捏造的虛假記憶，是在誘導審問後創造出記憶，然後才自白的。專家並提出報告，指出不應該以這些記憶爲基礎判斷他有罪。英格拉姆的律師則表示，仔細檢視這個事件的話，會發現女兒回憶的殺人案件中，包含事件的相關新聞報導中曾出現的謬誤，不僅前後不一致，也有許多內容被重組，問題重重。最後，英格拉姆被無罪釋放。

洛夫特斯教授強調，就算只是小小的暗示，也能製造出虛假記憶，所以必須要小心。然而，就算是虛假的記憶，本人也會認爲都是事實，並且堅信不移。洛夫特斯教授在實驗結束後，告訴受試者他們的這些記憶都是假的，他們聽到後嚇了大一跳，甚至矢口否認。

人們常常受到誘導提問的影響，重組了自己的記憶內容。洛夫特斯教授在一九七五年到一九七八年間進行的實驗中，讓受試者看了汽車交通事故的畫面，然後以三種問句提問。她向第一組提問：「您剛剛有看到兩台汽車開著開著，然後碰一聲猛力相撞的影片吧？汽車駕駛的速度大概有多快？」向第二組提問：「您剛剛有看到兩台汽車開著開著，然後啪一聲撞到的影片吧？汽車駕駛的速度大概有多快？」最後向第三組提問：「您剛剛有看到兩台汽車開著開著，然後輕輕擦撞到的影片吧？汽車駕駛的速度大概有多快？」

雖然實驗參加者看的是同一部影片，但是回答卻根據提問內容而有所不同：第一組受試者回答時速九十公里、第二組回答時速六十五公里、第三組回答時速五十公里。如果再追問：「剛剛紅綠燈不是黃色的嗎？」即使實際上是亮紅燈，受試者也會記得影片中的是黃燈。

在另一個研究中，讓受試者看了在空蕩蕩的街上，有個蒙面男人登場的電影，然後詢問：「您記得那個男人的臉上有鬍子嗎？」大部分的受試者回答，記得男人的臉上有鬍子，但實際上男子是蒙著面。目擊者的證詞難以信賴的原因，不只是因爲誘導審問，從假的刺激而自發性地回想的案例中（迪士尼樂園的賓尼兔、在購物中心迷路）能觀察到的一樣，基本上人類有容易產生虛假記憶的認知特性。即使是同樣的情況，人們在回溯記憶時，有依據周遭環境、必要性或誘導，而重組記憶的強烈傾向，並且相信重新建構過的記憶是眞實發生過的事。

在接收到往特定方向記憶的要求時，千萬要特別小心。從壓力中脫身，盡可能在自由的狀態下去回想，才能防止虛假記憶發生。特別是，如果突然想起了之前想不太起來的記憶，就要懷疑那是不是虛假記憶。最好的方法是不要太過依靠自己的記憶，與其他人的記憶做對照，並努力比較客觀資料。

〔092〕

一致性偏誤 Consistency Bias

你從以前開始就是這樣

定義 **看到某人現在具有的特性，認為對方從以前開始便是如此的現象。一致性偏誤是與人相處時，導致偏見產生的根源。**

美國哈佛大學心理系沙克特（Daniel Schacter）教授，在一九九九年出版的《記憶七罪》（*The Seven Sins of Memory*）一書中，介紹了一致性偏誤。這個偏誤是將過去的記憶，重組成與現在相似的現象。

這麼說的話，爲什麼連記憶都會重組並出現偏誤呢？因爲，每次都要觀察別人的各個層面，對心理資源有限的人類來說會造成心理負擔。如果將記憶重組，認爲那個人是有一致性的人（本來就是那樣的人），自己的信念就會得到準確的滿足感。人們無法準確記憶過去的事，只能以現在觀察到的狀態與行動，推論對方的過去，因此很容易產生一致性偏誤。

一九九八年美國心理學者夏菲（Elaine Scharfe）與巴塞洛繆（Kim Bartholomew）博士進行了實驗，他們讓情侶看了與熱戀模式相關的客觀問卷，請他們回答自己的戀情屬於哪一種，以及程度如何。參加實驗的情侶平均年齡爲二十四點五歲，正值血氣方剛的青年。問卷由「我積極地試圖進行肢體接觸」、「對方先決定約會時間」等，在戀愛關係中發生的各種情況組成。

八個月後，研究團隊再次請來受試者，請他們思考現在與戀人之間的關係，然後回答問卷。到這裡爲止都與之前的實驗內容一樣，但是這次不只現在的狀況，也請受試者回憶八個月前的關係，在問卷上回答。

在第一次實驗過了八個月後，分析受試者的問卷調查結果，現在狀態與過去狀態的回答，有百分之七十八重疊。但是，與八個月前自己實際上回答的內容有所差異。有百分之五十九的受試者，八個月前實際回答的內容，與現在記得的內容一致。研究團隊對問卷結果進行詳細分析，發現根據現在的愛情狀態，人們過去的記憶也會變得不同，呈現前後一致的模式。

通常在不愉快分手的狀態下，在各個面向上會有不好的記憶。明明一開始交往時，是因爲看到對方好的一面才交往的，但卻記得從以前開始就有與現在一樣的問題，並負面地評價。相反地，現在肯定地看待對方的話，對過去也會有正面的記憶。這種一致性偏誤對憂鬱症也有影響，罹患憂鬱症的人因爲現在的狀態不好，所以比起過去實際的感受，會將昔日經驗記得更黑暗，認爲自己發生過很多鬱悶的事情，陷入泥淖中。相反地，幸福的人會把過去的經驗，記成比實際發生過的更快樂。

英國大文豪莎士比亞很早就說過：「結局好，一切都好。」這無疑是與一致性偏誤完全相符的一句話。美國普林斯頓大學心理系教授，也是諾貝爾經濟學獎得主的康納曼教授，以簡單的例子說明了這個現象。

你正在用音響聽古典音樂，心情愉快享受一段美好時光。但是到了曲子的最後部分，卻發出「嘰——呀」的噪音後結束，這樣的話各位心情會如何呢？

享受了很久的音樂時間，最後的噪音相對來說只是非常短的時間。也就是說，好記憶與壞記憶的量是不同的。即使相對來說，有更長的時間享受音樂，但曲子結束之前的噪音把一切都毀了。這是因爲一致性偏誤發揮了強烈作用，使人以現在的狀態，一起判斷了過去的狀態。

一致性偏誤也會創造出政治偏見。一九六八年，美國密西根大學心理系馬庫斯（Greg Markus）教授研究政治偏見的根源。他在一九七三年與一九八二年蒐集、分析八百九十八名父母與一千一百三十五名子女，也就是兩個世代在政治見解上的龐大資料（例如性別平等、起訴權、毒品合法化等議題）。結果顯示，父母和子女都隨著時間經過，變得愈來愈保守。但是在一九八二年的調查中，他請受試者回想九年前（一九七三年）進行的問卷調查中，自己當時的見解爲何，結果有三分之一的人回答，過去和現在的見解相同。受試者中只有三分之一準確記得自己九年前的見解，但請他們對當時特定事件的見解進行評價，從「極爲同意」到「完全不同意」，根據同意程度評價，滿分爲七分，結果有三分之二的人，出現三分以上差異的錯誤記憶，剩下的三分之一，雖然差異在三分以內，但還是記錯了。

根據馬庫斯教授的研究，人們會根據自己現在的政治立場，朝向和現在最相近的方向，重新構築自己的過去態度，所以很少有人的政治立場會劇烈改變。即使實際上改變了，本人也不這麼認爲，這一點很明顯產生了偏誤。馬庫斯教授發現，雖然大多時候會產生一致性偏誤，但能準確回想對特定事件見解的機率，意外地很高。此外，自己成爲某件事的被害者，或是家人受到傷害的話，就不會根據現在的情況，輕易重組過去的見解。

參考項目

◆負面效應：判斷某個人負面行動的原因時，輕易認為是對方本來就具有很多負面特性之故。

093

初戀爲什麼格外令人難忘

蔡格尼效應 Zeigarnik Effect

定義 和已經完成的課題相比，未完成的課題留下的記憶更強烈，對判斷造成影響的心理現象。已完成的課題，在進行過程與結果等資訊量上，雖然可能比未完成的課題多，但因為對未完成課題留有強烈的依戀和執著，而左右了判斷結果。

蔡格尼效應一詞源自俄羅斯心理學者蔡格尼（Bluma Zeigarnik）的姓氏。蔡格尼在一九七二年的研究中，給實驗受試者串珠子或是解拼圖等簡單的任務，讓其中一組將二十個任務全部完成，另一組則在中間中斷，之後再問受試者最記得的任務是什麼。結果發現，比起完成所有任務的那一組，在中間受到妨礙的受試者，記得更多任務，幾乎是兩倍之多。

一九八二年，美國心理學者麥格魯（Kenneth O. McGraw）與費亞拉（Jirina Fiala）博士進行了實驗，將任務內容換成更難的拼圖。這次不像蔡格尼在任務完成一半時停止實驗，而是在任務幾乎完成百分之九十時停止。也就是說因爲動了很多腦筋，所以能記得的東西也會變多。但就算這樣，實驗結果也和蔡格尼實驗一樣。問題並不是人們做了多少任務，光是因爲無法完成這個理由，就讓人們記得更多。當然，把任務做到最後的人，一定有較多執行任務的經驗就是。

蔡格尼效應最容易產生的地方，正是系列電影與週末電視連續劇。與連貫的故事相比，人們在劇情達到高潮的瞬間，看到「下集再見」或「下回待續」時，更會被勾走心思。加上電影最少要等一年，連續劇要等一週，必須解決記憶中好奇的部分才會善罷甘休。

英國作家狄更斯（Charles Dickens）很清楚，人們對未完成的故事感到更有魅力，所以他出版的作品大部分不是從頭到尾連貫的故事，而是分成單元系列出版。對他的下一個故事感到好奇的美國讀者，會蜂擁到紐約港邊排隊，希望能快一點拿到書。以這種誘人的方式出版書籍，雖然受到抗議，但狄更斯還是堅持如此，認爲這麼做是爲了讀者閱讀的樂趣。最後雖然也會把整個系列合起來，出版成今天我們看到的完整作品，但狄更斯在當時將系列故事切割出版，這份直覺連心理學者也會感歎不已。

人們執著於「未完成」，對沒有結果就結束的初戀，尤其記得清楚。雖然不太記得太太穿過什麼衣服，但是十年前初戀女友穿的衣服、說過的話、甚至連香氣都記得。一個月前在公司意氣飛揚完成的工作，現在會歪著頭絞盡腦汁回想：「那時候我做了什麼啊？」但對於三年前努力執行卻中斷的專案，卻是「那個時候，我啊……」從頭到尾娓娓道來。比起詳細閱讀完整說明的電子郵件內容，人們對信中寫著「詳細事項請點擊下方按鈕」的連結更感到好奇，反而會點擊進去看看。

適當留白比完全填滿更好，這不只是古代東方哲學老者的教誨，也是現代心理研究的結論。

〔094〕

玫瑰色回憶 Rosy Retrospection

再怎麼說都還是那個時候好啊！

定義 **對過去的事情，比當時給予更正面評價的現象。將過去評價為負面的事情往正面、將正面的事情往更正面的方向評價，美化了過去。**

人們在遭遇困境或嚴格的社會限制當下，雖然感覺像被現實緊緊勒住，不能呼吸，但之後回想起來時，卻經常會做出肯定評價，表示：「那時候也有那時候的浪漫，所以還過得去啦。」舉例來說，即使受到殖民時代、獨裁者、高壓政治的迫害，事後也會正面評價；或者將治療牙齒的記憶，變得沒治療時那麼痛苦，以便日後能以輕鬆的心情去看牙醫。這種玫瑰色回憶的偏誤，比起極負面的事件，在有一定程度的正面事件中，更容易產生效果。

那麼，爲什麼會產生玫瑰色回憶呢？首先，比起負面的事，人們更喜歡正面的事。加上持續保有嫌惡的感情也是一種壓力，所以對於負面情緒的憤怒或嫌惡，會比正面情緒更快消失。因此，就算整體來說，對事件內容的記憶模糊，對負面層面的記憶會覺得比實際經驗到的還少，結果相對來說，剩下較多正面的記憶，便會以此爲基礎重組評價。

根據美國華盛頓大學企管系密契爾（Terence Mitchell）教授與西北大學企管系湯普森（Leigh Thompson）教授等人，在一九九七年的共同研究，人們對自己的經驗呈現出三種反應。第一，玫瑰色預測（Rosy Projection）：在假設某件事會發生時，將自己的滿意度看得比實際程度高。舉例來說，認爲買了房子會非常棒的人，眞的買了房子住進去後，那份滿足感卻沒有想像中那麼強，或是持續不久。第二，貶值（Dampening）：將現在正在體驗的正面事件，減輕看待。如果詢問年輕人現在正遭遇的事情，他們可能會羅列各項不滿意的事，或是東講一點西講一點，但在第三者聽起來，會覺得有某種自由和正面的部分，不過因爲本人認爲，從這些東西中得到的快樂或正面事物不算什麼，所以才會有貶值反應。第三種就是玫瑰色回憶。

密契爾教授與湯普森教授爲了確認這三種反應如何出現，調查了受試者體驗過的各種正面事件的效果——十二天的歐洲之旅、感恩節回家、在陽光普照的加州度過三週的腳踏車旅行等，結果各種事件的效果全都相似。在事件發生之前，雖然滿懷期待，但是真的發生時，對於達不到自己期待的現實感到失望，或是覺得不滿意，認為有哪裡出錯了。之後只會維持好的記憶，專注在當時沒有注意到的細節，咀嚼意義，甚至想像當時沒有發生的事情來加味。記得在迪士尼樂園跟賓尼兔玩得很開心，就是一個好例子。虛假記憶也會很自然地對玫瑰色回憶造成影響，讓造訪遊樂園的正面事件變得更正面。（請參考091虛假記憶）

也許我們覺得珍貴的回憶，其實是被塗上第二層玫瑰色也說不一定，雖然這樣的想法讓人覺得苦澀，卻是沒辦法否認的事實。但是，如果因為這樣，就想要利用玫瑰色回憶，造成別人傷害後希望隨時間過去就能隱藏，這是沒有用的。玫瑰色回憶雖然是很普遍的現象，但是明確的不愉快經驗，或是到目前為止精神上都感到痛楚的事件，玫瑰色回憶並無法造成改變。就像「但是那時候也有那時候的浪漫，所以還過得去啦」的人身邊，同時會有吶喊著要查明過去真相的人一樣，也不要忘了前面說的，玫瑰色回憶只有在某種程度的正面事件中，才會發揮效果。

參考項目

◆虛假記憶：過去沒有發生的事件，卻認為曾經發生，並從記憶中擷取的現象。也就是說並不是實際的記憶，只是相信自己記得的錯覺。

〔095〕一加一卻小於二

分開加總效應 Subadditivity Effect

定義 評估可能性時，判斷整體事件的機率，小於各部分事件的加總機率。也就是說，基本上整體一定比構成整體的各個部分還要大，卻無視這個基本規則，產生誤判機率的現象。又稱為「次加性效應」。

根據特沃斯基教授一九九四年發表的實驗結果，人們無法正確計算機率，甚至無法運用基本的加法規則，導致總和價值降低。

特沃斯基教授請實驗參加者推測美國人的死亡原因，統計結果其中有百分之十八是「癌症」、百分之二十二是「心臟麻痺」、百分之三十三是「非事故的其他原因」，因「其他自然原因」死亡則有百分之五十八。「其他自然原因」這個概念，包含癌症、心臟麻痺、非事故的其他原因，亦即受試者認爲「其他自然原因」的死亡機率，加總後應該是百分之七十三，結果卻只做出百分之五十八的回答。也就是說，連將各種項目加起來的基本加法都沒算好，得出了比實際總和更低的數字。

出現這種分開加總效應的原因，是因爲比起整體，部分事件的資訊在認知上更容易取得的關係。特沃斯基教授進行的實驗中，與籠統含糊的「其他自然原因」相比，癌症或心臟麻痺等具體疾病，在腦中浮現的資料量更多。結果，人們以自己腦中具有更多資訊的事件爲基礎，無視客觀的加總數（百分之七十三），做出了錯誤的判斷（百分之五十八）。

在缺乏具體數字的判斷或決定中，分開加總效應會造成影響。在人們對公共輿論或政治承諾的反應中，也能發現分開加總效應。比起以陌生的用語組成的廣泛承諾，人們在聽到包含自己能了解的文字或案例、細分的承諾時，會更肯定看待並給予支持。舉例來說，與傳統市場附近免費停車一小時的政策、按地區限制企業型超市的數量等等，各種政策個別的期待值加起來相比，對於「傳統市場商圈發展之綜合對策」的期待值會更低。就算「傳統市場商圈發展之綜合對策」裡面，其實包含前面說的各種事項也一樣。

因此政府在說明政策時，會以和個人生活相關的案例爲中心進行說明，而不是說明較大的原則與計畫。即使執行了該政策，就讓個人生活立刻產生具體變化的可能性很低，但是比起大政策的變化，人們更關心對自己生活的影響。相反地，若是籠統地講解整體的益處，人們因爲沒有可用的資訊，會將政策的總和效果評價得較低。擅長煽動大衆的政治家會利用這點，活用發生機率低、但令人印象深刻的案例，進行宣傳拉票。

參考項目

◆基本比例忽視：在推測事件發生的機率時，未考慮下判斷或決策所必要的基本事件先後順序、事件的相對頻率，而是以可用資訊為基礎，做出與統計機率相反的錯誤判斷。

〔096〕

我就說我是對的！

真相錯覺效應 Illusion-of-truth Effect

定義 **並非客觀地判斷資訊，只是以熟悉感為基礎判斷是否為真。也就是說，與陌生的話相比，認為熟悉的話才是事實的心理現象。**

美國天普大學哈什爾（Lynn Hasher）教授與葛斯坦因（David Goldstein）博士等人，在一九七七年的研究中讓受試者隔週閱讀六十個句子，然後請他們評價這些句子的眞實性。在他們閱讀的六十個句子中，混有眞的句子與假的句子，爲了測試受試者的評價如何改變，各種句子在不同時期出現一次以上。

實驗結果發現，受試者不是分析句子本身的眞實性，再做出正確的評價，而是根據句子出現的頻率，評價也會變得不同。也就是說，愈是之前看過的句子，評價它是眞的機率就愈高。比起實際追究句子到底是眞是假（沒有發覺這是已經看過的句子），受試者更會因為莫名的熟悉感，所以判斷它是眞的。

加拿大麥克馬斯特大學心理系貝格（Ian Begg）、阿尼斯（Ann Anas）、帕里納奇（Suzanne Farinacci）博士，在一九九二年的研究中，甚至在實驗之前就告訴受試者句子都是捏造的，但之後受試者在評價眞假時，還是會以熟悉感為基礎判斷是眞的。

這個研究結果顯示，當人們不知不覺間暴露在反覆出現的廣告或宣傳訊息中時，就會根據熟悉感而改變判斷。更大的問題是，這不是明確浮現的記憶，而是受到暗示型記憶的影響。因此，如果沒有明確的證據能判斷，而是覺得不知為何好像是眞的時，我們就要更小心。

眞相錯覺效應常被活用在政治上。愈是受到批評的政策，政府愈會說「因為宣傳不夠才會這樣」，而更努力宣傳。人們反覆暴露在政府的宣傳訊息中，時間一久輿論便會好轉。現實很難改善，但是植入現實已經改善的錯覺，要更容易得多，因此比起服務人民的本業，政治家在宣傳上反而更積極。

企業形象廣告也是一樣。只是因為接觸較多，就被植入該企業「做出來的就是不一樣」，或是該企業「眞正的全球化」等想法。不管是男女之間還是債務關係間，只要一直糾纏或央求的話，大部分都會得逞，原因也是因爲反覆接觸所產生的眞相錯覺效應。比起認眞探究事實與否（就算是自以爲有所根據），人們更常根據自己熟悉的訊息做出判斷。

爲什麼會產生這種現象呢？因爲心理認知能力有限，所以難以處理所有資訊。暴露在新環境中會感受到壓力，原因之一是所有刺激都是新的，要處理的資訊量增加之故。在新環境中如果看到熟悉的物品，不知爲何立刻就能察覺到，這是因爲和陌生的刺激不同，對熟悉事物的資訊處理速度相對來說更快。之前曾經處理過的資訊，因爲有資訊處理過程活化的經驗，所以相對來說負擔較少。結果，資訊愈反覆，處理過程愈活化，速度也就愈快。因此從內部思考機制來看，該資訊的處理更方便，所以自己也不知不覺就給出正面的評價。

這種眞相錯覺效應會讓人無視實際狀況。就算是眞相，但如果爲了要理解該眞相，必須處理很多資訊，或是必須傾注努力而負擔很大，那麼人們就會選擇易於接受的作爲眞相，而無視眞正的眞相。比起閱讀與個性分類相關的複雜理論，理解後再做出正確判斷，有更多人相信血型能把個性表現得淋漓盡致，這是眞相錯覺效應的負面作用。比起深入省思深奧的宗教原理，再對宗教做出評價，只以看得到的幾個案例或句子，就輕易評論眞假，也是因爲眞相錯覺效應的關係。

參考項目

◆可得性捷思：因為認知處理的容量有限，無法均衡地探索所有資訊，只在可得的情報內進行判斷的現象。

〔097〕

我洗車之後一定會下雨

錯覺相關 Illusory Correlation

定義 **在資料中發現根本不存在的相互關係。即使實際上關聯性薄弱，還是會推論出意義、創造出關聯性，將其合理化後加以說明。**

有個男人早上睡醒睜開眼睛，看向時鐘發現是早上七點七分，然後察覺當天是七月七日，於是嘴角綻出微笑，有預感今天會有好事發生。帶著好心情參加完公司面試的他，當場就拿到合格通知，於是他對朋友這麼說：「你看，我就說今天從七點七分起床開始，就有好預感了。」

這個男人在七月七日早上七點七分睜開眼睛，與他參加面試合格，毫無關係，但如果是相信數字七會帶來幸運的人，便會覺得爲什麼恰巧是這天的這個時間睜開眼睛呢，於是認爲這件事與面試合格，兩者間有關聯，那麼正是陷入所謂錯覺相關。

錯覺相關現象從一九六〇年代起持續被研究並證明，英國心理學家法恩（Cordelia Fine）在二〇〇六年的研究中指出，不只明確的事物，就算是非常模糊的事物，也會產生錯覺相關。法恩讓從事精神分析領域工作的人閱讀報告書，內容是羅夏克墨漬測驗的案例研究，羅夏克墨漬是像下方圖案一類的圖形，在諮商中經常使用。

在提供給受試者的報告書中，寫有男同性戀者從墨漬中，更容易看出肛門、屁股等性方面圖樣的傾向。但事實上這份實驗報告書是刻意假造的，法恩讓受試者閱讀報告書後，進行了問卷調查。老練的精神分析師回答，在自己的經驗中，男同性戀者的確更有這種傾向。相反地，在另一組實驗中，使用的假報告書上寫著，男同性戀者從墨漬中，看出性方面圖案的傾向更低，這一組的受試者即回答，從自己的經驗來看，男同性戀者的確少有這種傾向。如果實際上兩者眞的有相關的話，不管受試者的反應是哪邊，應該會有一致性才對，但因爲受試者看了資料後，適當地創造出相關性，所以才會出現相反的結果。當然，這是自動產生，而不是有意識的偏誤。

生病的人相信，特定日子與自己的身體不適有關。但是根據研究，事實卻不是如此。特沃斯基研究小組在一九九六年，以關節炎患者為對象進行了十五個月的研究，對照天氣狀態與他們的疼痛紀錄，結果發現實際上相關性幾乎趨近於零。也就是說，沒有任何關係。即使如此，參加實驗的患者幾乎都堅持認為，天氣與自己的疼痛症狀有非常高的相關性。

為什麼人們會把沒有關係的事件做連結呢？

第一，確認偏誤的作用。也就是說，因為根據自己想相信的去觀察、蒐集資訊，所以才產生錯覺相關。這也對第二個原因造成影響。

第二，個人關心的事物會對錯覺相關造成影響。關節炎患者對自己的疼痛症狀很敏感，相反地，當感受不到疼痛時，就不會花心思注意當天天氣或其他情況怎麼樣。因此，與壞天氣時關節不會痛的日子相比，會更特別記得疼痛時是壞天氣多、還是好天氣多，因而產生錯覺相關。一般人都會在自己觀察得到的事物中，尋找疼痛症狀的原因，然後就聯想到最容易注意到的天氣，而不是相信醫學的解釋。在天氣變化中，與好天氣相比，帶有負面意義的陰天，更容易與負面的疼痛連結，與確認偏誤一起產生後，就更容易發生錯覺相關。

第三，人類的認知資訊處理容量有限，這點也造成錯覺相關。人們單純地認爲兩起事件同時發生時，就是兩者間有某種關係並如此記憶。因爲比起處理各事件間的詳細資訊，記得發生次數或時間上的資訊更方便。

在日常生活中經常能發現錯覺相關。有人相信，本來很冷清的餐廳，在自己進去吃飯後，許多客人跟著蜂擁而至，讓餐廳變得鬧哄哄的，是因爲自己有招財運；有人發牢騷說，自己只要洗車的話，就一定會下雨。「我做○○的話就一定會○○」，這類莫非定律（Murphy's Law）也是錯覺相關的負面事例之一。如果眞的是莫非定律讓世界運轉，並支配我們的生活，那麼我們一定會因爲倒楣事反覆發生，而躺在加護病房裡，或是因爲壓力太大而短命。

錯覺相關明顯就只是個「錯覺」，幸運是，不幸也是。

參考項目

◆確認偏誤：根據自己的成見，按照自己相信的方式處理資訊。

◆可得性捷思：因為認知處理的容量有限，無法均衡地探索所有資訊，只在可得的情報內進行判斷的現象。

〔098〕

初始效應 Primacy Effect

最先看到的，會深留在記憶中

定義 在整體序列中，排在前面的事物最容易記得，或是會被最初提出的項目影響想法的現象。與受到整體序列中後面出現影響的「時近效應」（Recency Effect）是相反的概念。如果說錨定捷思與判斷時初期基準點如何定位有關，且是基於較抽象、心理的層面，那麼初始效應就是愈前面提供的資訊，記得愈清楚，是根據較客觀的提出位置而產生的偏誤。又稱為「首位效應」。

十九世紀的心理學者艾賓浩斯（Hermann Ebbinghaus）進行了記憶衆多項目的實驗，發現了序位效應（Serial Position Effect，或稱序列位置效應），意指記憶的準確度會根據項目出現的位置，也就是根據時間的順序而變化。具體來說，一開始出現的項目，與最後出現的項目最容易被記得，中間的項目則記不太清楚，人們會隨著這種「U」型的記憶曲線來記憶。將這種序位效應更具體地細分，各自可稱爲「初始效應」與「時近效應」；初始效應又稱爲「首位效應」，時近效應又稱爲「新近效應」。

初始效應與時近效應會被當成偏誤，是因爲不是均衡地記住記憶對象的整體，而是特別傾向記住最前面與最後面出現的內容。初始效應之所以會產生，是因爲與中、後位置的項目相比，前面的項目更有機會因爲反覆接觸，而被深入儲存在「長期記憶」中。與此相比，時近效應是因爲序列中時間位置上較晚出現的項目，愈有機會被儲存在「短期記憶」中，所以更容易記得。

產生初始效應與時近效應的記憶機制不同，義大利羅馬大學卡勒雷西默（Giovanni Carlesimo）博士等組成的研究團隊，在一九九六年以長期記憶喪失症患者爲對象進行的實驗結果提出證明。長期記憶喪失症患者在讀完書後立即回想時毫無問題，也就是說，時近效應不受記憶喪失症影響。美國加州大學神經學系貝利（Peter J. Bayley）博士等人，在二〇〇二年以阿茲海默症患者爲對象進行了實驗，結果也出現時近效應。

在日常生活中，很容易就能發現初始效應與時近效應。學生雖然想記住所有課程內容，但大部分會忘記中間的內容，只記得課堂一開始與結束時的內容。電影也是，只大概記得一開始和最後面的五分鐘，中間的情節是什麼則不太記得。

參加聚會時，如果想好好運用初始效應，讓別人印象深刻的話，自我介紹時順序排在前面會比較好。如果沒有被排在最前面，與其排在模稜兩可的順序進行自我介紹，然後被忘記，不如看準時近效應，作爲最後一個收尾會更好。

如果各位在必須做重要判斷時，是以腦中最容易浮現的事物爲基礎來思考，那麼就有必要再多想一次。眞的是因爲重要，所以才想起來的嗎？還是單純因爲在自己的記憶項目中，它位在最前面或最後面，所以才想起來的？特別是在衝動購買時，十之八九有很大的可能，是因爲剛剛看到的廣告造成了時近效應。

參考項目

◆時近效應：受到整體序列中後面出現者影響的現象。

099

這裡很重要，所以要畫線！

雷斯多夫效應 Von Restorff Effect

定義 **比起普遍的事件或人物，更記得獨特的事件或人物。並非均衡地將注意力分配到事件或事物整體上，記得整體，而是以明顯的刺激為中心、處理資訊所產生的現象。又稱為「孤立效應」（Isolation Effect）。**

雷斯多夫效應是以一九九二年最先發現這個現象的德國心理學者雷斯多夫（Von Restorff）博士的名字命名。雷斯多夫效應指的是，在接觸資訊時，愈顯眼的事物，比其他項目更容易記得。在記憶中，最重要的不是個別的事物有多強烈，而是與其他事物相比有多不同。所以雷斯多夫效應的核心概念是，愈普遍的東西被記住的機率就愈低，相反地，因為獨特所以被另眼相看的話，就愈容易留在記憶中。

雷斯多夫效應經常被用在廣告中，故意將廣告做得很陌生，想留下獨特的印象。就算是訴求國內市場的國產車，也要拍攝在外國海邊奔馳的模樣；主攻國人使用的商品，卻以外國人當廣告模特兒；代言藝人唱著完全不搭調的廣告主題曲；又或者讓運動選手主唱廣告歌等，都是看準雷斯多夫效應的手法。

讀書的時候也能活用雷斯多夫效應。感覺考題中會出現的重要內容，用螢光筆畫上底線的話，就會記得更清楚。在參考書上畫底線，或是在特定部分打星號，與周遭的字跡做出區分，這些舉動都與雷斯多夫效應有關。

有趣的是，在書上用螢光筆畫線想要記住的人，有可能反而覺得沒畫線的地方，看起來更特別，所以更記得住。求學時期如出一轍的上課時間，記不得老師一再強調的話，卻會生動地想起某些雖然不太重要、可是很特別的舉動。也就是說，各位要清楚地理解，雷斯多夫效應不是因為某項刺激很重要，所以會被特別記住、再清楚回想起來，單純只是因為它更獨特，所以更容易想起來而已。函授講師幫學生整理，強調是上課重點的講義；凡事都說很重要、用力提高嗓門的校長訓話，這些會讓人記不太住，是因為他們誤解了雷斯多夫效應——所有東西都強調很重要的話，結果變得什麼都不重要；什麼都強調的話，什麼都強調不了。

根據美國哈佛大學心理系泰勒（S. E. Taylor）與皮斯可（S. T. Fiske）教授，在一九七八年的研究，會引起人們注意的，是新的、令人驚訝的、在知覺上與其他東西有區別的刺激。如果想利用雷斯多夫效應，就要全盤考慮自己想強調的特定項目，是不是新的、令人驚訝的、在知覺上與其他東西有區別的。因此，在過度濃妝豔抹的人群中，接近素顏的人更容易被記住；在華麗的媒體洪流中，清淡素雅更容易擄獲人心。

〔100〕

可暗示性 Suggestibility
您這麼一說，好像就是那樣

定義 **接受外部進來的暗示，像是自己的記憶般進行回憶。在催眠與誘導審問等，帶有特定目的、想將對方引導到特定方向的情況中，經常會出現可暗示性。**

可暗示性偏誤並不是主動記錯某件事，而是受到其他人的暗示扭曲了記憶。如果以正確的記憶資訊爲基礎，做出綜合性的洞察，並愼重下判斷的話，就不會出現可暗示性偏誤，並總是能做出同樣的結論。但人類具有認知偏誤，會根據自己所處的情況不同，左右判斷的品質與內容。

可暗示性和自我有密切的關係，而且有個人差異。自我弱的人容易受到他人話語或行動影響，相反地，自我強的人則不會。年紀愈大的人可暗示性愈低，但就算年紀大，如果不是以自我或內心標準爲判斷重心，而是隨著周遭變化、輕易被動搖的人，那麼就容易產生可暗示性。

不管律師或警察再怎麼誘導審問，想把事件的記憶往特定方向扭曲，只要確信自己的信念，就不會輕易被動搖。然而有很多情況是，比起自己的信念，更容易參考其他人的意見，當作社會性判斷標準，這種情況如果被內在化，會自然而然陷入可暗示性偏誤。

在臨床治療經常使用可暗示性，心理治療師或催眠師等，爲了挖掘個人沒有自覺到的部分，或是錯誤的記憶，有時候會利用可暗示性進行催眠。在廣告中，也會加入引導情緒興奮的刺激性影像和音樂，並以令人印象深刻的句子，想將消費者的心帶向特定方向。企業會砸大錢做形象廣告，就是不希望消費者記得公司小小的舞弊與腐敗，基於良心和倫理做判斷，而是記住廣告台詞所說的：「正直地追求利潤，並滿足顧客需求的企業。」

心理研究者經常活用可暗示性。告訴受試者「這是與A相關的實驗」，讓他們信以爲眞，但實際上是想找出「B」的實驗，這種心理研究法非常多。史丹佛大學心理系米爾格拉姆（Stanley Milgram）教授在服從實驗中，讓參加者相信自己是以「研究助理」的身分參與實驗，並對其他受試者施加電擊。這種研究方式是在受試者不知情的情況下進行，所以被稱爲盲測（Blind Test），是正式的心理研究方法之一。盲測是爲了符合實驗目的，帶出受試者最自然反應而使用的方法，並不是詐欺。教學時也會告訴學生，在實驗結束後一定要跟受試者進行事後解釋（Debriefing）。

參考項目

◆錯覺相關：本質上沒有關聯的兩個事件，錯覺以為有相關性。

〔101〕

爲什麼高中時期的記憶如此鮮明

記憶隆起 Reminiscence Bump

定義 回想整個人生事件時，並非均衡地想起所有時期的事情，而是相對地更記得青少年時期，或成人初期的記憶。又稱「回憶高峰」、「記憶突點」。

記憶隆起是美國杜克大學心理系魯賓（David Rubin）博士等人，透過一九八六年的研究提出證明。魯賓博士以七十名平均年齡七十歲的受試者爲對象，向他們出示二十個到五十個單字，請他們談談與人生有關的回憶。他們將這種自傳性的記憶結果，以十年爲單位進行分類後，以下一頁的圖表呈現。

如圖表所示，在五歲以前幾乎沒有記憶的兒童期，呈現記憶喪失的現象。但是在青少年期、到成年期初期的二十歲前半爲止，回想起的內容急遽增加，這種凸顯的部分正是記憶隆起。此外，成人期的記憶急速被遺忘，直到壯年期後又漸漸增加。以三十五歲以上受試者進行的其他實驗中，也出現類似的記憶形式。

爲什麼會有這種記憶隆起的現象？根據美國韋恩州立大學心理系費茲傑羅（Joseph M. Fitzgerald）博士，在一九八八年的研究，記憶量與自我發展有密切的關係。從青少年到成年初期，正是發展自我的時期，這段時間所發生的事件，在社會文化脈絡中影響了自我的形成，成爲人生故事中最重要的部分。也就是說，在開始形成記憶時，不只以強烈的印象留

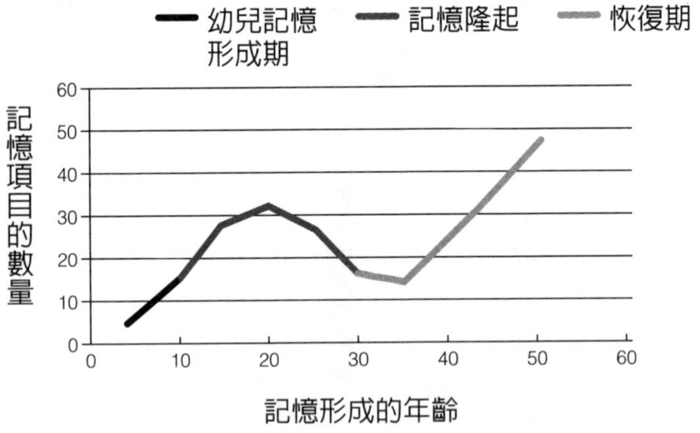

在腦中，之後回想時也經常被提取出來，所以不會輕易忘記。進入壯年期，在「我是誰」的認同安定下來後，會互相連結、更爲強化。與此相比，到老年期時，已經直接或間接體驗過各種一般經驗，不像青少年期或成年初期一樣，會發生令人難以忘記，或是形塑自我認知的事件，因此沒有特別留在記憶中而容易忘記，產生如圖的記憶曲線。

想跳脫只有青少年期與成人期產生記憶隆起的話，應該怎麼做才好？只要利用剛剛解釋的記憶隆起產生原理就行了。如果成年初期以後，總是能找到新的事情來體驗，在自我發展方面賦予意義的話，就算人生已經過了大半，記憶量也會有某種程度的增加。只是根據腦科學研究，人類的腦部特徵中，記憶隆起似乎是不可避免的現象。根據美國西北大學醫學部施勞夫（Robert W. Schrauf）博士，在二〇〇一年的研究，大腦的資訊處理能力，從十幾歲起到三十歲爲止達到高峰，這個時期的記憶力最強，所以才會產生記憶隆起。

生長在二十一世紀的現代青少年，以後的記憶隆起是否仍然在青少年期？因爲，他們頭腦的資訊處理能力雖然最高，但壓抑記憶的壓力指數也最高，每天都以相似的模式，在重複的日常中按照父母與老師的指示被動地行動，主動形成的記憶當然也就減少了。大腦只是能形成某種認知特性的基地罷了，並不是認知本身。哲學家暨認知科學家、神經科學家諾埃（Alva Noe）在二〇〇九年的著作*Out of Our Heads*中寫了下面這段話：

人腦產生意識時，並不像暖爐產生熱一樣，可能拿樂器來比較還好一點。樂器自己不會創造出音樂或發出聲音，是人們讓樂器創造出音樂或發出聲音。如果你認為自己的腦，如同克里克（Francis Crick）的想法，說得更簡單一點，如果你認為意識是腦的現象，如同消化是胃的現象，這種想法與幻想管絃樂會自動演奏是一樣的。

腦會即時左右意識，這是不正確的想法。記憶隆起會集中發生在青少年期，不只是因爲腦部發達，也因爲自己持續回憶那段時間發生的事，反映在自我認同上，所以才會反覆想起那個時期。

思考這種特性的話，筆者十分擔心，對現在的青少年來說，是否有產生記憶隆起的回想餘裕，或接觸到值得回想的事物或事件。如果記憶出錯的話，明明是經歷過的事件，也誤認爲是新的經驗，就無法記取人生教訓，快速運用與年齡相符的知識。年齡徒長卻沒有學到生活教訓、沒有太多東西可以回憶的人生，就跟不幸罹患記憶喪失症，或得了失智症想不起事情一樣，基本上沒有不同，十分可惜。

參考項目

◆潛隱記憶：不記得過去已經體驗過的事情，覺得是嶄新經驗的現象。

參考文獻

001 可得性捷思 Availability Heuristic

- Tversky, A., & Kahneman, D. (1973). Availability: A heuristic for judging frequency and probability. *Cognitive Psychology*, 5(2), 207-232.
- Lichtenstein, S., Slovic, P., Fischhoff, B., Layman, M. & Combs, B. (1978). Judged frequency of lethal events. *Journal of Experimental Psychology: Human Learning and Memory*, 4, 551-578.
- Carroll, J. S. (1978). The effect of imagining an event on expectations for the event: An interpretation in terms of the availability heuristic. *Journal of Experimental Social Psychology*, 14(1), 88-96.
- Reber, R. (2004). "Availability". In R. Pohl (Ed.), *Cognitive illusions*. Psychology Press, 147-163.

002 假確定性效應 Pseudocertainty Effect

- Tversky, A., & Kahneman, D. (1986). Rational choice and the framing of decisions. *Journal of Business*, S251-S278.
- Tversky, A., & Kahneman, D. (1981). The framing of decisions and the psychology of choice. *Science*, 217(4481), 453-458.

003 情意捷思 Affect Heuristic

- Finucane, M. L., Alhakami, A., Slovic, P., & Johnson, S. M. (2000). The affect heuristic in judgments of risks and benefits. *Journal of Behavioral decision Making*, 13(1), 1-17.
- Winkielman, P., Zaionc, R. B., & Schwarz, N. (1997). Subliminal affective priming resists attributional interventions. *Cognition and Emotion*, 11(4), 433-465.
- Kida, T., Smith, J. F., & Maletta, M. (1998). The effects of encoded memory traces for numerical data on accounting decision making. *Accounting, Organizations and Society*, 23(5), 451-466.
- Loomes, G., & Sugden, R. (1982). Regret theory: An alternative theory of rational choice under uncertainty. *The Economic Journal*, 92(368), 805-824.

004 結果偏誤 Outcome Bias

- Baron, J., & Hershey, J. C. (1988). Outcome bias in decision evaluation. *Journal of Personality and Social Psychology*, 54 (4), 569-579.
- Baron, J. (2000). *Thinking and deciding*. Cambridge University Press.

005 合取謬誤 Conjunction Fallacy

- Tversky, A., & Kahneman, D. (1983). *Extensional versus intuitive reasoning: The conjunction fallacy in probability judgment*. American Psychological Assoc.
- Tversky, A., & Kahneman, D. (1982) "Judgments of and by representativeness". In D. Kahneman; P. Slovic; A. Tversky (Eds.), *Judgment under uncertainty: Heuristics and biases*. Cambridge University Press.
- Gigerenzer, G. (2005). I think, therefore I err. *Social Research: An international Quarterly*, 72(1), 1-24.

006 規畫謬誤 Planning Fallacy

- Buehler, R., Griffin. D., & Ross, M. (1994). Exploring the "planning fallacy": Why people underestimate their task completion times. *Journal of Personality and Social Psychology*, 67, 366-381.
- Kahneman, D., & Tversky, A. (1979). Intuitive prediction: Biases and corrective procedures. *TIMS Studies in Management Science*, 12, 313-327.
- Buehler, R., & Griffin, D. (2003). Planning, personality, and prediction: The role of future focus in optimistic time predictions. *Organizational Behavior and Human Decision Processes*, 92(1), 80-90.
- Buehler, R., Peetz, J., & Griffin, D. (2010). Finishing on time: When do predictions influence completion times? *Organizational Behavior and Human Decision Processes*, 111(1), 23-32.

007 雙曲貼現 Hyperbolic Discounting

- Frederick, S., Loewenstein, G., & O'donoghue, T. (2002). Time discounting and time preference: A critical review. *Journal of*

Economic Literature, 40(2), 351-401.

- Thaler, R. (1981). Some empirical evidence on dynamic inconsistency. *Economics Letters*, 8(3), 201-207.
- Laibson, D. (1997). Golden eggs and hyperbolic discounting. *The Quarterly Journal of Economics*, 112(2), 443-478.
- Green, L., Fry. A. F., & Myerson, J. (1994). Discounting of delayed rewards: A lite-span comparison. *Psychological Science*, 5(1), 33-36.

008 基本比例忽視 Base Rate Neglect

- Kahneman, D., & Tversky, A. (1983). "Variants of uncertainty". In D. Kahneman; P. Slovic; A. Tversky (Eds.), *Judgment under uncertainty: Heuristics and biases*. Cambridge University Press.
- Slovic, P., & Lichtenstein, S. (1971). Comparison of bayesian and regression approaches to the study of information processing in judgment. *Organizational Behavior and Human Performance*, 6, 649-744.
- Bar-Hillel, M. (1980). The base-rate fallacy in probability judgments. *Acta Psychologica*, 44, 211-233.
- Groopman, Jerome (2007). *How Doctors Think*. Mariner Books.

009 錨定捷思 Anchoring Heuristic

- Tversky, A., & Kahneman, D. (1974). Judgment under uncertainty: Heuristics and biases. *Science*, 185, 1124-1130.
- Gigerenzer, G. (1996). On narrow norms and vague heuristics: A reply to kahneman and Tversky. *Psychological Review*, 103, 592-596.
- Epley, N., & Gilovich, T. (2006). The anchoring-and-adjustment heuristic: Why the adjustments are insufficient. *Psychological Science*, 17, 311-318.

010 單純曝光效應 Mere Exposure Effect

- Zajonc, R. B. (1968). Attitudinal effects of mere exposure. *Journal of Personality and Social Psychology*, 9(2), 1-27.
- Kunst-Wilson, W. R., & Zajonc, R. B. (1980). Affective discrimination of stimuli that cannot be recognized. *Science*, 207(4430), 557-558.

- Miller, R. L. (1976). Mere exposure, psychological reactance and attitude change. *Journal of Abnormal and Social Psychology*, 59, 1- 9.

011 單位偏誤 Unit Bias

- Geier, A. B., Rozin, P., & Doros, G. (2006). Unit bias: A new heuristic that helps explain the effect of portion size on food intake. *Psychological Science*, 17, 521-525.

012 對比效應 Contrast Effect

- Chubb, C., Sperling, G., & Solomon J. A. (1989). Texture interactions determine perceived contrast. *Proceedings of the National Academy of Sciences*, 86 (23), 9631-9635.
- Moskowitz, Gordon B. (2005). *Social cognition: Understanding self and others*. Guilford Press.
- Popper, Arthur N. (2010). *Music perception*. Springer.

013 代表性捷思 Representativeness Heuristic

- Tversky, A., & Kahneman, D. (1982). “Judgments of and by representativeness”. In D. Kahneman; P. Slovic; A. Tversky (Eds). *Judgment under uncertainty: Heuristics and biases*. Cambridge University Press.
- Tversky, A., & Kahneman, D. (1983). Extensional versus intuitive reasoning: The conjunction fallacy in probability Judgments. *Psychological Review*, 90, 293-315.
- Baron, J. (2000). *Thinking and deciding*. Cambridge University Press.

014 賭徒謬誤 Gambler’s Fallacy

- O’Neill, B., & Puza, B. D. (2005). In defence of the reverse gambler’s belief. *The Mathematical Scientist*, 30(1), 13-16.
- Tversky, A., & Kahneman, D. (1974). Judgment under uncertainty: Heuristics and biases. *Science*, 185(4157), 1124-1131.
- Tversky, A., & Kahneman, D. (1971). Belief in the law of small numbers. *Psychological Bulletin*, 76(2), 105-110.
- Gilovich, T., Vallone, R., & Tversky, A. (1985). The hot hand in basketball: On the misperception of random sequences. *Cognitive*

Psychology, 17, 295-314.

- Kahneman, D., & Tversky, A. (1972) Subjective probability: A judgment of representativeness. *Cognitive Psychology*, 3(3), 430-454.

015 默許效果 Acquiescence Effect

- Meisenberg, G., & Williams, A. (2008). Are acquiescent and extreme response styles related to low intelligence and education? *Personality and Individual Differences*, 44, 1539-1550.
- Bless, H., Bohner, G., Hild, T., & Schwarz, N. (1992). Asking difficult questions: Task complexity increases the impact of response. *European Journal of Social Psychology*, 22, 309-312.

016 面額效應 Denomination Effect

- Dzokoto, V., et al. (2010). Deceiving our minds: A qualitative exploration of the money illusion in post-redenomination Ghana. *Journal of Consumer Policy*, 33(4), 339-353.
- Raghubir, P., & Srivastava, J. (2009). The denomination effect. *Journal of consumer research: An interdisciplinary quarterly*, 36(4), 701-713.

017 熱手謬誤 The Hot Hand Phenomenon

- Gilovich, T., Vallone, R., & Tversky, A. (1985). The hot hand in basketball: On the misperception of random sequences. *Cognitive Psychology*, 17, 295-314.
- Wilke, A., & Barrett, H. C. (2009). The hot hand phenomenon as a cognitive adaptation to clumped resources. *Evolution and Human Behavior*, 14, 161-169.

018 沉沒成本謬誤 Sunk-cost Fallacy

- Arkes, H. R., & Ayton, P. (1999). The sunk cost and Concorde effects: Are humans less rational than lower animals?. *Psychological Bulletin*, 125, 591-600.

- Knox, R. E., & Inkster, J. A. (1968). Postdecision dissonance at post time. *Journal of Personality and Social Psychology*, 8(4), 319-323.
- Arkes, H., & Blumer, C. (1985). The psychology of sunk cost. *Organizational Behavior and Human Decision Process*, 35, 124-140.
- Arkes, H., & Hutzel, L. (2000). The role of probability of success estimates in the sunk cost effect. *Journal of Behavioural Decision Making*, 13(3), 295-306.

019 逆火效應 Backfire Effect

- Carretta, T. R., & Moreland, R. L. (1983). The direct and indirect effects of inadmissible evidence. *Journal of Applied Social Psychology*, 13, 291-309.
- Lebo, M., & Cassino, D. (2007). The aggregated consequences of motivated reasoning. *Political Psychology*, 28(6), 719-746.
- Nyhan, B., & Reifler, J. (2010). When corrections fail: The persistence of political misperceptions. *Political Behavior*, 32(2), 303-330.
- Redlawsk, D. (2002). Hot cognition or cool consideration? Testing the effects of motivated reasoning on political decision making. *Journal of Politics*, 64(4), 1021-1044.

020 稟賦效應 Endowment Effect

- Thaler, R. (1980). Toward a positive theory of consumer choice. *Journal of Economic Behavior and Organization*, 1, 39-60.
- Kahneman, D., Knetsch, J. L., & Thaler, R. H. (1990). Experimental tests of the endowment effect and the Coase theorem. *Journal of Political Economy*, 1325-1348.
- Kahneman, D., Knetsch, J. L., & Thaler, R. H. (1991). Anomalies: The endowment effect, loss aversion, and status quo bias. *The Journal of Economic Perspectives*, 5(1), 193-206.
- Knetsch, J. L. (1989). The endowment effect and evidence of nonreversible indifference curves. *The American Economic Review*. 79, 1277-1284.

021 負面效應 Negativity Effect

- Baumeister, R. R., Bratslavsky, E., Fickenauer, C., & Vohs, K. D. (2001). Bad is stronger than good. *Review of General Psychology*, 5, 323-370.
- Regan, D. T., Straus, E., & Fazio, R. (1974). Liking and the attribution process. *Journal of Experimental Social Psychology*, 10, 385-397.
- Vonk, R. (1993). The negativity effect in trait ratings and in open-ended descriptions of persons. *Personality and Social Psychology Bulletin*, 19, 269-278.

022 不理性增值效應 Irrational Escalation Effect

- Baron, J. (2000). *Thinking and deciding*. Cambridge University Press.
- Stew, B. M. (1976). Knee-deep in the big muddy: A study of escalating commitment to a chosen course of action. *Organizational Behavior and Human Performance*, 16(1), 27-44.

023 選擇性知覺 Selective Perception

- Broadbent, D. (1958). *Perception and communication*. Pergamon Press.
- Hastorf, A. H., & Cantril, H. (1954). They saw a game: A case study. *Journal of Abnormal and Social Psychology*, 49, 129-134.
- Jones, J. P. (1999). *The advertising business: Operations, creativity, media planning, integrated communications*. SAGE. Publications.

024 偏好逆轉 Preference Reversal

- Hogarth, R. M. (1987). *Judgment and choice*. John Wiley.
- Slovic, P. (1975). Choice between equally valued alternatives. *Journal of Experimental Psychology: Human Perception and Performance*, 1, 280-287.
- Slovic, P., Griffin, D., & Tversky, A. (1990). “Compatibility effects in judgment and choice”. In R. M. Hogarth (Ed.), *Insights in decision making: A tribute to Hillel J. Einhorn*. University of Chicago Press.

- Slovic, P., & Lichtenstein, S. (1983). Preference reversals: A broader perspective. *American Economic Review*, 74, 596-605.

025 偏好的非遞移性 Intransitivity of Preference

- Tversky, A. (1969). Intransitivity of preferences. *Psychological Review*, 76, 105-110.
- Tversky, A., & Kahneman, D. (1981). The framing of decisions and the psychology of choice. *Science*, 211, 453-458.
- Tversky, A., & Kahneman, D. (1983). Extensional versus intuitive reasoning: The conjunction fallacy in probability judgment. *Psychological Review*, 90. 293-315.

026 損失規避 Loss Aversion

- Kahneman, D., Knetsch, J., & Thaler, R. (1990). Experimental test of the endowment effect and the Coase theorem. *Journal of Political Economy*, 98(6), 1325-1348.
- Erev, I., Ert, E., & Yechiam, E. (2008). Loss aversion, diminishing sensitivity. and the effect of experience on repeated decisions. *Journal of Behavioral Decision Making*, 21, 575-597.
- Gal, D. (2006). A psychological law of inertia and the illusion of loss aversion. *Judgment and Decision Making*, 1, 23-32.
- Harinck, F., Van Dijk, E., Van Beest, I., & Mersmann, P. (2007). When gains loom larger than losses: Reversed loss aversion for small amounts of money. *Psychological Science*, 18, 1099-1105.
- Kahneman, D., & Tversky, A. (1979). Prospect theory: An analysis of decision under risk. *Econometrica*, 47, 263-291.
- Kermer, D. A., Driver-Linn, E., Wilson, T. D., & Gilbert, D. T. (2006). Loss aversion is an affective forecasting error. *Psychological Science*, 17, 649-653.
- Tversky, A., & Kahneman, D. (1991). Loss aversion in riskless choice: A reference dependent model. *Quarterly Journal of Economics*, 106, 1039-1061.

027 心理抗拒偏誤 Psychological Reactance Bias

- Pennebaker, J. W., & Sanders, D. Y. (1976). American graffiti: Effects of authority and reactance arousal. *Personality and Social Psychology Bulletin*, 2, 264-267.

- Brehm, J. W. (1966). *A theory of psychological reactance*. Academic Press.

028 不明確性效應 (Ambiguity Effect)

- Baron, J. (2000). *Thinking and deciding*. Cambridge University Press.
- Ellsberg, D. (1961). Risk, Ambiguity, and the savage axioms. *Quarterly Journal of Economics*, 75, 643-699.
- Frisch, D., & Baron, J. (1988). Ambiguity and rationality. *Journal of Behavioral Decision Making*, 1, 149-157.
- Ritov, l., & Baron, J. (1990). Reluctance to vaccinate: Omission bias and Ambiguity. *Journal of Behavioral Decision Making*, 3, 263-277.

029 戲局謬誤 Ludic Fallacy

- Medin, D., & Atran., S. (2004). The native mind: Biological categorization and reasoning in development and across cultures. *Psychological Review*, 111, 960-998.
- Taleb, Nassim Nicholas.(2008). *The Black Swan: The Impact of the Highly Improbable*. Random House.
- Taleb, Nassim Nicholas. (2007). Black swans and the domains of statistics. *The American Statistician*, 61(3), 198-200.

030 敵對媒體效應 Hostile Media Effect

- Vallone, R. P., Ross, L., & Lepper, M. R. (1985). The hostile media phenomenon: Biased perception and perceptions of media bias in coverage of the Beirut massacre. *Journal of Personality and Social Psychology*, 49, 577-585.
- Matheson, K., & Dursun, S. (2001). Social identity precursors to the hostile media phenomenon: Partisan perceptions of coverage of the Bosnian conflict. *Group Processes and Intergroup Relations*, 4, 117-126.
- Dalton, R. J., Beck, P. A., & Huckfeldt, R. (1998). Partisan cues and the media: Information flows in the 1992 presidential election. *American Political Science Review*, 92(1), 111-126.

031 自制偏誤 Restraint Bias

- Nordgren, L. F., Van Harreveld, F., & Van Der Pligt, J. (2009). The restraint bias: How the illusion of self-restraint promotes

impulsive behavior. *Psychological Science*, 20(12), 1523-1528.
- Baron, J. (2000). *Thinking and deciding*. Cambridge University Press.

032 逐次刪除 Elimination by Aspects

- Simon, H. A. (1955). A behavioral model of rational choice. *The Quarterly Journal of Economics*, 69 (1), 99-118.
- Tversky, A. (1972). Elimination by aspects: A theory of choice. *Psychological Review*, 79(4), 281-299.
- Gladwin, C. H. (1980). Test of a hierarchical model of auto choice on data from the national transportation survey. *Human Organization,* 43, 217-226.

033 集群錯覺 Clustering Illusion

- Gilovich, T., Vallone, R., & Tversky, A. (1985). The hot hand in Basketball: On the misperception of random sequences. *Cognitive Psychology*, 17, 295-314.
- Kahneman, D., & Tversky, A. (1972) Subjective probability: A judgment of representativeness. *Cognitive Psychology*, 3(3), 430-454.

034 鴕鳥效應 Ostrich Effect

- Galai, D., & Sade, O. (2006). The "ostrich effect" and the relationship between the liquidity and the yields of financial assets. *Journal of Business*, 79(5), 2731-2740.
- Karlsson, N., Loewenstein, G., & Seppi, D. (2009). The ostrich effect: Selective avoidance of information. *Journal of Risk and Uncertainty*, 38(2), 95-115.

035 控制錯覺 Illusion of Control

- Allan, L. G., & Jenkins, H. M. (1980). The judgment of contingency and the nature of the response alternatives. *Canadian Journal of Psychology*, 34(1), 1-11.
- Langer, Ellen J. (1975). The illusion of control. *Journal of Personality and Social Psychology,* 32(2), 311-328.

- McKenna, F. P. (1993). It won't happen to me: Unrealistic optimism or illusion of control?. *British Journal of Psychology*, 84(l), 39-50.
- Thompson, S. C., Armstrong, W., & Thomas, C. (1998). Illusions of control, underestimations, and accuracy: A control heuristic explanation. *Psychological Bulletin*, 123(2), 143-161.
- Taylor, S. E., & Brown, J, D. (1988). Illusion and well-being: A social psychological perspective on mental-health. *Psychological Bulletin*, 103(2), 193-210.
- Gollwitzer, P. M., & Kinney, R. F. (1989). Effects of deliberative and implemental mind-sets on illusion of control. *Journal of Personality and Social Psychology*, 56(4), 531-542.
- Pronin, E., Wegner, D. M., McCarthy, K., & Rodriguez, S. (2006). Everyday magical powers: The role of apparent mental causation in the overestimation of personal influence. *Journal of Personality and Social Psychology*, 91(2), 218-231,

036 框架效應 Framing Effect

- Plous, S. (1993). *The psychology of judgment and decision making*. McGraw-Hill.
- Tversky, A., & Kahneman, D. (1981). The framing of decisions and the psychology of choice. *Science*, 211(4481), 453-458.
- 최인철, (2007).《프레임 : 나를 바꾸는 심리학의 지혜》, 21 세기북스.

037 空想性錯視 Pareidolia

- Zusne, L., & Jones, W. H. (1989). *Anomalistic psychology: A study of magical thinking*. Psychology Press.
- Berenbaum, M. (2009). *The earwig's tail: A modern bestiary of multi-legged legends*. Harvard University Press.

038 從衆效應 Bandwagon Effect

- Asch, S. E. (1955). Opinions and social pressure. *Scientific American*, 193, 31-35.
- Gisser, M., McClure, J. E., Ökten, G., & Santoni, G. (2009). Some anomalies arising from bandwagons that impart upward sloping segments to market demand. *Econ Journal Watch*, 6(1), 21-34.
- Shields, T. G. (1994). The vanishing marginals, the bandwagon, and the mass media. *The Journal of Politics*, 56(3), 802-810.

- Leibenstein, H. (1950). Bandwagon, snob, and veblen effects in the theory of consumers' demand. *The Quarterly Journal of Economics*, 64(2), 183-207.
- Nadeau, R., Cloutier, E., & Guay, J. H. (1993). New evidence about the existence of a bandwagon effect in the opinion formation process. *International Political Science Review*, 14 (2), 203-213.
- Sunder, S. S. (2008). "The main mode: A heuristic approach to understanding technology effects on credibility". In M. J. Metzger; A. J. Flanagin (Eds.). *Digital media, youth, and credibility*. The MIT Press, 72-100.

039 偏見盲點 Bias Blind Spot

- Pronin, E., Lin. D. Y., & Ross, L. (2002). The bias blind spot: Perceptions of bias in self versus others. *Personality and Social Psychology Bulletin*, 28(3), 369-381.
- Pronin, E., Gilovich, T., & Ross, L. (2004). Objectivity in the eye of the beholder: Divergent perceptions of bias in self versus others. *Psychological Review*, 111(3), 781-799.
- Ehrlinger, J., Gilovich, T., & Ross, L. (2005). Peering into the bias blind spot: People's assessments of bias in themselves and others. *Personality and Social Psychology Bulletin*, 31(5), 680-692.

040 無視回歸均值 Disregard of Regression toward the Mean

- Schmittlein, D. C. (1989). Surprising inferences from unsurprising observations: Do conditional expectations really regress to the mean?. *The American Statistician*, 43(3), 176-183.
- Baron, J. (2000). *Thinking and deciding*. Cambridge University Press.
- 이정모, (2001).《인지심리학》, 아카넷.

041 忽略可能性 Neglect of Probability

- Rottenstreich, Y., & Hsee, C. K. (2001). Money, kisses, and electric shocks: On the affective psychology of risk. *Psychological Science*, 12, 185-190.
- Sunstein, C. R. (2003). Terrorism and probability neglect. *The Journal of Risk and Uncertainty*, 26(2-3), 121-136.

042 確認偏誤 Confirmation Bias

- Lord, C. G., Ross, L., & Lepper, M. R. (1979). Biased assimilation and attitude polarization: The effects of prior theories on subsequently considered evidence. *Journal of Personality and Social Psychology*, 37(11), 2098-2109.
- Lewicka, M. (1998). "Confirmation bias: Cognitive error or adaptive strategy of action control?". In Miroslaw Kofta; Gifford Weary; Grzegorz Sedek (Eds.) *Personal control in action: cognitive and motivational mechanisms*. Springer, 233-255.
- Nickerson, R. S. (1998). Confirmation bias: A ubiquitous phenomenon in many guises. *Review of General Psychology*, 2(2), 175-220.
- Oswald, M. E., & Grosjean, S. (2004). "Confirmation bias". In Pohl, Rüdiger F., *Cognitive Illusions: A Handbook on Fallacies and Biases in Thinking, Judgement and Memory*. Psychology Press, 79-96.
- Plous, S. (1993). *The psychology of judgment and decision making*. New York: McGraw-Hill.

043 刻板印象 Stereotyping

- Allport, G. (1954). *The nature of prejudice, reading*. MA: Addison-Wesley.
- Brewer, M. B. (1979). In-group bias in the minimal intergroup situation: A cognitive-motivational analysis. *Psychological Bulletin*, 86 (2), 307-324.
- McAndrew, F. T., & Akande, A. (1995). African perception of Americans of African and European descent. *Journal of Social Psychology*, 135 (5), 649-655.
- Steele, C. M., & Aronson, J. (1995). Stereotype threat and the intellectual test performance of African Americans. *Journal of Personality and Social Psychology*, 69, 797-811.

044 過度辨證效應 Overjustification Effect

- Lepper, M. R., Greene, D., & Nisbett, R. E. (1973). Undermining children's intrinsic interest with extrinsic reward: A test of the "overjustification" hypothesis. *Journal of Personality and Social Psychology*, 28, 129-137.
- Greene, D., Sternberg, B., & Lepper, M. R. (1976). Overjustification in a token economy. *Journal of Personality and Social*

Psychology, 34(6), 1219-1234.

- Deci, E. L., Ryan, R. M., & Koestner, R. (2001). The pervasive negative effects of rewards on intrinsic motivation: Response to Cameron (2001). *Review of Educational Research*, 77(1), 43-51.

045 過度自信謬誤 Overconfidence Bias

- Adams, P. A., & Adams, J. K. (1960). Confidence in the recognition and reproduction of words difficult to spell. *The American Journal of Psychology*, 73(4), 544-552.
- Fischhoff, B., Slovic, P., & Lichtenstein, S. (1977). Knowing with certainty: The appropriateness of extreme confidence. *Journal of Experimental Psychology: Human Perception and Performance*, 3(4), 552-564.
- Oskamp, S. (1965). Attitudes toward US and Russian actions: A double standard. *Psychological Reports*, 76(1), 43-46.
- McGraw, A. R., Mellers, B. A., & Ritov, l. (2004). The affective costs of overconfidence. *Journal of Behavioral Decision Making*, 17(4), 281-295.
- Finkelstein, S., Whitehead, J., & Campbell, A. (2009). *Think again: Why good leaders make bad decisions and how to keep it from happening to you*. Harvard Business Review Press.
- Collins, Jim (2009). *How the mighty fall*. JimCollins.

046 訴諸權威謬誤 Appeal to Authority Bias

- Bachman, J. (1995). "Appeal to authority". In Hanson, H. V. & Pinto, R. C. (Eds) *Fallacies: Classical and contemporary readings*. Pennsylvania State University Press, 274-286.
- Baron, J. (2000). *Thinking and deciding*. Cambridge University Press.
- 이정모, (2009).《인지과학》,성균관대출판부.

047 樂觀偏誤 Optimism Bias

- Weinstein, N. D. (1980). Unrealistic optimism about future life events. *Journal of Personality and Social Psychology*, 39(5), 806-820.

- Weinstein, N. D., & Klein, W. M. (1996). Unrealistic optimism: Present and future. *Journal of Social and Clinical Psychology*, 15, 1-8.
- Flyvbjerg, B. (2008). Curbing optimism bias and strategic misrepresentation in planning: Reference class forecasting in practice. *European Planning Studies*, 16(1), 3-21.

048 內省錯覺 Introspection Illusion

- Nisbett, R. E., & Wilson, T. D. (1977). Telling more than we can know: Verbal reports on mental processes. *Psychological Review*, 84, 231-259.
- Johansson, P., Hall, L., Sikström, S., Tärning, B., & Lind, A. (2006). How something can be said about telling more than we can know: On choice blindness and introspection. *Consciousness and Cognition*, 15(4), 673-692.
- Wilson, T. D., & Bar-Anan, Y. (2008). The unseen mind. *Science*, 321(5892), 1046-1047.
- Pronin, E. (2007). Perception and misperception of bias in human judgment. *Trends in Cognitive Sciences*, (1), 37-43.

049 單純思考效應 Mere Thought Effect

- Tesser, A. (1978). "Self-generated attitude change". In L. Berkowitz (Ed.), *Advances in experimental social psychology*, Academic Press, vol. ll, 289-339.
- Clarkson, J. J., Tormala, Z. L., & Leone, C. (2011). A self-validation perspective on the mere thought effect. *Journal of Experimental Sacral Psychology*, 47, 449-454.

050 特例假設 Ad Hoc Hypothesis

- Gardner, M. (1983). *The whys of a philosophical scrivener*. Ouill.
- Gould, S. J. (1979). *Ever since Darwin*. W.W. Norton & Company.

051 巴納姆效應 Barnum Effect

- Dickson, D. H., & Kelly, l. W. (1985). The 'Barnum effect' in personality assessment: A review of the literature. *Psychological*

Reports, 57, 367-382.
- Forer, B. R. (1949). The fallacy of personal validation: A classroom demonstration of gullibility. *Journal of Abnormal Psychology*, 44, 118-121.
- Thiriart, P. (1991). Acceptance of personality test results. *Skeptical Inquirer*, 15, 116-165.

052 社會期許偏誤 Social Desirability Bias

- Crowne, D. P., & Marlowe, D. (1960). A new scale of social desirability independent of psychopathology. *Journal of Consulting Psychology*, 24, 349-354.
- Stoeber, J. (2001). The social desirability scale-17 (SD-17). *European Journal of Psychological Assessment*, 17, 222-232.
- McBurney, D. H. (1994). *Research methods*. Brooks/Cole.

053 購後合理化 Post-purchase Rationalization

- Cohen, J. B., & Goldberg, M. E. (1970). The dissonance model in post-decision product evaluation. *Journal of Marketing Research*, 315-321.
- Baron, J. (2000). *Thinking and deciding*. Cambridge University Press.

054 睡眠者效應 Sleeper Effect

- Cook, T. D., Gruder, C. L., Hennigan, K. M., & Flay, B. R. (1979). History of the sleeper effect: Social logical pitfalls in accepting the null hypothesis. *Psychological Bulletin*, 86(4), 662-679.
- Pratkanis, A. R., Greenwald, A. G., Leippe, M. R., & Baumgardner, M. H. (1988). In search of reliable persuasion effects: Ill. The sleeper effect is dead. Long live the sleeper effect. *Journal of Personality and Social Psychology*, 54(2), 203-218.
- Kumkale, G. T., & Albarracin, D. (2004). The sleeper effect in persuasion: A meta-analytic review. *Psychological Bulletin*, 130(1), 143-172.

055 信念偏誤 Belief Bias

- Evans, J. S. B., Barston, J. L., & Pollard, P. (1983). On the conflict between logic and belief in syllogistic reasoning. *Memory and Cognition*, 11(3), 295-306.
- Goal, V., & Dolan, R. J. (2003). Explaining modulation of reasoning by belief. *Cognition*, 87, 11-22.
- Markovits, H., & Nantel, G. (1989). The belief-bias effect in the production and evaluation of logical conclusions. *Memory and Cognition*, 17(1), 11-17.
- Klauer, K. C., Musch, J., & Naumer, B. (2000). On belief bias in syllogistic reasoning. *Psychological Review*, 107(4), 852-884.
- Dube, C., Rotello, C. M., & Heit, E. (2010). Assessing the belief bias effect with ROCs: It's a response bias effect. *Psychological Review*, 117(3), 831-863.

056 實用謬誤 Pragmatic Fallacy

- Baron, J. (2000). *Thinking and deciding*. Cambridge University Press.
- van Eemeren, F. H., Garssen, B., & Meuffels, B. (2009). *Fallacies and judgments of reasonableness: Empirical research concerning the pragma-dialectical discussion*. Springer.

057 影響力偏誤 Impact Bias

- Wilson, T. D., & Gilbert, D. T. (2005). Affective forecasting: Knowing what to want. *Current Directions in Psychological Science*, 14(3), 131-134.
- Gilbert, D. T., Pinel, E. C., Wilson, T. D., Blumberg, S. J., & Wheatley, T. P. (1998). Immune neglect: A source of durability bias in affective forecasting. *Journal of Personality and Social Psychology*, 75, 617-638.
- Gilbert, D. (2006). *Stumbling on Happiness*. Vintage.

058 優越感偏誤 Better-than-average Bias

- Alicke, M. D., & Govorun, O. (2005). "The better-than-average effect". ln Alicke et al. (Eds.), *The self in social judgment*. Psychology Press, 66-90
- Cross, K. P. (1977). Not can, but will college teaching be improved?. *New Directions for Higher Education*, 1977(17), 1-15.

- Dunning, D., et al. (1989). Ambiguity and self-evaluation: The role of idiosyncratic trait definitions in self-serving assessments of ability. *Journal of Personality and Social Psychology*, 57(6), 1082-1090.
- McCormick, I. A., Walkey, F. H., & Green, D. E. (1986). Comparative perceptions of driver ability–a confirmation and expansion. *Accident Analysis and Prevention*, 18(3), 205-208.
- Preston, C. E., & Harris, S. (1965). Psychology of drivers in traffic accidents. *Journal of Applied Psychology*, 49(4), 284-288.
- Svenson, O. (1981). Are we all less risky and more skillful than our fellow drivers?. *Acta Psychologica*, 47(2), 143-148.

059 故事模型偏誤 Story Models Bias

- Pennington, N., & Hastie, R. (1986). Evidence evaluation in complex decision making. *Journal of Personality and Social Psychology*, 51(2), 242-258.
- Pennington, N., & Hastie, R. (1988). Explanation-based decision making: Effects of memory structure on judgment. *Journal of Experimental Psychology: Learning, Memory, and Cognition*, 14(3), 521-533.
- Pennington, N., & Hastie. R. (1992). Explaining the evidence: Tests of the story model for juror decision making. *Journal of Personality and Social Psychology*, 62(2), 189-206.
- McAdams, D. P., Albaugh, M., Farber, E., Daniels, J., Logan, R. L., & Olson, B. (2008). Family metaphors and moral intuitions: How conservatives and liberals narrate their lives. *Journal of Personality and Social Psychology*, 95, 978-990.
- Lakoff, G. (2002). *Moral politics: How liberals and conservatives think* (2nd ed.). University of Chicago Press.

060 認知失調 Cognitive Dissonance

- Festinger, L. (1957). *A theory of cognitive dissonance*. Stanford University Press.
- Festinger, L., & Carlsmith, J. M. (1959). Cognitive consequences of forced compliance. *Journal of Abnormal and Social Psychology*, 58, 203-211.
- Bem, D. J. (1967). Self-perception: An alternative interpretation of cognitive dissonance phenomena. *Psychological Review*, 74(3), 183-200.
- Coppin, G., Delplanque, S., Cayeux, l., Porcherot, C., & Sander, D. (2010). I'm no longer torn after choice: How explicit choices

implicitly shape preferences of odors. *Psychological Science*, 21(8), 489-493.

061 資訊偏誤 Information Bias

- Brodbeck, F. C., Kerschreiter, R., Mojzisch, A., Frey, D., & Schulz-Hardt, S. (2002). The dissemination of critical unshared information in decisionmaking groups: The effect of prediscussion dissent. *European Journal of Social Psychology*, 32, 35-56.
- Gigone, D., & Hastie, R. (1997). The impact of information on small group choice. *Journal of Personality and Social Psychology*, 72, 132-140.
- Larson, J. R., Jr., Christensen, C., Abbott, A. S., & Franz, T. M. (1996). Diagnosing groups: Charting the flow of information in medical decision-making teams. *Journal of Personality and Social Psychology*, 71, 315-330.

062 正常化偏誤 Normalcy Bias

- Omer, H., & Alon, N. (1994). The continuity principle: A unified approach to disaster and trauma. *American Journal of Community Psychology*, 22(2), 273-287.
- Mawson, A. R. (2005). Understanding mass panic and other collective responses to threat and disaster. *Interpersonal and Biological Processes*, 68(2), 95-113.

063 注意力偏誤 Attentional Bias

- Nisbett, R. E., & Ross, L. (1980). *Human inference: Strategies and shortcomings of social judgment*. Prentice-Hall.
- Schoth, D. E., & Liossi, C. (2010). Attentional bias towards pictorial representations of pain in individuals with cronic headache. *The Clinical Journal of Pain*, 26(3), 244-250.
- Tressler, D. (2008). *Attentional Biases in Women at Risk for Eating Disorders: A Comparison of Three Cognitive Tasks*. Ph.D. dissertation. The Ohio State University, United States.

064 差異偏誤 Distinction Bias

- Hsee, C. K. (1998). Less is better: When low-value options are valued more highly than high-value options. *Journal of Behavioral

Decision Making, 11(2), 107-121

- Hsee, C. K., & Leclerc, F. (1998). Will products look more attractive when presented separately or together?. *The Journal of Consumer Research*, 25, 175-186.
- Hsee, C., & Zhang, J. (2004). Distinction bias: Misprediction and mischoice due to joint evaluation. *Journal of Personality and Social Psychology*, 86(5), 680-695.

065 一廂情願偏誤 Wishful Thinking Bias

- Dawson, E., Gilovich, T., & Regan, D. T. (2002). Motivated reasoning and performance on the Wason selection task. *Personality and Social Psychology Bulletin*, 28(10), 1379-1387.
- Ditto, P. H., & Lopez, D. F. (1992). Motivated skepticism: Use of differential decision criteria for preferred and nonpreferred conclusions. *Journal of Personality and Social Psychology*, 63, 568-584.
- Kruger, J., & Dunning, D. (1999). Unskilled and unaware of it: How difficulties in recognizing one's own incompetence lead to inflated self-assessments. *Journal of Personality and Social Psychology*, 77(6), 1121-1134.

066 結果依賴偏誤 Outcome Dependency Bias

- Berscheid, E., Graziano, W., Monson, T., & Dermer, M. (1976). Outcome dependency: Attention, attribution, and attraction. *Journal of Personality and Social Psychology*, 34(5), 978-989.
- Erber, R., & Fiske, S. T. (1984). Outcome dependency and attention to inconsistent information. *Journal of Personality and Social Psychology*, 47(4). 709-726.
- Neuberg, S. L., & Fiske, S. T. (1987). Motivational influences on impression formation: Outcome dependency, accuracy-driven attention, and individuating processes. *Journal of Personality and Social Psychology*, 53(3), 431-444.

067 基本歸因謬誤 Fundamental Attribution Error

- Ross, L. (1977) The intuitive psychologist and his shortcomings: Distortions in the attribution process. *Advances in Experimental Social Psychology*, 10, 173-220.

- Jones, E. E., & Harris, V. A. (1967). The attribution of attitudes. *Journal of Experimental Social Psychology*, 3(1), 1-24.
- Gilbert, D. T., & Malone, P. S. (1995). The correspondence bias. *Psychological Bulletin*, 117, 21-38.
- Lerner, M. J., & Miller, D. T. (1977). Just-world research and the attribution process. Looking back and ahead. *Psychological Bulletin*, 85, 1030-1051.
- Burger, J. M. (1981). Motivational biases in the attribution of responsibility for an accident: A meta-analysis of the defensive-attribution hypothesis. *Psychological Bulletin*, 90, 496-512.
- Abrams, D., Viki. G. T., Masser, B., & Bohner, G. (2003). Perceptions of stranger and acquaintance rape: The role of benevolent and hostile sexism in victim blame and rape proclivity. *Journal of Personality and Social Psychology*, 84, 111-125.
- Storms, M. D. (1973). Videotape and the attribution process: Reversing actors and observers points of view. *Journal of Personality and Social Psychology*, 27, 165-175.
- Lerner, M., & Simmons, C. H. (1966). Observer's reaction to the innocent victim: Compassion or rejection?. *Journal of Personality and Social Psychology*, 4(2), 203-210. doi: 10.1037/h0023562.
- Rubin, Z., & Peplau, L. A. (1975). Who believes in a just world?. *Journal of Social lssues*, 31(3), 65-90.
- Rubin, Z., & Peplau, L. A. (1973). Belief in a just world and reactions to another's lot: A study of participants in the national draft lottery. *Journal of Social lssues*, 29(4), 73-94.

068 群内群外偏見In-group-out-group Bias

- Sachdev, l., & Bourhis, R. (1987). Status differentials and intergroup behavior. *European Journal of Social Psychology*, 17, 277-293.
- Ryan, C. S., & Bogart, L. M. (1997). Development of new group members' in-group and out-group stereotypes: Changes in perceived variability and ethnocentrism. *Journal of Personality and Social Psychology*, 73(4), 719-732.
- Judd, C. M., & Park, B. (1988). Out-group homogeneity: Judgments of variability at the individual and group levels. *Journal of Personality and Social Psychology*, 54(5), 778-788.
- Park, B. (1982). Perception of out-group homogeneity and levels of social categorization: Memory for the subordinate attributes of in-group and out-group members. *Journal of Personality and Social Psychology*, 42(6), 1051-1068.
- Oswald, D. L. (2005). Understanding anti-Arab reactions post-9/11: The role of threats, social categories, and personal ideologies.

Journal of Applied Social Psychology, 35, 1775-1799.

069 多數無知 Pluralistic Ignorance

- O'Gorman, H. (1975). Pluralistic ignorance and white estimates of white support for racial segregation. *Public Opinion Quarterly*, 39(3), 313-330.
- Kuran, T. (1995). *Private truths, public lies: The social consequences of preference falsification*. Harvard University Press.
- Prentice, D. A., & Miller, D. T. (1993). Pluralistic ignorance and alcohol use on campus: Some consequences of misperceiving the social norm. *Journal of Personality and Social Psychology* (American Psychological Association), 64(2), 243-256.
- Kitts, J. A. (2003). Egocentric bias or information management? Selective disclosure and the social roots of norm misperception. *Social Psychology Quarterly*, 66(3), 222-237.

070 達克效應 Dunning-Kruger Effect

- Kruger, J., & Dunning, D. (1999). Unskilled and unaware of it: How difficulties in recognizing one's own incompetence lead to inflated self-assessments. *Journal of Personality and Social Psychology*, 77(6), 1121-1134.
- Ehrlinger, J., Johnson, K., Banner, M., Dunning, D., & Kruger, J. (2008). Why the unskilled are unaware: Further explorations of (absent) self-insight among the incompetent. *Organizational Behavior and Human Decision Processes*, 105, 98-121.
- Dunning, D., et al. (2003). Why people fail to recognize their own incompetence. *Current Directions in Psychological Science*, 12(3), 83-87.
- Dunning, D. (2006). *Self-insight: Roadblocks and detours on the path to knowing thyself*. Psychology Press, 14-15.
- Burson, K., Larrick, R., & Klayman, J. (2006). Skilled or unskilled, but still unaware of it: How perceptions of difficulty drive miscalibration in relative comparisons. *Journal of Personality and Social Psychology*, 90(1), 60-77.

071 面談錯覺 Interview Illusion

- Baron, J. (2000). *Thinking and deciding*. Cambridge University Press.
- Plous, S. (1993). *The psychology of judgment and decision making*. McGraw-Hill.

072 富蘭克林效應 Ben Franklin Effect

- Jecker, J., & Landy, D. (1969). Liking a person as function of doing him a favor. *Human Relations*, 22, 371-378.
- Baron, J. (2000). *Thinking and deciding*. Cambridge University Press.

073 認知不對稱錯覺 Illusion of Asymmetric Insight

- Pronin, E., Kruger, J., Savitsky, K., & Ross, L. (2001) You don't know me, but l know you: The illusion of asymmetric insight. *Journal of Personality and Social Psychology*, 81(4), 639-656.
- Baron, J. (2000). *Thinking and deciding*. Cambridge University Press.

074 出醜效應 Pratfall Effect

- Aronson, E., Willerman, B., & Floyd, J. (1966). The effect of a pratfall on increasing interpersonal attractiveness. *Psychonomic Science*, 4, 227-228.
- Baron, J. (2000). *Thinking and deciding*. Cambridge University Press.

075 自我監控行為 Self-monitoring Behavior

- White, M., & Gerstein, L. (1987). Helping: The influence of anticipated social sanctions and self-monitoring. *Journal of Personality*, 55, 101-114.
- Snyder, M., & Gangestad, S. (1986). On the nature of self-monitoring: Matters of assessment, matters of validity. *Journal of Personality and Social Psychology*, 51(1), 125-139.

076 自利偏誤 Self-serving Bias

- Greenwald, A. G. (1980). The totalitarian ego: Fabrication and revision of personal history. *American Psychologist*, 35(7), 603-618.
- Johnson, J. T., Feigenbaum, R., & Weisbeg, M. (1964). Some determinants and consequences of the teacher's perception of causality. *Journal of Educational Psychology*, 55, 237-246.

- Babcock, L., & Loewenstein, G. (1997). Explaining bargaining impasse: The role of self-serving biases. *Journal of Economic Perspectives*, 11, 109-126.
- Roese, N. J., & Olson, J. M. (2007). Better, stronger, faster: Self-serving judgment, affect regulation, and the optimal vigilance hypothesis. *Perspectives on Psychological Science*, 2, 124-141.

077 自我中心偏誤 Egocentric Bias

- Ross, M., & Sicoly, F. (1979). Egocentric biases in availability and attribution. *Journal of Personality and Social Psychology*, 37, 322-336.
- Zuckerman, M., Kernis, H. M., Guarnera, S. M., Murphy, J. F., & Rappoport, L. (1983). The egocentric bias: Seeing oneself as cause and target of others' behavior. *Journal of Personality*, 51(4), 621-630.

078 鎂光燈效應 Spotlight Effect

- Gilovich, T., Savitsky, K., & Medvec, H. (2000). The spotlight effect in social judgment: An egocentric bias in estimates of the salience of one's own actions and appearance. *Journal of Personality and Social Psychology*, 78(2), 211-222.
- Gilovich, T., Savitsky, K., & Medvec, H. (1998). The illusion of transparency: Biased assessments of others' ability to read one's emotional states. *Journal of Personality and Social Psychology*, 75(2), 332-346.

079 團體間的描述偏差 Linguistic Inter-group Bias

- Maass, A., Ceccarelli, R., & Rudin, S. (1996). Linguistic intergroup bias: Evidence for in-group protective motivation. *Journal of Personality and Social Psychology*, 71(3), 512-526.
- Gorham, B. W. (2006). News media's relationship with stereotyping: The linguistic intergroup bias in response to crime news. *Journal of Communication*, 56(2), 289-308.
- Maass, A., Salvi, D., Acuri, L., & Semin, G. R. (1989). Language use in intergroup contexts: The linguistic intergroup bias. *Journal of Personality and Social Psychology*, 57, 981-993.

- Anolli, L., Zurloni, V. & Riva, G. (2006). Linguistic intergroup bias in political communication. *Journal of General Psychology*, 133(3), 237-255.

080 團體極化現象 Group Polarization Phenomenon

- Moscovici, S., & Zavalloni, M. (1969). The group as a polarizer of attitudes. *Journal of Personality and Social Psychology*, 12, 125-135.
- Myers, D. G., & Bishop, G. D. (1970). Discussion effects on racial attitude. *Science*, 169(3947), 778-779.
- Myers, D. G., & Arenson, S. J. (1972). Enhancement of dominant risk tendencies in group discussion. *Psychological Science*, 6, 10-19.
- Sia, C. L., Tan, B. C., & Wei, K. K. (2002). Group polarization and computer-mediated communication: Effects of communication cues, social presence, and anonymity. *Information Systems Research*, 13(1), 70-90.
- Yardi, S., & Boyd, D. (2010). Dynamic debates: An analysis of group polarization over time on twitter. *Bulletin of Science, Technology and Society*, 30(5), 316-327.

081 團體迷思 Groupthink

- McCauley, C. (1989). The nature of social influence in groupthink: compliance and internalization. *Journal of Personality and Social Psychology*, 57(2), 250-260.
- Schafer, M., & Crichlow, S. (1996). Antecedents of groupthink: A quantitative study. *Journal of Conflict Resolution*, 40(3), 415-435.
- Whyte, G. (1989). Groupthink reconsidered. *Academy of Management Review*, 14(1), 40-56.

082 沉默螺旋 Spiral of Silence

- Noelle-Neumann, E. (1993). *The spiral of silence*. University of Chicago Press.
- Shanahan, J., Scheufele, D., Yang, F., & Hizi, S. (2004). Cultivation and spiral of silence effects: The case of smoking. *Mass Communication and Society*, 7(4), 413-428.

- Scheufele, D. A., & Moy, P. (2000). Twenty-five years of the spiral of silence. A conceptual review and empirical outlook. *International Journal of Public Opinion Research*, 12(1), 3-28.

083 洞悉錯覺 Illusion of Transparency

- Savitsky, K., & Gilovich, T. (2003). The illusion of transparency and the alleviation of speech anxiety. *Journal of Experimental Social Psychology*, 39(6), 618-625.
- Gilovich, T., Savitsky, K., & Medvec, V. H. (1998). The illusion of transparency: Biased assessments of others' ability to read one's emotional states. *Journal of Personality and Social Psychology*, 75, 332-346.

084 性格歸屬偏誤 Trait Ascription Bias

- Kammer, D. (1982). Differences in trait ascriptions to self and friend: Unconscious founding intensity from variability. *Psychological Reports*, 51, 99-102.
- Narayanaswami, K. (2011). Analysis of Nazi Propaganda. https://blogs.harvard.edu/karthik/files/2011/04/HIST-1572-Analysis-of-Nazi-Propaganda-KNarayanaswami.pdf

085 錯誤共識效應 False Consensus Effect

- Gilovich, T. (1990). Differential construal and the false consensus effect. *Journal of Personality and Social Psychology*, 59(4), 623-634.
- Marks, G., & Miller, N. (1987). Ten years of research on the false-consensus effect: An empirical and theoretical review. *Psychological Bulletin*, 102(1), 72-90.
- Ross, L. (1977). The false consensus effect: An egocentric bias in social perception and attribution processes. *Journal of Experimental Social Psychology*, 13(3), 279-301.

086 月暈效應 Halo Effect

- Asch, S. E. (1946). Forming impressions of personality. *Journal of Abnormal and Social Psychology*, 41, 258-290.

- Thorndike, E. L. (1920). A constant error on psychological rating. *Journal Applied Psychology*, 4(1), 25-29.
- Dion, K., Berscheid, E., & Walster, E. (1972). What is beautiful is good. *Journal of Personality and Social Psychology*, 24(3), 285-290.
- Nisbett, R. E., & Timothy D. W. (1977). The halo effect: Evidence for unconscious alteration of judgments. *Journal of Personality and Social Psychology*, 35(4), 250-256.

087 正面效應 Positivity Effect

- Taylor, S. E., & Koivumaki, J. H. (1976). The perception of self and others: Acquaintanceship, affect, and actor-observer differences. *Journal of Personality and Social Psychology*, 33(4), 403-408.
- Mather, M., & Carstensen, L. L. (2005). Aging and motivated cognition: The positivity effect in attention and memory. *Trends in Cognitive Sciences*, 9(10), 496-502.
- Blanchard-Fields, F., Stein, R., & Watson, T. L. (2004). Age differences in emotion-regulation strategies in handling everyday problems. *The Journals of Gerontology Series B: Psychological Sciences and Social Sciences*, 59(6), 261-269.
- Mather, M., & Carstensen, L. L. (2003). Aging and attentional biases for emotional faces. *Psychological Science*, 14(5), 409-415.

088 後見之明偏誤 Hindsight Bias

- Fischhoff, B., & Beyth, R. (1975). I knew it would happen: Remembered probabilities of once-future things. *Organizational Behavior and Human Performance*, 13(1), 1-16.
- Fischhoff, B. (2003). Hindsight ≠ foresight: The effect of outcome knowledge on judgment under uncertainty. *Quality and Safety in Health Care*, 12(4), 304-312.
- Fischhoff, B. (2007). An early history of hindsight research. *Social Cognition*, 25(1), 10-13.
- Rudiger, F. (2007). Ways to assess hindsight bias. *Social Cognition*, 25(1), 14-31.

089 潛隱記憶 Cryptomnesia

- Brown, A. S., & Murphy, D. R. (1989). Cryptomnesia: Delineating inadvertent plagiarism. *Journal of Experimental Psychology:*

Learning, Memory, and Cognition, 15, 432-442.

- Marsh, R. L., & Bower, G. H. (1993). Eliciting cryptomnesia: Unconscious plagiarism in a puzzle task. *Journal of Experimental Psychology: Learning, Memory, and Cognition*, 19, 673-688.
- Marsh, R. L., Landau, J. D., & Hicks, J. L. (1997). Contributions of inadequate source monitoring to unconscious plagiarism during idea generation. *Journal of Experimental Psychology: Learning, Memory, and Cognition*, 23, 886-897.
- Bredart, S., Lampinen, J. M., & Defeldre, A. (2003). Phenomenal characteristics of cryptomnesia. *Memory*, 11, 1-11.

090 選擇支持偏誤 Choice-supportive Bias

- Mather, M., Shafir, E., & Johnson, M. K. (2000). Misrememberance of options past: Source monitoring and choice. *Psychological Science*, 11, 132-138.
- Mather, M., & Johnson, M. K. (2000). Choice-supportive source monitoring: Do our decisions seem better to us as we age? *Psychology and Aging*, 15, 596-606.

091 虛假記憶 False Memory

- Kilhstrom, J. F. (1997). Memory, abuse and science. *American Psychologist*, 52, 994-995b.
- Whitfield, C. L. (2002). The “false memory” defense: Using disinformation and junk science in and out of court. *Journal of Child Sexual Abuse*, 9(3-4), 53-78.
- Brown, D. (2001). (Mis) Representations of the long-term effects of childhood sexual abuse in the courts. *Journal of Child Sexual Abuse*, 9(3-4), 79-107.
- Loftus, E. F. (1979). *Eyewitness memory*. Harvard University Press.
- Rubin, D. C. (Ed.). (1999). *Remembering our past: Studies in autobiographical memory*. Cambridge University Press.
- Loftus, E., & Ketcham, K. (1994). *The myth of repressed memory: False memories and allegations of sexual abuse*. St. Martins Press.

092 一致性偏誤 Consistency Bias

- Conway, M., & Ross, M. (1984). Getting what you want by revising what you had. *Journal of Personality and Social Psychology*,

47(4), 738-748.

- Markus, G. B. (1986). Stability and change in political attitudes: Observed, recalled, and explained. *Political Behavior*, 8(1), 21-44.
- Schacter, D. L. (1999). The seven sins of memory: Insights from psychology and cognitive neuroscience. *American Psychologist*, 54, 182-203.
- Scharfe, E., & Bartholomew, K. (1998). Do you remember? Recollections of adult attachment patterns. *Personal Relationships*, 5(2), 219-234.

093 蔡格尼效應 Zeigarnik Effect

- McKinney, F. (1935). Studies in the retention of interrupted learning activities. *Journal of Comparative Psychology*, 19(2), 265-296.
- Zeigarnik, B. (1967). "On finished and unfinished tasks". In W. D. Ellis (Ed.), *A sourcebook of gestalt psychology*. Humanities Press.
- McGraw, K. O., & Fiala, J. (1982). Undermining the Zeigarnik effect: Another hidden cost of reward. *Journal of Personality*, 50(1), 55-66.

094 玫瑰色回憶 Rosy Retrospection

- Mitchell, T., & Thompson, L. (1994). "A theory of temporal adjustments of the evaluation of events: Rosy prospection & rosy retrospection". In C. Stubbart; J. Porac; J. Meindl (Eds.), *Advances in managerial cognition and organizational information processing*. JAl Press, vol. 5, 85-114.
- Mitchell, T. R., Thompson, L., Peterson, E., & Cronk, R. (1997). Temporal adjustments in the evaluation of events: The "rosy view". *Journal of Experimental Social Psychology*, 33(4), 421-448.
- Norman, D. (2009). Memory is more important that actuality. *Interactions*, 16 (2), 24-26.

095 分開加總效應 Subadditivity Effect

- Tversky, A., & Koehler, D. J. (1994). Support theory: A nonextensional representation of subjective probability. *Psychological*

Review, 101(4), 547-567.
- Baron, J. (2000). *Thinking and deciding*. Cambridge University Press.

096 真相錯覺效應 Illusion-of-truth Effect

- Hasher, L., Goldstein, D., & Toppino, T. (1977). Frequency and the conference of referential validity. *Journal of Verbal Learning and Verbal Behavior*, 16, 107-112.
- Begg, l. M., Anas, A., & Farinacci, S. (1992). Dissociation of processes in belief: Source recollection, statement familiarity, and the illusion of truth. *Journal of Experimental Psychology*, 121, 446-458.
- Moons, W. G., Mackie, D. M., & Garcia-Marques, T. (2009). The impact of repetition-induced familiarity on agreement with weak and strong arguments. *Journal of Personality and Social Psychology*, 96 (1), 2-44.

097 錯覺相關 Illusory Correlation

- Baron, J. (2000). *Thinking and deciding*. Cambridge University Press.
- Fine, C. (2006). *A mind of its own: How your brain distorts and deceives*. Icon Books.
- Redelmeir, D. A., & Tversky, A. (1996), On the belief that arthritis pain is related to the weather. *Proceedings of the National Academy of Science*, 93(7), 2895-2896

098 初始效應 Primacy Effect

- Carlesimo, G., et al. (1996). Recency effect in anterograde amnesia: Evidence for distinct memory stores underlying enhanced retrieval of terminal items in immediate and delayed recall paradigms. *Neuropsychologia*, 34(3), 177-184.
- Bayley, P. J., et al. (2000). Comparison of the serial position effect in very mild Alzheimer's disease, mild Alzheimer's disease, and amnesia associated with electroconvulsive therapy. *Journal of the international Neuropsychological Society*, 6(3), 290-298.
- Frensch, P. A. (1994). Composition during serial learning: A serial position effect. *Journal of Experimental Psychology: Learning, Memory, and Cognition*, 20(2), 423-443.
- Bjork, E. L., & Bjork, R. A. (Eds.) (1996). *Memory*. Academic Press.

099 雷斯多夫效應 Von Restorff Effect

- Gardner, M. P. (1983). Advertising effects on attributes recalled and criteria used for brand evaluations. *Journal of Consumer Research*, 10, 310-318.
- Johnson, W. A., Hawley, K. J., Plewe, S. H., Elliott, J. M. G., & De Witt, M. J. (1990). Attention capture by novel stimuli. *Journal of Experimental Psychology: General*, 119, 397-411.
- Taylor, S. E., & Fiske, S. T. (1978). "Salience, attention and attribution: Top of the head phenomena". In L. Berkowitz (Ed.), *Advances in experimental social psychology*. Academic Press, vol. 11. 249-288.
- Von Restorff, H. (1933). Über die Wirkung von Bereichsbildungen im Spurenfeld (The effects of field formation in the trace field). *Psychologie Forschung*, 18, 299-342.

100 可暗示性 Suggestibility

- Kirsch, l., & Braffman, W. (2001). Imaginative suggestibility and hypnotizability. *Current Directions in Psychological Science*, 10(2), 57-61
- Braffman, W., & Kirsch, I. (1999). Imaginative suggestibility and hypnotizability: An empirical analysis. *Journal of Personality and Social Psychology*, 77(3), 578-587.

101 記憶隆起 Reminiscence Bump

- Rubin, D. C., Wetzler, S. E., & Nerbes, R. D. (1986) "Autobiographical memory across the lifespan". In D. C. Rubin (Ed.), *Autobiographical memory*. Cambridge University Press, 202-221.
- Fitzgerald, J. M., Slade, S., & Lawrence, R. H. (1988). Memory availability and judged frequency of affect. *Cognitive Therapy and Research*, 12(4), 379-390.
- Schrauf, R. W., & Rubin, D. C. (2001). Effects of voluntary immigration on the distribution of autobiographical memory over the lifespan. *Applied Cognitive Psychology*, 15, S75-S88.
- Rathbone, C. J., Moulin. C. J. A., & Conway, M. A. (2008). Self-centered memories: The reminiscence bump and the self. *Memory*

and Cognition, 36, 1403-1414.

- Bernsten, D., & Rubin, D. C. (2002). Emotionally charged autobiographical memories across the life span: The recall of happy, sad, traumatic, and involuntary memories. *Psychology and Aging*, 17, 636-652.

為什麼我們總是相信自己是對的？
——不知不覺掉入的101種慣性思考陷阱

作　　者——李南錫
審　　訂——李正模
譯　　者——高毓婷
特約編輯——謝麗玲

發 行 人——蘇拾平
總 編 輯——蘇拾平
編 輯 部——王曉瑩、曾志傑
行 銷 部——黃羿潔
業 務 部——王綬晨、邱紹溢、劉文雅

出　　版——本事出版
發　　行——大雁出版基地
地址：新北市新店區北新路三段 207-3號 5樓
電話：(02) 8913-1005　傳真：(02) 8913-1056
E-mail：andbooks@andbooks.com.tw
劃撥帳號——19983379　戶名：大雁文化事業股份有限公司
封面設計——POULENC
排　　版——陳瑜安工作室
印　　刷——上晴彩色印刷製版有限公司
2017 年 3 月初版
2025 年 2 月 20 日三版 2 刷
定價　台幣490元

인지편향사전 - 누구나 빠지는 생각의 함정 (개정판)

ISBN 978-626-7465-30-1

國家圖書館出版品預行編目資料
爲什麼我們總是相信自己是對的？——不知不覺掉入的101種慣性思考陷阱
李南錫／著　李正模／審訂　高毓婷／譯
—.三版.— 新北市；本事出版：大雁文化發行，2024年11月　面　；　公分. –
譯自：인지편향사전 - 누구나 빠지는 생각의 함정 (개정판)
ISBN 978-626-7465-30-1（平裝）
1.CST:認知心理學
176.3　　　　113012848